本书得到了四川省社科重点研究基地"中国粮食安全政策……"基地和四川省科技计划项目"四川省粮食供给侧改革的科技……用研究（2017ZR0016）"的资助

中国粮食供给侧结构性改革研究

RESEARCH ON THE STRUCTURAL REFORM OF FOOD SUPPLY SIDE IN CHINA

汪希成　谢冬梅◎著

经济管理出版社

图书在版编目（CIP）数据

中国粮食供给侧结构性改革研究/汪希成，谢冬梅著.—北京：经济管理出版社，2018.6
ISBN 978-7-5096-5822-2

Ⅰ.①中… Ⅱ.①汪… ②谢… Ⅲ.①粮食问题—研究—中国 Ⅳ.①F326.11

中国版本图书馆 CIP 数据核字（2018）第 109011 号

组稿编辑：曹　靖
责任编辑：任爱清
责任印制：黄章平
责任校对：赵天宇

出版发行：经济管理出版社
　　　　　（北京市海淀区北蜂窝 8 号中雅大厦 A 座 11 层　100038）
网　　址：www.E-mp.com.cn
电　　话：（010）51915602
印　　刷：北京玺诚印务有限公司
经　　销：新华书店
开　　本：720mm×1000mm/16
印　　张：14.5
字　　数：273 千字
版　　次：2018 年 7 月第 1 版　2018 年 7 月第 1 次印刷
书　　号：ISBN 978-7-5096-5822-2
定　　价：68.00 元

·版权所有　翻印必究·
凡购本社图书，如有印装错误，由本社读者服务部负责调换。
联系地址：北京阜外月坛北小街 2 号
电话：（010）68022974　　邮编：100836

前　言

粮食是人类生存最基本的条件。农耕社会的出现，拓展了人类的食物来源；科学技术的进步，丰富了人类的食物种类，改善了人类的食物结构，甚至开辟了食物生产的新空间。随着全球人口的不断增加，人类对自然资源的需求也急剧增长这种趋势将会一直延续下去。

中国是世界上人口最多的国家，在历史发展的长河中曾多次遭受饥饿的折磨。中华人民共和国成立后，中国政府和人民也曾为摆脱饥饿进行过长期的奋斗。改革开放40年来，在人口不断增长的情况下，中国不仅以极其有限的耕地和水资源成功地解决了近14亿人的吃饭问题，而且食物种类还日益丰富，极大地改善了居民的膳食结构和营养状况，同时为世界粮食安全做出了巨大贡献。自2004年以来，在一系列"支农、惠农、富农"政策的刺激下，中国粮食产量连续迈上新台阶，如今粮食产量已连续五年稳定在6亿吨以上，人均粮食产量达到了450公斤。成绩虽然来之不易，但是危机却从未远离。历史经验告诉我们，粮食安全问题一时一刻都不能放松，尤其是在粮食生产形势一片大好的情况下，更不能放松警惕，"马尔萨斯的幽灵"随时可能回归。随着人口数量的不断增加，以及城镇化和工业化的快速推进，粮食需求刚性增长的趋势短期内还难以改变，粮食供需"紧平衡"将成为常态。从总量上来看，我国的粮食还能满足居民的消费需要，但品种结构的矛盾已然凸显。四大主粮已全面转为净进口，专用性品种短缺，生产成本居高不下，水土资源约束日渐增强，极端气候和市场波动与日俱增，种种迹象表明，中国粮食生产的基础条件仍然十分脆弱。要想把饭碗牢牢端在我们手中，就必须始终坚持"口粮绝对安全、谷物基本自给"的粮食安全新战略，深入推进粮食供给侧结构性改革，才能满足居民日益增长的对食物多样化、营养化、个性化的需求。

2016年中央一号文件明确提出：经过多年不懈努力，我国农业农村发展不断迈上新台阶，已进入新的历史阶段。农业的主要矛盾由总量不足转变为结构性矛盾，突出表现为阶段性供过于求和供给不足并存，矛盾的主要方面在于供给侧。2017年习近平总书记在党的十九大报告中进一步指出,中国特色社会主义进入新时代,我国社会主要矛盾已经转化为人民日益增长的美好生活需要和不平衡不充分的发展之间的矛盾。从粮食供需变化趋势来看,随着人们生活水平的提高和对食物消费倾向的改变,总量问题对粮食供求平衡的影响已经明显减弱,而结构问题对粮食供求平衡的影响显著增强。近年来,在我国粮食产量连创新高的情况下,由于缺乏价格优势,导致粮食进口量、库存量持续增加,"三量齐增"暴露出我国粮食供求的结构性矛盾与政策缺陷。未来只有适应我国粮食消费需求结构的变化趋势,加快推进粮食供给侧结构性改革,调整我国的粮食政策,优化粮食供给结构,构建起供给稳定、储备充足、调控有力、运转高效的粮食安全保障体系,才能牢牢地掌握粮食安全的主动权。

目前,我国正处于全面建成小康社会的决胜阶段,党的十九大报告中明确了"两个一百年"奋斗目标的具体实施步骤。蓝图已经绘就,行动正在实施。但无论如何,确保国家粮食安全都是各项工作的前提和基础。

本书是作者近年来研究成果的集成,或为研究报告,或为已发表的论文。现将其结集成书,以飨读者。书中内容分为上下两篇,上篇从国家层面对粮食供需结构、地区结构、品种结构方面进行了研究。下篇主要是对四川省的粮食综合生产能力、粮食生产条件、粮食生产新动力方面的研究。由于粮食供给侧结构性改革是一项系统工程,这涉及经济社会发展的方方面面,本书内容并不全面,不足之处敬请读者不吝赐教!在编写本书过程中,潘虹宇博士、吴昊博士、秦彦腾硕士、蒋强硕士、张塬烽硕士也付出了巨大心血,在此一并表示感谢!

汪希成　谢冬梅
2018年5月

目 录

上 篇

第一章 中国粮食供需结构新变化及中长期预测 …… 3
 第一节 粮食安全概念的理论内涵 …… 4
 第二节 中国粮食消费需求结构变化 …… 6
 第三节 中国粮食供需平衡分析 …… 9
 第四节 中国粮食供需结构变化趋势的情景仿真 …… 15
 第五节 中国粮食供需结构平衡的政策建议 …… 26

第二章 中国粮食生产的区域结构变化与比较优势 …… 29
 第一节 中国粮食生产的区域变化特征 …… 29
 第二节 中国粮食生产区域变化的影响因素 …… 35
 第三节 中国粮食生产的区域比较优势 …… 37
 第四节 中国粮食生产区域化的政策建议 …… 45

第三章 中国主要粮食品种的供需结构变化及相关问题 …… 49
 第一节 稻谷供需结构变化与生产效率 …… 49
 第二节 小麦供需结构变化与价格影响因素 …… 62
 第三节 玉米供需结构变化与地区差异 …… 79

下 篇

第四章 四川省粮食供需结构变化分析与政策研究 …… 113
 第一节 四川省粮食生产结构变化及特征 …… 114

· 1 ·

    第二节　四川省粮食消费结构变化及特征 …………………………… 122
    第三节　四川省粮食综合生产能力提升的扶持政策及绩效 ………… 126
    第四节　四川省粮食综合生产能力提升的政策改进 ………………… 143

第五章　四川省粮食生产条件与全国及 13 个粮食主产区的比较研究 …… 150
    第一节　四川省粮食生产硬条件与全国及 13 个粮食主产区的
            对比分析 ………………………………………………………… 150
    第二节　四川省粮食生产软条件与全国及 13 个粮食主产区的
            对比分析 ………………………………………………………… 175
    第三节　四川省粮食产出状况与全国及 13 个粮食主产区的对比分析 … 189
    第四节　改善四川省粮食生产条件的政策建议 ……………………… 197

第六章　四川省粮食生产的新动力研究 ……………………………………… 200
    第一节　四川省粮食生产面临的新形势和新问题 …………………… 200
    第二节　新常态下四川省粮食生产的新动力 ………………………… 209
    第三节　四川省粮食生产新动力释放的新思路 ……………………… 214

参考文献 ………………………………………………………………………… 218

上　篇

第一章 中国粮食供需结构新变化及中长期预测

习近平总书记多次强调，要确保国家粮食安全，把中国人的饭碗牢牢端在自己手中。2013年的中央经济工作会议和中央农村工作会议以及2014年中央一号文件提出了坚持"以我为主、立足国内、确保产能、适度进口、科技支撑"的国家粮食安全战略，要做到"谷物基本自给、口粮绝对安全"。这意味着中国粮食安全战略的转变。

作为世界上人口最多的国家，我国的粮食安全问题一直受到国内外的高度关注（ITO等，2013）。改革开放以来，在人口不断增长的情况下，我国粮食的供求总量保持了基本平衡。但是，随着人们生活水平的提高和食物消费倾向的改变，我国的粮食供求关系发生了显著变化（Heerink et al., 2006; Yu et al., 2009），总量问题对粮食供求平衡的影响已经明显减弱，而结构问题对粮食供求平衡的影响增强（马晓河等，2008）。近年来，在一系列惠农政策的刺激下，我国的粮食产量连年增加，2015年达到了62143.5万吨的历史最高水平，2016年粮食产量虽然较2015年有所减少，但仍然是第二个高产年。与此同时，由于我国粮食缺乏价格优势，导致粮食进口量、库存量持续增加，"三量齐增"暴露出我国粮食供求的结构性矛盾与政策缺陷。

长期以来，受"短缺经济"的影响，我国形成了从宏观层面追求粮食产量增长的粮食安全观，并强调95%的粮食自给率，但由于"粮食"的概念模糊，指向不明，导致粮食安全保障缺乏重点和针对性。近年来，在包括稻谷、小麦、玉米、大豆在内的主粮中，由于大豆的进口量太大，实际上我国的粮食自给率已不足90%。面对我国粮食供求形势的变化，以2020年和2030年为节点，理论界和实际部门根据粮食消费需求结构的变化对我国的粮食需求规模进行了预测，采用的研究方法不同，结果也有较大差异。总体结果是：距离今天的时间越近，预测的粮食需求量越大，之前的预测均被证实太过保守。主要原因在于人口的绝对增加、膳食结构的改善导致对饲料用粮和工业用粮等转化用粮消费需求的快速增长。因此，在新形势下，有学者提出树立新的粮食安全观，重塑国家粮食安全保障战略边界，突出重点，有保有放，推进实施"立足国内、全球供应"的粮食安全新战略（程国强，2013）。粮食安全新战略主要表现在四个方面的变化，即"保的范围"有收缩，从笼统的保"粮食"转向重点保"口粮"；"保的要求"有提高，从保粮食数量转向保粮食数量和质量并重；"保的途径"有变化，将"适度进口"作为粮食安全战略的重要组成部分；"保的责任"有调整，从"米袋子"省长负责制转向中央和地方要共同负责，中央承担首要责任（叶兴庆，2014）。

粮食安全是一个动态复杂的变化过程，具有阶段性和层次性。从现有文献来看，研究粮食安全的文献较多，对粮食结构安全的研究相对不足，而且对粮食安全研究的视角过于狭窄，现有研究更多侧重于粮食的食用即口粮安全，忽略了粮食作为重要的工业原料（如饲料[①]、酿酒、新能源等）的巨大需求对粮食安全的重大影响。面对我国粮食供求格局的重大变化，需要重新审视我国的粮食安全形势，以便有针对性地提出保障我国粮食安全的政策建议。

第一节 粮食安全概念的理论内涵

1974年11月，联合国粮农组织（FAO）在第一届世界粮食会议上首次提出了"Food Security"（我国学者将其翻译为"粮食安全"）的概念，即"保证任何人在任何时候都能得到为了生存和健康所需要的足够食物"。这一概念是在20世纪70年代初严重的世界粮食危机的背景下提出的，前提条件是要有充足的食物供给。当然，这一概念的含义过于狭窄，既没有涉及食物的营养问题，也没有涉及获取食物的手段问题。1983年，FAO总干事爱德华·萨乌马将"Food Security"的概念表述为"确保所有人在任何时候都能买得到又能买得起他们所需要的基本食物"。这一概念在相当长时间内被人们普遍使用，但它主要是从消费者的立场来解释"Food Security"这一概念的。这一概念具有两个基本要求：一是食物的供给充足，使任何人在任何时候都能买得到。当然，食物的供给既可以通过自己生产，也可以通过进口来获得。二是消费者要有支付能力，能够"买得起"他们所需要的基本食物。其暗含的条件是消费者要通过"经济手段"在市场上购买所需要的基本食物。但是，在市场经济条件下，这两个要求很难实现。原因

---

① 饲料也是食物需求的间接表现。

是：若某种物品的供给充足，又价格低廉，就意味着过剩，生产者是不会生产这种物品的。而且，对于没有支付能力的消费者，即使市场上有充足的食物供给，因为他们"买不起"，仍然无法实现"所有人"的粮食安全目标，而且，这一概念也没有涉及食物的营养问题。

2009年，在FAO出版的《世界粮食不安全状况》报告中将"Food Security"定义为："所有人在任何时候都能通过物质、社会和经济手段获得充足、安全和富有营养的食物，满足其保持积极和健康生活所需的膳食和食物喜好。"① 此后一直沿用了这一概念。在这个新的解释中，获取食物的手段除了经济手段（即市场购买）外，还增加了"物质"和"社会"手段。所谓从"社会"获取食物，意思是政府或社会团体向那些没有足够经济能力的人提供食物。而获取食物的"物质"手段的具体评价指标是铺面道路在道路总量中所占的比例、道路密度和铁路密度等，这些指标均与粮食流通有关。本书认为，这里将"Physical"翻译为"物质的"手段并不准确。现实中，获取食物的手段可以是自给自足、社会救助和市场购买，而"Physical"本身也有"自然"之意，所以，将其翻译为"自然手段"可能更准确，即消费者通过自己生产、采集或狩猎来获取他所需要的基本食物。但无论如何，这一解释内容的增加，说明FAO也意识到仅仅依靠市场机制无法实现全社会的粮食安全目标。而且，这一概念更加注重了食物的安全、营养和消费者偏好，而不仅仅是"吃饱"的问题。

从字面意义上来看，将"Food Security"译为"食品安全"或"粮食安全"都不十分准确。"Food"是"食物"而不是"粮食"（与其对应的英文单词是Grain，但国际上并没有"Grain Security"的说法）。"粮食"的内涵较为狭窄，主要指谷物和薯类。目前我们讲到的粮食安全，主要是指与城乡居民生活消费有关的粮食供给。在统计时，一般是用居民直接消费的粮食数量这一指标。而"食物"的内容十分广泛，它既包含了粮食以及由粮食转化而来的各种食品，如肉、禽、蛋、奶等，甚至是酒类，也包含了不需要用粮食转化的食物，如江河湖海中的各种水产品，以及人类食用的各种植物，如瓜、果、蔬菜等。"Security"是"安全而有保障"之意。FAO提出"Food Security"这个概念的目的是消除饥饿、保障人人有饭吃，即保障充足的食物供给。因此，"Food Security"更准确的意思应该是"食物供给保障"。而将"食品安全"译为"Food Safety"较为恰当。"Safety"原意是指个人或家庭的生命和财产安全，"Food Safety"就是指为个人或家庭提供安全、营养的食物。

---

① Food Security "Exists When All People, at All Times, Have Physical, Social and Economic Access to Sufficient, Safe and Nutritious Food to Meet Their Dietary Needs and Food Preferences for an Active and Healthy Life".

从严格意义上来说,"食品安全"与"粮食安全"是两个不同的概念,分属于不同的研究范畴,但学者们经常将两者混淆。"粮食安全"主要侧重于粮食供给的数量和质量能否满足消费者的需求,而"食品安全"主要侧重于食品在生产、加工、消费环节的质量监管。在现实中,"粮食安全"和"食品安全"的职能也分属于不同的政府部门。

当人们的生活处于较低水平时,"粮食"在其食物中所占的比重较大,随着人们生活水平的提高,膳食结构得到改善,肉、禽、蛋、奶,以及瓜、果、蔬菜等在"食物"中的比重逐渐上升,"粮食"的比重下降,而且人们更加注重安全、营养和健康,"粮食安全"逐渐向"食品安全"转变。但是,由于"粮食安全"这一概念在我国已沿用多年,而且解决了"粮食"问题,也就基本解决了"食物"问题。为了避免与"食品安全"的概念相混淆,本书仍然使用"粮食安全"的概念,其中的"粮食"既包括居民的生活用粮,也包含饲料和工业加工等转化用粮。

严格来说,"粮食安全"中的"粮食"本不应该包含饲料和工业加工用粮,原因在于:企业的饲料和工业加工用粮具有经营性质,企业经营粮食产品是为了获得利润。而居民的生活用粮供应是关系到社会稳定的重大问题,具有公共品性质,正是在这个意义上,中央一直把粮食安全作为一项重要的战略目标。当然,不可否认的是,饲料和工业用粮与居民口粮存在着互相转化的情况。有些粮食既是饲料和工业用粮,又是居民日常消费的主要品种,饲料和工业用粮过大,会冲击到口粮的消费,特别是容易引起粮食价格的波动,这正是统筹粮食安全时必须考虑的一个重要内容,也就是必须认真对待饲料和工业用粮增长过快时对粮食需求总量以及粮食安全产生的影响。

第二节 中国粮食消费需求结构变化

一、粮食消费需求用途结构变化

我国粮食消费需求用途结构由口粮、饲料用粮、工业用粮、种子用粮、粮食损耗和其他消费等构成(见图1-1)。口粮消费是我国第一大粮食用途,但在粮食消费中的比重一直呈下降趋势。改革开放以来,随着人们生活水平的提高,膳食结构的改善,肉、禽、蛋、奶、蔬菜、水果等食品消费量增加,人均口粮消费量明显下降。口粮消费从1990年的62.18%下降至2013年的38.51%①，年均降速为1.81%；饲料用粮是我国第二大粮食用途，数量和占粮食消费总量的比重均稳定增长。饲料用粮占粮食消费总量的比重从1990年的20.21%上升到2013年的36.25%，年均增速为1.23%。饲料用粮增长是我国粮食消费量增长的主要原因。1990~2014年，我国的肉类、牛奶、禽蛋产量分别从2857万吨、415.7万吨和794.6万吨增长到8706.74万吨、3724.64万吨和2893.89万吨，年均增速分别为8.28%、16.95%和9.67%；1990年，工业用粮占粮食消费总量的比重最低，仅为1.32%，此后稳定增长到2013年的12.07%，年均增速为0.83%；种子用粮、粮食损耗和其他消费占粮食总量的比重不大且呈平稳下降趋势。

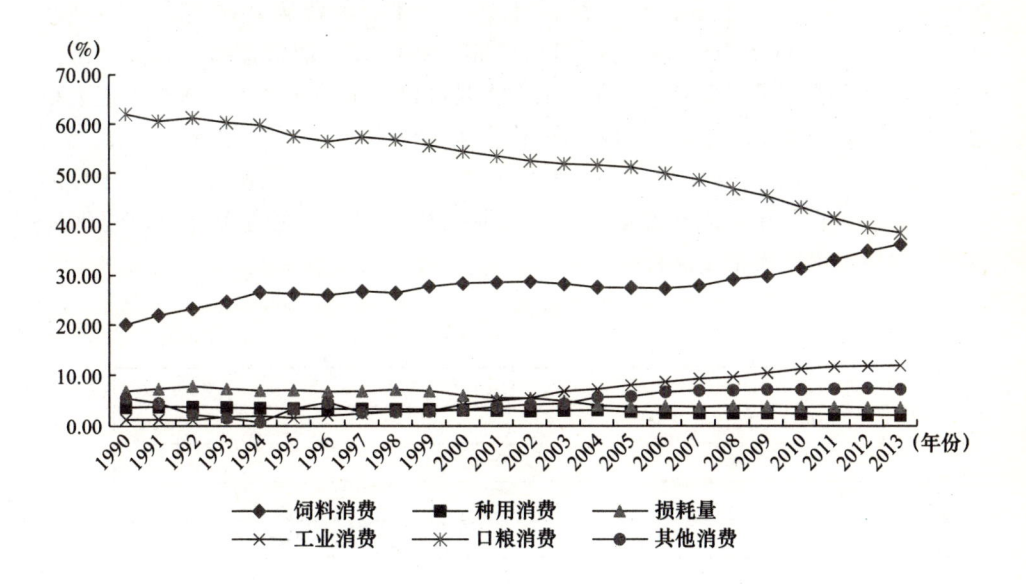

图1-1 1990~2013年我国粮食消费需求用途结构变化趋势

资料来源：联合国粮农组织（FAO）数据库。

二、粮食消费需求品种结构变化

从品种来看，稻谷、小麦、玉米、大豆四大主粮的消费需求表现出巨大差异（见图1-2），稻谷消费量占粮食消费量②的比重从1990年的39.20%持续下降到

---

① 因联合国粮农组织（FAO）数据库关于粮食用途结构的最新数据为2013年，故对我国粮食消费用途结构的分析数据截止到2013年。从历史年份我国粮食消费需求用途结构的变化趋势来看，数据截止到2013年并不会对研究结论产生影响。

② 粮食消费量为稻谷、小麦、玉米、大豆四大主粮消费量之和，不包括其他粮食品种。

2015年的25.33%，年均降速为1.01%。2004年以前，稻谷一直是我国消费量最大的粮食品种，之后被玉米超越，目前是我国第一大粮食品种。小麦消费量占粮食总消费量的比重从1990年的32.46%持续下降到2015年的19.70%，年均降速为0.77%。1996年之前，小麦是我国第二大粮食品种，现降至第三。玉米是我国消费增长最快的粮食品种，消费量从1990年的8314.5万吨增至2015年的21750.0万吨，增加了2.62倍，占粮食消费总量的比重从1990年的25.26%增至2015年的38.26%，年均增速为0.96%。玉米消费快速增长的主要原因，一是由于我国肉、禽、蛋、奶等高耗粮食品消费的增加引起玉米饲料消费的大幅度增加。玉米饲料消费从1990年的5300万吨增加到2015年的15000万吨，增加了2.83倍。二是由于工业用玉米的大幅增长。玉米工业消费从1990年的5万吨增加到2015年的653.5万吨，增加了130.7倍。我国大豆消费量增长强劲，国内产量已远远不能满足消费需求，每年需要大量进口以弥补缺口。玉米是第三大粮食品种。大豆消费量占粮食总消费量的比重从1990年的3.07%增加到2015年的16.71%，年均增速为0.82%。国内大豆消费的快速增长主要来自食用油压榨的需要及养殖业对豆粕等副产品的需求，工业用和饲料用大豆占大豆消费的90%以上。大豆是第四大粮食品种。

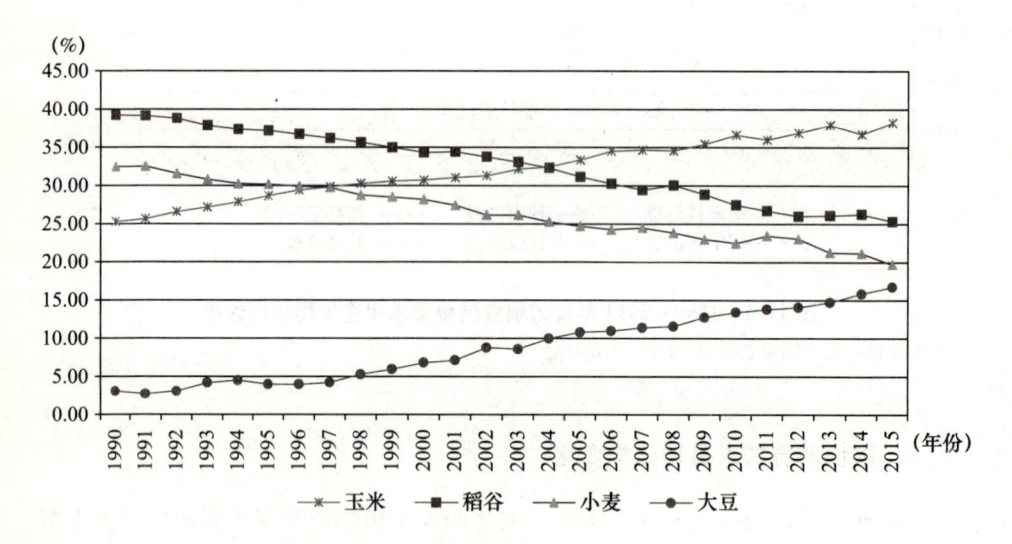

图1-2 1990~2015年我国粮食消费需求品种结构变化趋势

资料来源：美国农业部（http://www.usda.gov）。

第三节 中国粮食供需平衡分析

一、粮食供求总量紧张平衡的特征明显

自 20 世纪 90 年代以来，我国的粮食消费量持续增加，粮食产量有 10 年超过消费量。2003 年之前，粮食产量波动幅度较大，之后实现了 12 年连续增长。2000~2007 年，粮食产量一直低于粮食消费量，即使加上进口量，仍然供不应求。2008 年，我国粮食产量大幅增长，超过粮食消费量。但由于我国粮食增产的幅度还不能完全满足消费刚性增长的需要，2010 年以后又重新回归到粮食供不应求的局面（见图 1-3）。

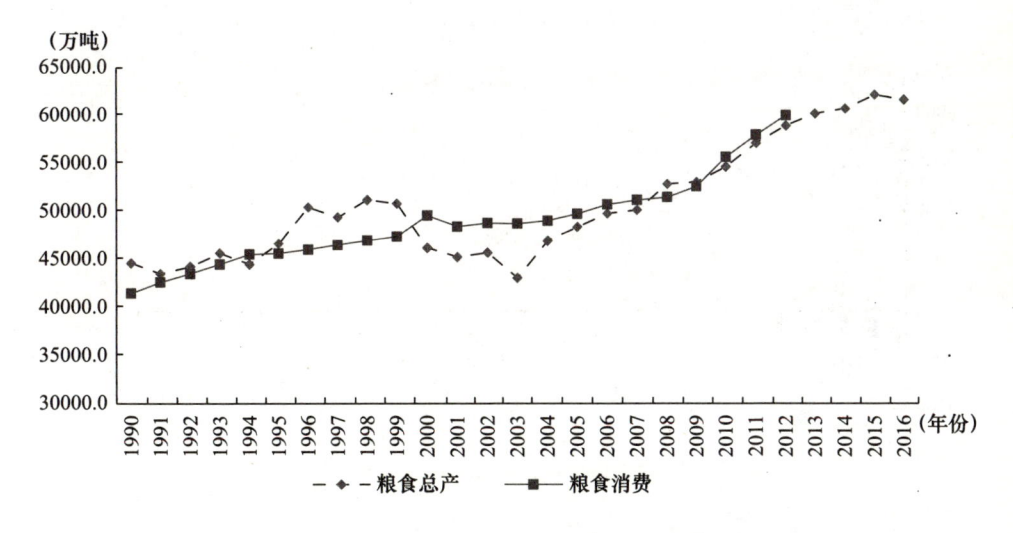

图 1-3 1990~2016 年我国粮食总产量与消费量变化趋势

资料来源：1990~2016 年粮食产量数据来源于《中国统计年鉴》；2016 年数据来源于国家统计局关于 2016 年粮食产量的公告；粮食消费量数据来源于《中国粮食安全发展报告 2013~2014》。

二、主要粮食品种供求存在巨大差异

我国稻谷、小麦、玉米、大豆等主要粮食品种的供求关系极不平衡，供求差出现巨大分异（见图 1-4）。稻谷产量从 1990 年的 18933.1 万吨增加到 2015 年

的 20824.5 万吨，但占粮食总产量的比重从 42.43% 下降到 33.51%。稻谷消费量平稳略增，供求差基本保持稳定，2015 年结余 6424.5 万吨。小麦产量从 1990 年的 9822.9 万吨增加到 2015 年的 13018.7 万吨，占粮食总产量的比重从 22.01% 略降至 20.95%；小麦消费基本保持平稳，但由于产量的波动，在1990~2015 年的 25 年间，有 13 年存在供求缺口，近两年由于产量增加，供求差由负转正，2015 年结余 1818.7 万吨。由于播种面积和单产的增加，玉米产量快速增长，占粮食总产量的比重从 1990 年的 21.7% 猛增至 2015 年的 36.14%。玉米产量的快速增长主要在于消费需求的拉动。玉米主要作为饲料用粮和工业加工用粮，近年来由于人们生活水平的提高和膳食结构的改善，大量需要玉米进行转化。从近期来看，玉米消费在畜牧业和养殖业拉动下，饲料用粮仍将保持较快增长；我国从 1996 年由大豆净出口国转变为净进口国。近年来，大豆产量虽有波动但基本稳定，但需求快速增加，供需缺口快速拉大，2015 年大豆供需缺口扩大至 7912.0 万吨，主要依靠大量进口加以弥补。从短期来看，大豆进口增加的态势很难改变。

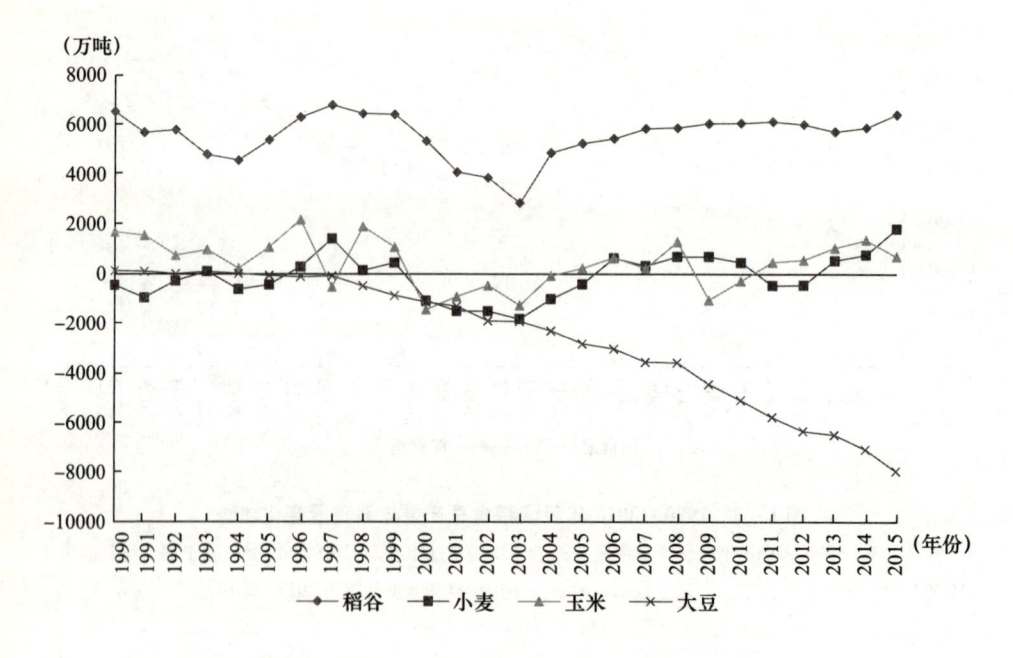

图 1-4　1990~2015 年我国主要粮食品种的供求差

资料来源：美国农业部（http://www.usda.gov/）。

我国在粮食品种结构上的供求矛盾，主要是粮食生产与消费脱节，生产结构不能适应消费结构。具体而言，突出表现在两个方面：一是供需品种不平衡，不能满足人们日益多样化的消费需求；二是供需品质不平衡，即高品质粮食产出比重较低，国内高端消费需求主要依赖进口。

三、粮食进口量持续增加，四大主粮已全面转为净进口

作为粮食供给的重要组成部分，粮食进口是调剂国内粮食余缺的重要手段。近年来，在我国粮食产量连年增加的同时，粮食进口量也持续增加。1990年我国四大主粮进口量为947.8万吨，2015年攀升到9337.4万吨，净增了9.85倍。1994年之前，我国粮食基本上处于净出口状态，1996～2001年的多数年份，也基本上是粮食净出口。但2002年后，我国已完全处于粮食净进口状态，且进口量连年大幅度增加（见图1-5）。

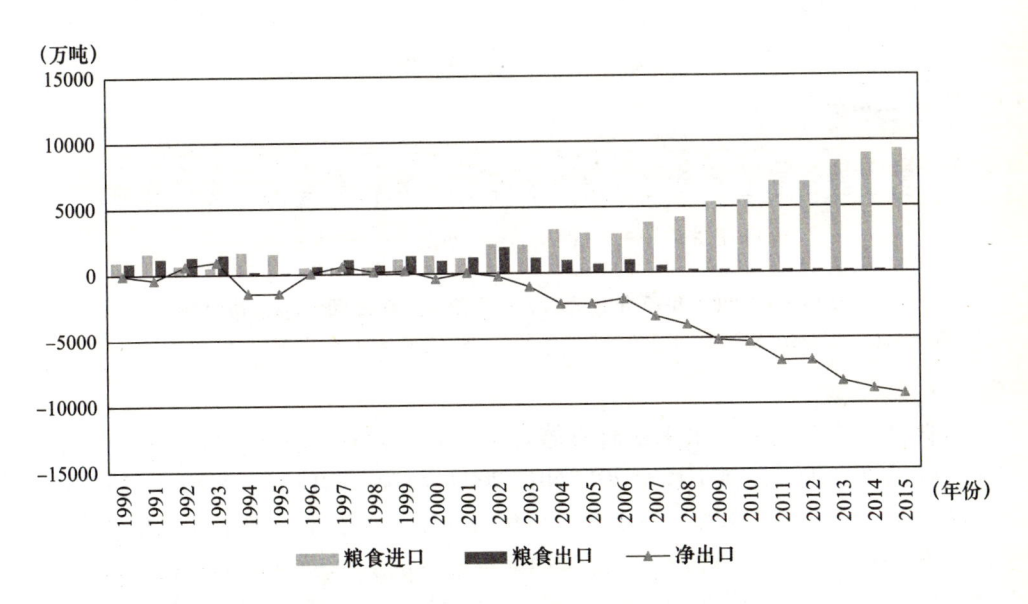

图1-5 1990～2015年我国粮食进出口状况

资料来源：布瑞克农业数据库。

我国粮食进口量增加的主要原因在于国内粮食价格偏高，进口粮食相对便宜。2011～2014年，联合国粮农组织食品价格指数从229.9点降低到201.8点，下降了28.1个点，年均下降幅度为4.44%。与此相反，同期国内粮食价格却不断上涨。自1990年以来，我国粮食价格经历了"先上升后下降再上升"的变化过程。从2002年开始，在粮食生产成本推动和政策导向下，除大豆价格在

波动中上涨外，稻谷、小麦和玉米三大主粮每50千克出售价格均持续上涨，2015年分别达到138.02元、116.43元和94.23元，分别比2002年上涨168.57%、127.18%和106.64%（见图1-6）。国际粮食价格下降和国内粮食价格上涨并行发展，使国内粮食价格高于国际市场价格，加大了用粮企业的粮食进口动机。

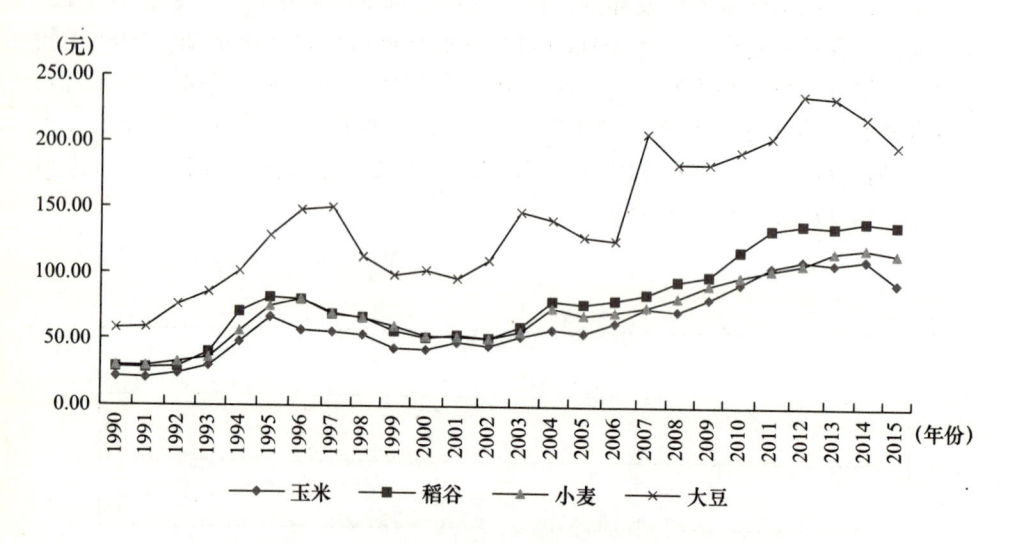

图1-6　1990~2015年我国四大主要粮食品种每50千克出售价格
资料来源：根据美国农业部、中国农产品成本收益数据汇编提供的数据整理。

自2008年我国实行玉米临时收储政策以来，玉米平均收储价格快速上涨，从2008年的1500元/吨上涨至2015年的2000元/吨。2015年，在粮食产量、进口量、储备量"三量齐增"的情况下，稻谷、小麦、玉米三大主粮价格普遍走低，玉米价格更是断崖式下跌，玉米期货价格一度从2268.44元/吨的最高处跌至1600.1元/吨的最低处，但仍高于进口玉米到岸完税价格。目前我国玉米收购平均价格与进口玉米到岸完税价格的价差在300元/吨左右。导致玉米价格大幅度下跌的原因主要有：一是国际市场石油价格大幅度下跌，从2008年最高时的138美元/桶降至2015年的30美元/桶，以美国为主的用玉米加工燃料乙醇项目的热度下降，导致玉米需求减少；二是从国内市场来看，玉米主要用于饲料加工，由于国内玉米价格远高于国际市场价格，导致高粱、大麦、豆粕、DDGS等替代品进口增加，减少了对玉米的需求。

从分品种来看，1999年之前，我国小麦一直是净进口，仅有个别年份进口少量稻谷、玉米和大豆。1999~2008年，除大豆进口量持续增加外，其他三大主粮基本上是净出口。但之后我国粮食进出口格局发生逆转,自2011年开始所有主粮转为净进口且进口量逐年增加,2015年稻谷、小麦、玉米、大豆净进口量分别为295.0万吨、280.0万吨、313.2万吨和8375.0万吨(见图1-7)。

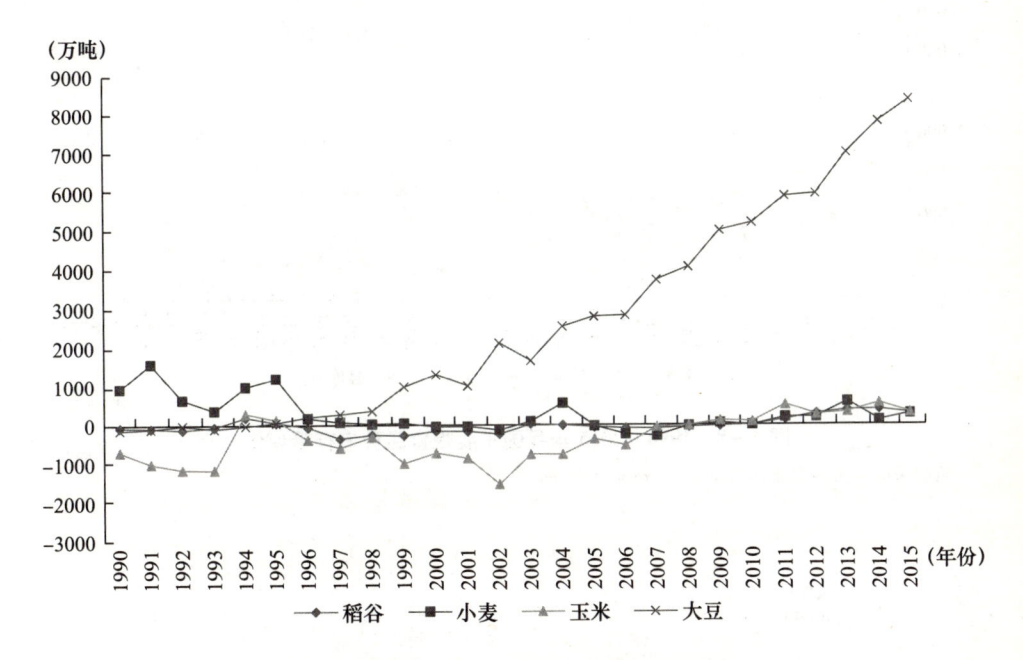

图1-7 1990~2015年我国主要粮食品种净进口

资料来源:美国农业部(http://www.usda.gov)。

四、粮食库存持续增加,库存结构与消费结构不协调

期初粮食库存是粮食供给的重要补充。根据美国农业部的数据,自2005年以来,我国粮食库存量持续增加,2015年粮食总库存量达到2.76亿吨(见图1-8)。粮食库存主要以玉米、小麦、稻谷为主,2015年的库存量分别占总库存量的40.02%、35.06%和24.93%。与消费结构相比,稻谷的库存比例与消费比例基本一致(见图1-9(a)),但小麦的库存比例与消费比例出现明显偏差,库存比例持续上升而消费比例持续下降(见图1-9(b)),玉米库存比例近年来快速攀升,已明显高于消费比例(见图1-9(c))。我国粮食库存品种结构与粮食消费需求结构不适应,在一定程度上加剧了粮食市场的不稳定风险。

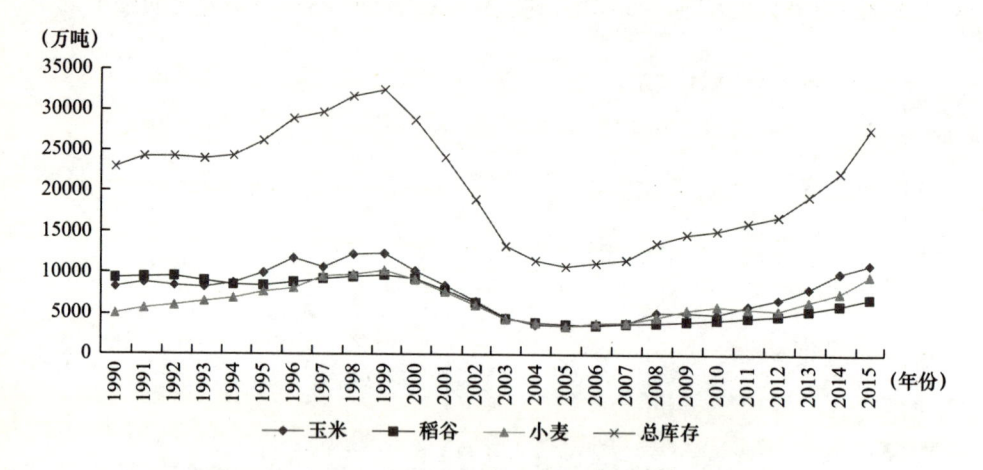

图1-8 1990~2015年我国主要粮食品种库存量变化

资料来源：美国农业部（http://www.usda.gov/）。

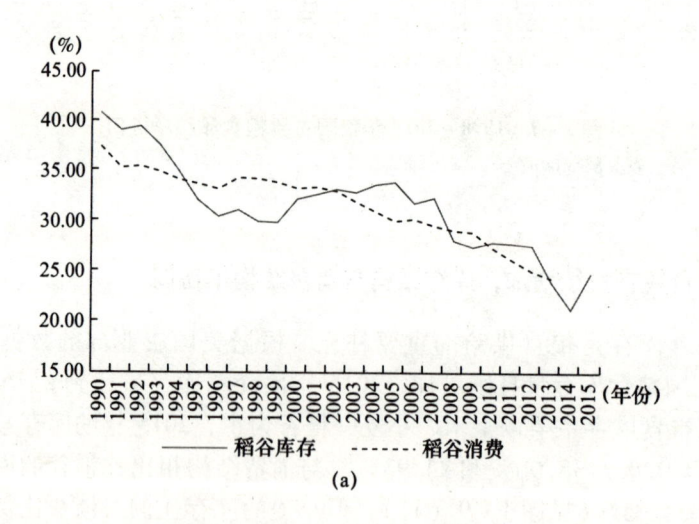

(a)

图1-9 1990~2015年我国主要粮食品种储备结构与消费结构对比

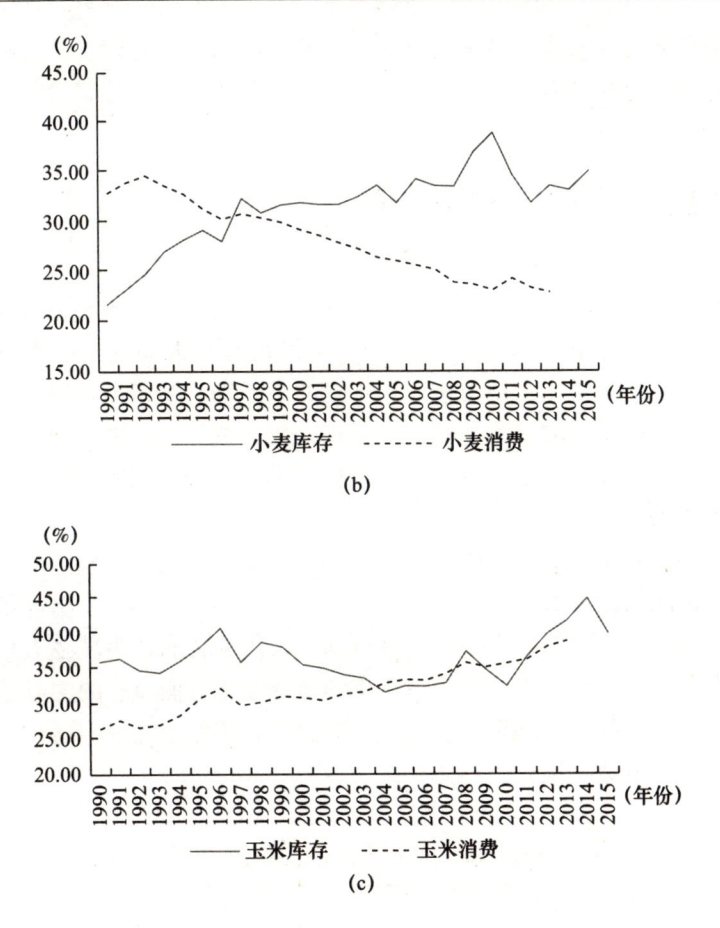

图 1-9　1990~2015 年我国主要粮食品种储备结构与消费结构对比（续）

资料来源：美国农业部（http://www.usda.gov）。

第四节　中国粮食供需结构变化趋势的情景仿真

预测是指根据客观事物的发展趋势和变化规律，对特定对象未来发展的趋势或状态做出科学的推测与判断的一种科学活动。预测的科学性由预测前提的科学性、预测方法的科学性和预测结果的科学性共同体现。为保障预测前提的科学性，就需要以客观事实资料为依据并以正确反映客观规律的成熟理论为指导。而保障预测方法的科学性则包含预测方法本身的科学性——是否是在实践检验基础上总结出来的所处学科领域的方法，以及预测方法应用的科学性，它要求依据预测对象的特点合理地选择与运用预测方法。预测结果的科学性则最终体现为能否经受实践的检验。

一、粮食供求系统动力学模型构建

（一）系统因素的修正

面对我国粮食供求形势的变化，理论界和实际部门对我国的粮食需求规模和产量进行了大量的预测，研究方法不同，结果也有较大差异。尽管在已有文献中，学者们针对粮食的供求情况构建了不同的系统动力学模型，但由于参数设定的标准不统一，导致预测结果与现实情况存在较大差异。本书将粮食消费系统按照用途结构方法区分为口粮、饲料用粮、工业用粮和种子用粮四部分，并分别根据影响因素进行阐述。

首先，考虑到对粮食消费影响最大的存量因素——人口规模因素。一种常见的计算粮食需求量的方式是总人口与人均粮食年需求量的乘积，更详细一些的研究还会通过城镇化率对城乡人口结构进行划分，因为普遍认为城乡人口在粮食的消费方面存在区别。而在人口和城镇化率的参数设定方面，有的文献较为简单地选择参考其他文献的分析结果或者直接主观假定，有的研究者则通过历史数据寻找规律并基于基期数据推算，具体参数如表1-1所示。

表1-1 粮食预测问题中人口总量及城镇化率参数设定

作者 （年份）	资料 来源	2030年 人口总量 （亿人）	2030年 城镇化率 （%）	2020年 人口总量 （亿人）	2020年 城镇化率 （%）	2015年 人口总量 （亿人）	2015年 城镇化率 （%）
程国强 （1998）	自己 推算	13.54/ 15.27/15.57	52	13.88/ 15.41/15.47	*48.98	—	—
李波 （2008）	自己 推算	—	—	14.25	*47.51	13.95	*46.11
贾伟 （2013）	其他 文献	—	—	14.30	65	13.84	*57.08
高启杰 （2004）	其他 文献	—	—	14.72	64.9	*14.23	*57.29
向晶 （2013）	自己 推算	14.57	—	14.43	—	14.08	—
李志强 （2012）	其他 文献	*14.43	65	14.07	*55.72	*13.88	52

续表

作者 (年份)	资料 来源	2030年 人口总量（亿人）	2030年 城镇化率（%）	2020年 人口总量（亿人）	2020年 城镇化率（%）	2015年 人口总量（亿人）	2015年 城镇化率（%）
廖永松 (2004)	自己 推算	—	—	14.45	50.9	*14.02	*47.05
胡小平 (2010)	直接 假定			14.5	—	14	—
骆建忠 (2008)	自己 推算	—	—	14.23	55.24	13.89	51.49
马永欢 (2009)	自己 推算	—	—	14.15	52.1	13.78	*50.63
罗其友 (2014)	自己 推算	14.5	66	—	—	—	—
……							

注：其中带 * 数据为作者根据各文献所给资料按年均增长推算，结果四舍五入后保留小数点后两位；不带 * 数据为文献中直接给出。

资料来源：作者整理。

通过表1-1可以发现，尽管人口总量及城镇化率对粮食预测的结果会产生显著的影响，但在针对相同目标年份进行粮食预测时各文献对人口总量及城镇化率的参数设定却呈现较大差异。除去程国强（1998）根据女性生育年龄、存活胎数及人均寿命的不同情况给出的三套人口推测结果外，其他研究者在2020年的参数设定中，人口总量的极差达0.65亿（约为英国总人口），城镇化极差达17.5%。

其次，常见的研究中采用常住人口作为衡量人口规模的唯一指标，而测算出的粮食消费量远低于实际消费量，原因在于绝大多数粮食预测模型内部人口子系统中的缺陷——忽视了流动人口对粮食消费总量的影响。当一个地区具备一定的经济中心地位或者旅游热度，则会导致该地区有着较大的流动人口，因而在仅仅采用常住人口数据对该地粮食消费进行预测时则势必会低估实际的消费情况。随着中国经济发展、旅游及文化吸引力的提升，每年有大量国（境）外人口来到中国，因而在测算口粮实际消费时需根据流动人口情况对按照常住人口及人均粮食消费所计算出的口粮消费进行上调①。

---

① 本书在模型中采取上调15%作为上调系数方案，在加入系数后口粮实际消费能与历史数值拟合较好。

再次,在人口规模存量的流入侧,考虑到"二孩政策"所带来的影响,因此在生育率部分引入生育政策影响因子。政策的第一阶段是2013年末推行的"单独二孩"政策,实际情况表明,"单独二孩"政策并没有如翟振武(2013)所估计的出现人口井喷,达到每年新增100万~200万新生儿,而是仅仅导致总和生育率提升了不足0.06。于是在2016年初政策进入了第二阶段"全面二孩"。尽管"全面二孩"能够释放出很多生育意愿,但可以明确的是,出生率并不能因此就保持稳定增长。一方面,这些意愿由于诸多原因并不能完全转化为实际的生育数量,并且扩大的政策窗口中的夫妇大多已逾适合生育的年龄;另一方面,该生育意愿是对现存夫妇生育意愿总存量的一次性释放,后续的新增夫妇能否继续填补政策窗口还不得而知。而鉴于当年计划生育政策实施的累积效应和随社会经济发展的平均受教育年限的增长,新婚夫妇自身群体的萎缩和生育意愿的下降都将导致政策窗口的逐步缩小,"二孩政策"的第二阶段所期望的政策效果较之其第一阶段,并不能过分乐观。

最后,在考虑到受人口规模情况影响最大的口粮消费部分时,加入城乡结构便于对实际口粮消费情况的更精确推算。一般研究表明,农村居民往往从事更多的体力劳动因而相较于城镇居民在生活中消耗较多的粮食,但就目前城镇化进程而言,仍有大量农村劳动力在获得城镇居民身份之后仍是高负荷的体力劳动者,因此通过城镇化率对城乡结构的具体描述,以及对城镇口粮消耗的上调能够更精准地测算口粮的实际消费。

此外,除上述部分的系统修正以外,还引入工业化率用于对饲料用粮系统中的料肉比进行动态描述。现有文献涉及饲料用粮中的料肉比时,都依照各自不同的标准并设定为固定参数,具体参数如表1-2所示。

表1-2 粮食预测问题中粮、肉料及酒精单位产量消耗粮食参数设定

单位:%

作者(年份)	来源注明	原粮	猪肉	牛肉	羊肉	家禽	蛋类	奶类	水产	白酒	啤酒
程国强(1998)	年鉴整理	70	2.09	0.49	0.43	1.75	2.4	0.38	0.8	2	0.2
肖国安(2002)	—	70	4	2	2	2	2.5	—	1	2.3	0.172
李波(2008)	—	—	4.8	4.8	4.8	2.7	2.7	0.4	0.8	—	—

续表

作者（年份）	来源注明	原粮	猪肉	牛肉	羊肉	家禽	蛋类	奶类	水产	白酒	啤酒
*骆建忠（2008）	营养推算	—	1.9	0.6	0.65	1.5	1.5	0.5	—	—	—
马永欢（2009）	参考已有文献	—	3	2	2	2	2	0.33	1	—	—
胡小平（2010）	国际标准	80	4.3	3.6	2.7	2.7	2.7	0.5	0.4	—	—
钟甫宁（2013）	农产品成本收益资料	80	4.6	3.6	3.6	3.2	3.6	—	2	—	—
贾伟（2013）	—	—	3	2.8	2.8	2.0	2.2	—	0.8	—	—
罗其友（2014）	参考已有文献	—	2.8	1	1	2	2	0.3	0.9	—	—
梅艳（2008）	中国饲料市场研究年度报告	传统饲养	2.1~2.9	1.5	1.5	2.0	2.5	0.4	—	2.3	0.172
		工业饲养	3.5	2.5	2.5	2.0	2.5	0.3	—		

......

注：其中 * 为文献中注明折原粮数据。
资料来源：作者整理。

通过表1-2可以发现，现有文献中针对肉料单位耗粮的参数设定差异非常显著。例如李波（2008）在猪肉、牛肉、羊肉方面设定的三个4.8:1相较于骆建忠（2008）在猪肉、牛肉、羊肉方面分别设定的1.9:1、0.6:1、0.65:1差异更是巨大，即使按照70%换算为成品粮后差异仍然明显。究其原因是设定参数的参照标准不同，即有的文献参照畜牧业标准饲养耗粮情况，而有的文献依据中国农户调研数据进行估测。随着社会经济的发展与农业科技的进步，虽然会使畜牧业的养殖生产不断趋于专业化与标准化，但现阶段仍存在一定规模的畜禽分户散养形式，会在日常养殖工作中采用泔水、米糠等代替饲料，因而与传统养殖方式相比，运用标准化生产料肉比会导致预测的饲料用粮结果偏高。鉴于此，本书不再选择固定的料肉比参数，而是通过工业化程度对料肉比进行动态描述。其中工业化程度选用工业化率①来衡量。而传统饲养料肉比与工业化饲养料肉比数据则引自梅艳（2008），其数据来源于中国饲料市场研究年度报告（2005）。

（二）构建思路及参数设定

针对上述提出的系统因素的修正思路，开始构建系统动力学模型。由于粮食库存数据不易获取，因而摒弃粮食自给率转而使用粮食净增长量作为最终衡量指标。而粮食净增长量则由粮食实际生产量和粮食实际消费量组成。

（1）粮食实际生产量方面，最终产量由单产、播种面积和粮食折损率构成。其中，在粮食单产的推算中，引用全要素生产率的柯布—道格拉斯（Cobb - Douglas）生产函数进行分析。传统的生产函数公式为 $Y = AK^\alpha L^\beta$，其中 Y 表示产出，A 为随科技进步使得粮食生产水平变化的生产转换因子，K 为资本投入，L 为劳动投入，α 和 β 分别代表资本投入和劳动投入的弹性系数。由于农村劳动力普遍过剩，传统生产函数中的劳动因素对粮食单产影响不大。因此在剔除劳动因素后对影响粮食产量的资本因素进行分解，最终选用单位农机投入和单位化肥投入等构成粮食单产的关系式：

$$Y = A_i (\text{mechanized power per unit})^\gamma (\text{applying quantity of fertilizer per unit})^\delta e^{ui}$$

并且由于2015年农业部印发《到2020年化肥使用量零增长行动方案》，本书将在预测模型的2020~2030年维持化肥2020年施用水平不变。至于粮食损耗率方面，引用汪希成（2016）所认为的已有文献存在对粮食损耗率低估的可能，而实际损耗率应在5%左右波动的结论（见表1-3）。

（2）粮食实际消费量方面，受资源禀赋、产业基础的影响，饲料用粮不能与人均肉类消耗混淆，因此本书通过粮食消费的四大用途构建消费侧模型。首先，直接口粮消费主要是受人口规模和人均粮食消费量的影响，其中人口规模存量通过出生率、死亡率两大流量和环境承载因子、生育政策因子等辅助变量共同决定，而人均粮食消费量方面则假定城镇人均粮食消费和农村人均粮食消费为常数，通过城镇化率对总人口规模的描述来确认直接口粮消费；其次，作为第二大粮食消费用途的饲料用粮，则采用动态化的料肉比辅以七大主要畜牧产品产量（生猪、牛肉、羊肉、禽肉、禽蛋、奶制品和水产品）推算；再次，在工业用粮方面，以唐华俊（2012）所给出的工业人均用粮在2009年达 $82.82 \text{kg} \cdot \text{a}^{-1}$ 为数据基础，而粮食消费侧中占比最少的种子用粮部分则采用近年全国层面的每单位耕地的用种粮的平均水平，结合未来播种面积的趋势情况进行推测；最后，依照上述分析，绘制出粮食生产与消费情况系统动力学流程（见图1-10）。

---

① 工业化率（工业化率是指工业增加值占全部生产总值的比重）在2007年后不再作为统计指标出现，本书所使用工业化程度指标是利用历史工业化率的趋势外推数值来描述的。

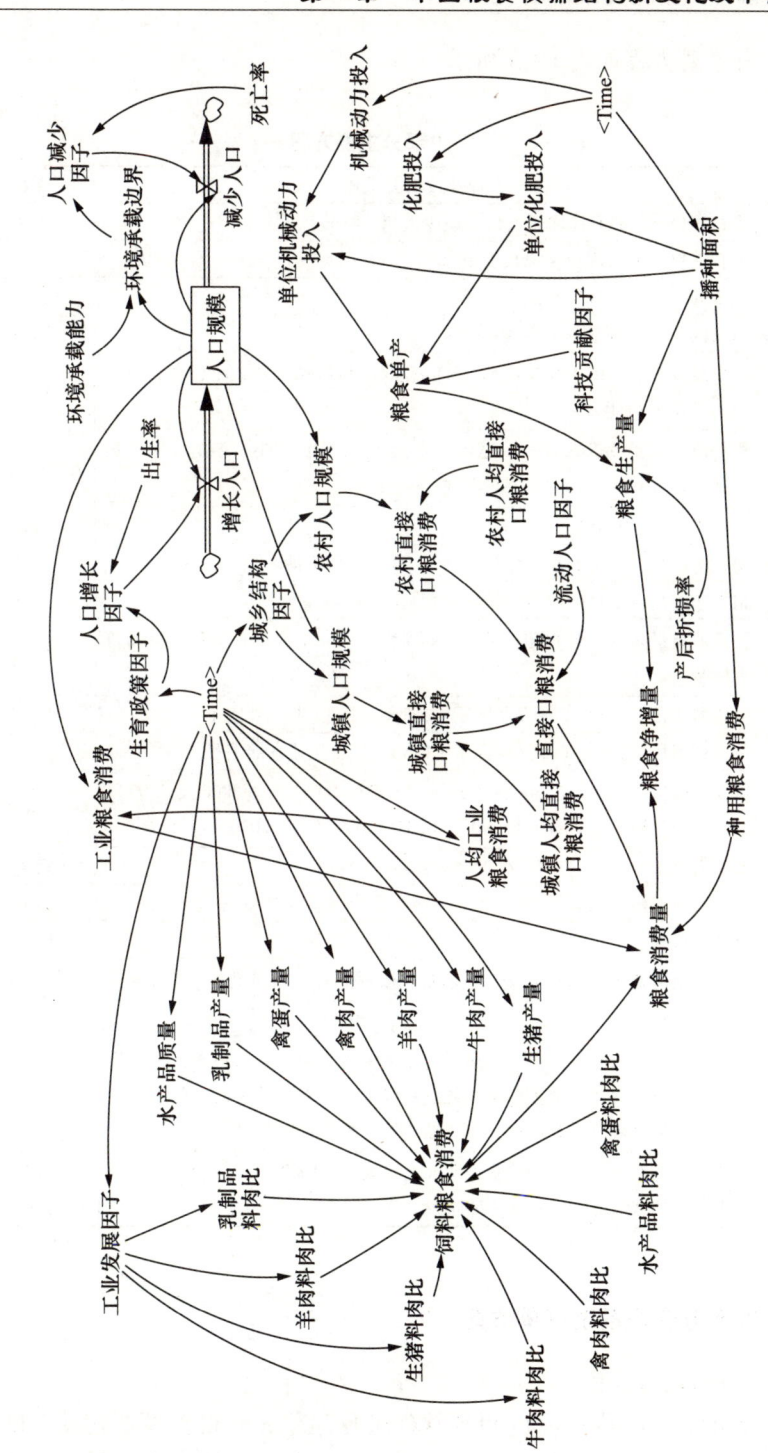

图 1-10 粮食生产与消费情况系统动力学

模型中部分主要方程如表1-3所示。

表1-3 模型中部分主要方程

变量名称	方程及逻辑关系式	单位
人口规模	人口规模 = INTEG（增长人口 - 减少人口，8169）	万人
增长人口	增长人口 = 人口规模 × 增长因子	万人
减少人口	减少人口 = 人口规模 × 减少因子	万人
人口增长因子	增长因子 = 生育率 + 生育政策因子	Dmnl
人口减少因子	人口减少因子 = IF THEN ELSE（环境承载边界≥0，死亡率，死亡率×（1 - 环境承载能力））	Dmnl
粮食单产	粮食单产 = 科技贡献因子 × EXP（-0.169921 + 0.105195 × LN（单位机械动力投入）+ 0.134816 × LN（单位化肥投入））	万吨/千公顷
产后折损率	产后折损率 = 0.057	Dmnl
粮食生产量	粮食生产量 = 播种面积 × 粮食单产 ×（1 - 产后折损率）	万吨
粮食净增量	粮食净增量 = 粮食生产量 - 粮食消费量	万吨
粮食消费量	粮食消费量 =（直接口粮消费 + 饲料粮食消费 + 工业粮食消费 + 种用粮食消费）	万吨
生猪料肉比	生猪料肉比 = 3.5 × 工业发展因子 + 2.5 ×（1 - 工业发展因子）	Dmnl
牛肉料肉比	牛肉料肉比 = 2.5 × 工业发展因子 + 1.5 ×（1 - 工业发展因子）	Dmnl
城乡结构因子	城乡结构因子 = [（2000，40）-（2050，80）]，（2006，33.00），（2015，47.56），（2020，55.90），（2025，64.24），（2030，72.58）]	Dmnl
城镇人口规模	城镇人口规模 = 人口规模 × 城乡结构因子/100	万人
农村人口规模	农村人口规模 = 人口规模 ×（100 - 城乡结构因子）/100	万人
流动人口因子	流动人口因子 = 0.15	Dmnl
直接口粮消费	直接口粮消费 =（城镇直接口粮消费 + 农村直接口粮消费）×（1 + 流动人口因子）	万吨
饲料粮食消费	饲料粮食消费 = 生猪产量 × 生猪料肉比 + 牛肉产量 × 牛肉料肉比 + 羊肉产量 × 羊肉料肉比 + 禽蛋产量 × 禽蛋料肉比 + 禽肉产量 × 禽肉料肉比 + 乳制品产量 × 乳制品料肉比 + 水产品产量 × 水产品料肉比	万吨
工业粮食消费	工业粮食消费 = 人均工业粮食消费 × 人口规模 ÷ 1000	万吨
种用粮食消费	种用粮食消费 = 0.008905 × 播种面积	万吨

二、粮食生产与消费系统情景仿真

（一）模型的测试与检验

完成上述分析后，运用Vensim PLE软件进行建模，并设置模型初始时间 = 2006，结束时间 = 2030，时间步长 = 1，时间单位为年。在运行模型得出结论之前，还需采用科学的检验方法对所建模型进行测试，John D. Stermant 归纳了共计 12 种测试方法，但全面的测试既不便于操作也没有必要，一般模型能通过心智模型测试、积分误差测试及极端情况测试就保证模型的一定可信度，本书将对所建模型进行逐一检验。

心智模型测试是查看系统模拟的行为与已存在数据的吻合程度，如果模型的心智测试不能通过，就难以让旁人对该模型的预测产生信任，因此心智模型测试是最直接也是最基础的测试。本书通过录入模型的初始值和方程得到仿真数值，通过选取重要变量的仿真值并与其历史值的对比，用以测试模型是否达到了较好的拟合效果。这里的测试以模型中唯一的积分量——人口规模为例，测试结果如表 1-4 所示。

表 1-4 四川省人口规模心智测试对比

类别/年份	历史值	仿真值	相对误差	类别/年份	历史值	仿真值	相对误差
2006	131448	131448.0	0	2011	134735	134416.4	-0.00237
2007	132129	132261.3	0.00100	2012	135404	134318.7	-0.00808
2008	132802	132262.4	-0.00408	2013	136072	134978.7	-0.00810
2009	133450	131719.2	-0.01314	2014	136782	135591.5	-0.00878
2010	134091	132641.2	-0.01093	2015	137462	135635.0	-0.01347

资料来源：模型测试结果。

通过表 1-4 可以发现，人口规模的历史值与仿真值的相对误差能控制在正负 2% 以内。在逐一对变量做心智测试后发现，除饲料用粮的仿真数据偏大以外，其他模型中的辅助变量的相对误差均能保持较低水平。与统计数据的饲料用粮相比，通过料肉比和农牧产品产量所得的仿真结果与统计数据上存在一定程度的阶跃。究其原因，是因为饲料粮的消费量是企业及个体养殖户的市场行为，而政府部门一般无法准确掌握企业购买或者进口了多少饲料粮。也就是说，政府部门只能掌握企业及个体养殖户从粮食批发中心购买了多少饲料粮而无法了解具体的企业及个体养殖户的实际市场购粮数量，因此一般统计数据中的饲料用粮数据可能较实际偏小，而模型的仿真数值能得到合理的解释，进而意味着模型能够通过心智测试检验。

积分误差测试其主要用途是检测当时间间隔变化时，模拟曲线的过渡是否合理，而由于模型所涉及的变量与时间参数一致，因而在调整时间间隔后，系统行为曲线仍能保持不变。而极端情况测试通常用于检验在把模型中某个变量或某几个变量设置为极值后,是否会出现无意义值,若出现则表明系统模型中至少存在一个方程,由于不能对极端情况做反应而不具备鲁棒性。这里以单产方程为例,假设在极端 A 情况下,农机投入和化肥投入均无限趋近于 0(因为对数而不能取 0),模拟发现在几乎完全不投入农机与化肥等生产要素的情况下,模型仍能保持一个极低的单产值,是现实中可能出现的系统行为反应,符合现实实际粮食单产不可能为负数的设定。其他变量在设置为极值后同样具有意义,因此认为模型通过极端情况测试。

(二)粮食生产与消费的情景仿真

1. 粮食消费的情景仿真结果

粮食消费的情景仿真变化趋势如图 1-11 所示,具体仿真结果为:到 2030 年,我国粮食消费总量将达到 88850.6 万吨,其中,口粮消费为 18384.7 万吨,饲料消费为 59961.4 万吨,工业消费为 9074.0 万吨,种子消费为 1430.5 万吨,如表 1-5 所示。

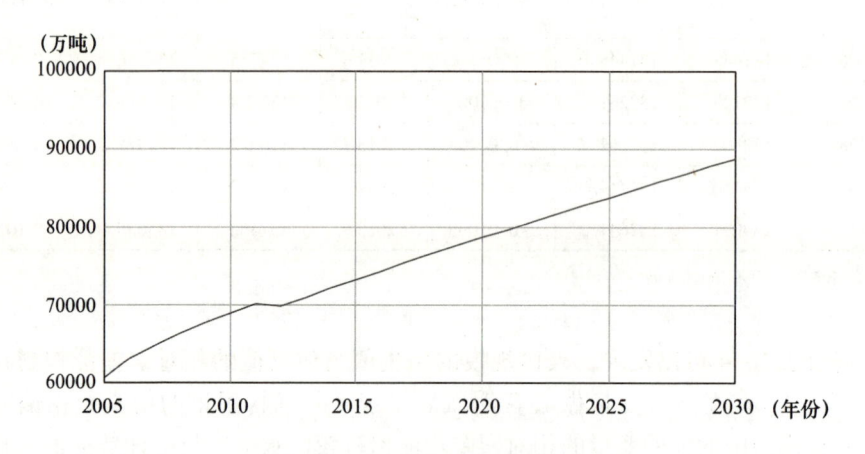

图 1-11　粮食消费的情景仿真变化趋势

表 1-5　粮食消费的情景仿真结果

单位:万吨

年份 \ 类别	口粮消费	饲料消费	工业消费	种子消费	总消费
2005	19076.4	36585.7	3997.5	1065.4	60725.0
2006	19083.4	37617.5	5309.3	1080.0	63090.2
2007	19079.0	38602.8	6076.6	1094.6	64853.0
2008	19064.6	39567.6	6621.1	1109.2	66362.5

续表

年份\类别	口粮消费	饲料消费	工业消费	种子消费	总消费
2009	19041.1	40521.1	7043.4	1123.8	67729.4
2010	19009.7	41466.9	7388.4	1138.4	69003.4
2011	18971.1	42407.6	7680.1	1153.0	70211.9
2012	18926.3	43344.5	6374.0	1167.6	69812.4
2013	18988.9	44278.3	6524.0	1182.3	70973.4
2014	19033.3	45209.4	6674.0	1196.9	72113.5
2015	19061.1	46138.7	6824.0	1211.5	73235.3
2016	19074.2	47066.4	6974.0	1226.1	74340.7
2017	19074.2	47992.6	7124.0	1240.7	75431.5
2018	19062.6	48917.6	7274.0	1255.3	76509.5
2019	19040.6	49841.6	7424.0	1269.9	77576.1
2020	19009.5	50764.8	7574.0	1284.5	78632.8
2021	18970.4	51686.9	7724.0	1299.1	79680.4
2022	18924.2	52608.4	7874.0	1313.7	80720.3
2023	18871.8	53529.3	8024.0	1328.3	81753.4
2024	18813.9	54449.6	8174.0	1342.9	82780.4
2025	18751.2	55369.3	8324.0	1357.5	83802.0
2026	18684.4	56288.5	8474.0	1372.1	84819.0
2027	18613.9	57207.4	8624.0	1386.7	85832.0
2028	18540.2	58125.8	8774.0	1401.3	86841.1
2029	18463.7	59043.7	8924.0	1415.9	87847.3
2030	18384.7	59961.4	9074.0	1430.5	88850.6

2. 粮食生产的情景仿真结果

粮食单产和粮食总产的情景仿真趋势分别如图1-12和图1-13所示，具体仿真结果为：到2030年，我国粮食单产将达到7193.74公斤/公顷，粮食总产将达到78603.2万吨，但仍存在10247.4万吨缺口。

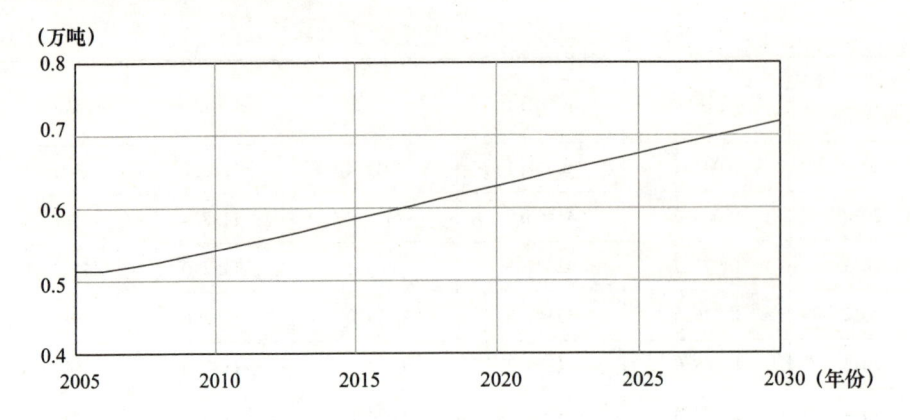

图 1 – 12　粮食单产情景仿真变化趋势

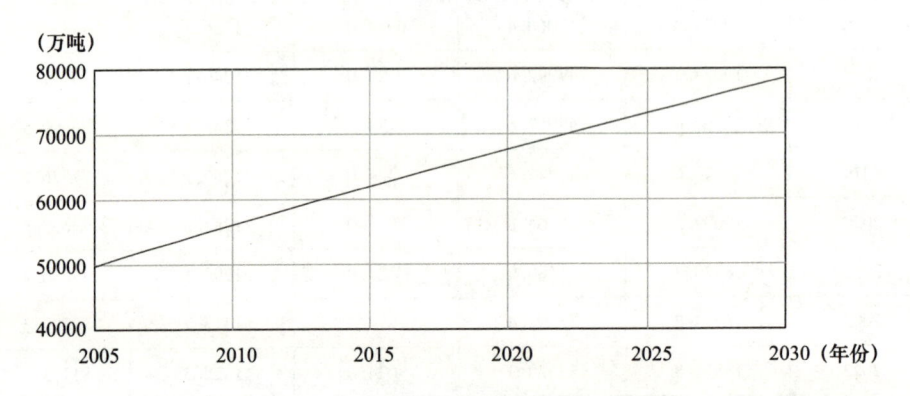

图 1 – 13　粮食总产情景仿真变化趋势

第五节　中国粮食供需结构平衡的政策建议

从目前我国的粮食供需状况来看,"稳产能、调结构、去库存、降成本"是当前粮食供给侧结构性改革的主要方向。

一、稳定粮食生产能力

目前,我国粮食产量已处于历史最高水平,其中,粮食播种面积增加和单产水平提高发挥了重要作用。但由于我国人口增长的拐点还未到来,城镇化和工业化快速推进的步伐还在继续,粮食需求刚性增长的现实仍未改变,总量上我国粮食供求仍然处于紧平衡状态。但鉴于目前我国粮食库存量、进口量持续增加以及粮食生产成本持续抬升的现实，不宜再进一步增加粮食产量，而是要以稳定粮食生产能力为主，并实行必要的休耕制度和草田轮作，一方面给耕地以休养生息的机会，另一方面也促进农业生态环境的改善，以提高耕地持续生产的能力，实现"藏粮于地"。对于农民休耕而减少的收入，政府可在市场之外进行适当补贴。从政策上来看，自2004年开始实施的粮食最低收购价制度，已不能适应当前粮食生产的形势，应统一粮食补贴政策，实行"价补分离"。目前出现的玉米价格下跌、库存大幅度增加的特殊情况，都是由于价格和政策偏差造成的短期玉米供求失衡。如果目前盲目调减玉米种植面积，缩减玉米产量，可能会造成玉米供求关系的波动。从长期来看，饲用玉米的消费需求仍将持续增加。目前可适当减少大豆的进口，一是可减轻我国大豆的对外依存度，二是可消化一部分玉米，以减轻玉米的库存压力。

二、调整粮食生产结构

目前，我国粮食安全的主要问题不在于总量，而在于结构。从品种结构来看，稻谷和玉米产大于需，小麦产需基本平衡，大豆产需不足。从用途结构来看，作为主要口粮的稻谷和小麦需求有所减少，而主要作为饲料粮和加工用粮的玉米和大豆需求则持续增加。2015年我国进口大豆8390万吨，相当于进口了6700多万吨的饲料粮。由于我国玉米价格高于国际市场价格，作为替代品的高粱、大麦、DDGS等进口量持续增加。以此来看，造成我国粮食供求紧平衡的关键在于饲料用粮需求的大幅度增加。因此，在满足口粮需求的前提下，可适当调减稻谷的播种面积，增加饲草作物的种植，以减轻饲料用粮的进口压力，并实现我国农作物种植的粮经二元结构向粮经饲三元结构的转变。从单产水平来看，2015年，我国粮食单产水平比1990年提高了39.4%，稻谷、小麦、玉米单产水平分别提高了20.4%、68.8%和30.2%。随着科技水平的提高和推广力度的加大，调减稻谷播种面积后，通过进一步提高单产水平以满足口粮需求是可行的。

三、加快粮食加工转化

鉴于目前我国粮食库存增加的压力过大，销售困难，应大力推进农产品加工业的发展，一方面，可以延伸产业链条，提高产品附加值，适量消化粮食库存；另一方面，对增加粮农收入也可以起到一定的拉动作用。

四、降低粮食生产成本

多年来我国粮食价格高于国际市场价格的主要原因之一在于粮食生产成本的

推动。2015年我国稻谷、小麦、玉米三种粮食平均总成本达到1090.04元/亩，比2008年增长了93.8%，净利润从186.39元/亩下降至19.55元/亩，比2008年下降了853.4%，严重挫伤了农民种粮的积极性。因此，加大对种粮大户、家庭农场、农业合作社、龙头企业等新型种粮主体的培育，加快土地流转步伐，推进粮食生产适度规模经营，开展多元化的社会服务，以降低粮食生产成本是进一步提高农民种粮的积极性，保障我国粮食安全的重要举措。

第二章　中国粮食生产的区域结构变化与比较优势

第一节　中国粮食生产的区域变化特征

　　粮食生产是粮食安全保障的核心基础，充分发挥粮食生产的区域性比较优势，重点培育粮食优势产区，实施扶优扶强的非均衡发展战略，是提高我国粮食生产保障能力和确保国家粮食安全的战略性措施之一。自20世纪80年代以来，国家先后提出了粮食主产区、粮食集中产区和优势农产品产业带等区域发展概念，陆续实施了优质粮食工程、粮食丰产工程、大型商品粮基地建设等重大项目，对于支撑国家农业发展和粮食安全起到了决定性作用。1978~2015年，我国粮食总产量从30476.5万吨增加到62143.5万吨，人均粮食产量从316.6公斤增加到453.41公斤，实现了我国粮食由长期短缺向供求基本平衡的历史性跨越。总体来看，总量问题对中国粮食供求平衡的影响已经显著地趋于减弱，而结构问题对粮食供求平衡的影响显著增强，结构问题已经成为中国粮食供求平衡的主要问题。与此同时，我国粮食生产的区域格局也发生了重要分化，原有"南粮北调"的格局发生逆转，粮食主产中心逐步北移，且有逐步集中到少数地区的趋势。分区域来看，目前我国已基本形成了晋冀鲁豫区、东北区、东南沿海区、长江中游区、西北区、西南区和京津区等粮食生产区域格局。① 其中一些区域在我国粮食生产中目前已经起到了决定性作用。但从全国范围来看，虽然2004年以

---

　　① 根据中国自然经济特点和粮食生产情况，将粮食分区方案划分为：东北区包括黑龙江、吉林、辽宁；晋冀鲁豫区包括山西、河北、山东、河南；东南沿海区包括上海、江苏、浙江、福建、广东、海南；长江中游区包括湖北、湖南、安徽、江西；西北区包括陕西、甘肃、宁夏、青海、新疆、内蒙古；西南区包括重庆、四川、贵州、云南、西藏、广西；京津区包括北京和天津。

来，我国粮食产量实现了12年连续增产，但我国粮食生产长期持续增长的基础还不牢固，结构性、区域性矛盾日益突出，水土资源等制约因素日渐增强，极端气候条件和市场波动的不确定性导致粮食生产的风险增加。按照《全国新增1000亿斤粮食生产能力规划》的要求，适应我国粮食生产区域格局以及品种结构供需变化的新趋势，充分发挥粮食生产的区域比较优势，科学合理布局粮食的优势产区，对于协调我国区域间粮食供求关系和确保国家粮食安全具有重要意义。

一、粮食生产的区域格局明显分化，主销区的地位显著下降[①]

1990～2015年，我国13个传统粮食主产区和11个传统粮食平衡区的粮食产量占全国的比重分别提高了3.35%和3.03%，7个传统粮食主销区的粮食产量占全国的比重下降了6.38%，如表2-1所示。粮食主产区的地位有所提升，主销区的地位显著下降。

表2-1 1990～2015年我国粮食产量的区域结构变化

类别 年份	主产区 粮食产量（万吨）	主产区 占全国粮食总产量的比重（%）	主销区 粮食产量（万吨）	主销区 占全国粮食总产量的比重（%）	平衡区 粮食产量（万吨）	平衡区 占全国粮食总产量的比重（%）
1990	32501.6	72.83	5225.2	11.71	6897.5	15.46
1991	31402.8	72.14	5318.6	12.22	6807.9	15.64
1992	32231.5	72.81	5126.1	11.58	6908.2	15.61
1993	33405.1	73.18	4784.6	10.48	7459.1	16.34
1994	32825.2	73.75	4757.6	10.69	6927.4	15.56
1995	34470.1	73.87	4965.1	10.64	7226.6	15.49
1996	37129.1	73.59	5176.6	10.26	8147.8	16.15
1997	35172.7	71.18	5240.8	10.61	9003.8	18.22
1998	36315.7	70.89	5213.6	10.18	9700.4	18.94
1999	36517.7	71.83	5103.3	10.04	9217.7	18.13
2000	32607.4	70.55	4474.4	9.68	9135.8	19.77
2001	37640.2	75.04	3184.4	6.35	9335.8	18.61

---

① 按照传统的划分方法，我国粮食和农业主管部门一般将黑龙江、吉林、内蒙古、河南、江西、安徽、河北、辽宁、湖北、湖南、江苏、山东、四川13个省份作为粮食主产区，将北京、天津、上海、浙江、福建、广东及海南7个省份作为粮食主销区，将山西、重庆、广西、宁夏、新疆、青海、陕西、西藏、云南、贵州、甘肃11个省份作为平衡区。主要依据是按其粮食产量、播种面积和提供的商品粮数量及其占全国的比重。

续表

年份\类别	主产区 粮食产量（万吨）	主产区 占全国粮食总产量的比重（%）	主销区 粮食产量（万吨）	主销区 占全国粮食总产量的比重（%）	平衡区 粮食产量（万吨）	平衡区 占全国粮食总产量的比重（%）
2002	39917.5	75.50	3244.9	6.14	9708.5	18.36
2003	30578.5	71.00	3417.7	7.94	9073.2	21.07
2004	34115.0	72.67	3450.8	7.35	9381.4	19.98
2005	35443.2	73.23	3415.7	7.06	9543.5	19.72
2006	36824.2	74.02	3522.7	7.08	9400.9	18.90
2007	37640.2	75.04	3184.4	6.35	9335.8	18.61
2008	39917.5	75.50	3244.9	6.14	9708.5	18.36
2009	39710.1	75.11	3360.9	6.36	10011.1	18.86
2010	41184.0	75.36	3323.3	6.08	9055.3	16.57
2011	43421.0	76.02	3409.0	5.97	10290.3	18.01
2012	44609.8	75.66	3421.8	5.80	10925.4	18.53
2013	45763.5	76.03	3290.1	5.47	11140.0	18.51
2014	46021.3	75.81	3332.5	5.49	11356.3	18.71
2015	47341.2	76.18	3311.8	5.33	11490.5	18.49

资料来源：根据历年《中国统计年鉴》中的原始数据整理而来。

在我国粮食生产的区域格局变化的同时，各区域内部的粮食供求关系也出现了严重分化。从主产区来看，变化最大的是四川省。1990~2015年，四川省粮食产量净减少824.00万吨，位次也从全国第一位下降到第七位，从粮食剩余区变成了粮食短缺区；黑龙江省的粮食产量净增2381.20万吨，位次从全国第八位上升到第一位。7个传统粮食主销区的粮食产量均有不同程度减少，其中，广东省减少了26.1%；浙江省减少了52.6%。在11个传统粮食平衡区中，云南省粮食产量增加了78.2%，产量超过了广西壮族自治区，并位居11个传统粮食平衡区第一位。

从播种面积来看，1990~2015年，13个主产区粮食播种面积占全国的比重增加了2.47%，但四川省的粮食播种面积净减少3373.8千公顷，减少了34.33%，位次也从全国第一位下降到第五位；黑龙江省的粮食播种面积净增4345.2千公顷，位次从全国第四位跃居第一位。7个主销区的粮食播种面积净减少5301.0千公顷，减少了47.0%，占全国粮食播种面积的比重下降了4.66%，其中，广东、浙江粮食播种面积下降幅度较大。11个平衡区粮食播种面积占全国的比重提高了 2.20%,其中云南省增加了 23.88%,而陕西省粮食播种面积减少了 25.59%,广西壮族自治区粮食播种面积减少了 15.72%,如表 2-2 所示。

表 2-2 1990~2015 年我国粮食播种面积的区域结构变化

类别 年份	主产区 粮食播种面积（千公顷）	主产区 占全国粮食播种面积的比重（%）	主销区 粮食播种面积（千公顷）	主销区 占全国粮食播种面积的比重（%）	平衡区 粮食播种面积（千公顷）	平衡区 占全国粮食播种面积的比重（%）
1990	78939.60	69.57	11269.80	9.93	23256.50	20.50
1991	78055.27	69.54	11151.73	9.94	23039.93	20.53
1992	76816.40	69.48	10790.70	9.76	22952.60	20.76
1993	77531.80	70.16	10018.30	9.07	22958.60	20.78
1994	76456.50	69.80	9921.70	9.06	23165.60	21.15
1995	76965.30	69.93	10100.20	9.18	22994.90	20.89
1996	78759.40	70.23	9830.30	8.77	23547.30	21.00
1997	76510.40	67.76	10250.90	9.08	26150.90	23.16
1998	76758.60	67.46	10150.10	8.92	26878.80	23.62
1999	76402.50	67.52	9875.80	8.73	26882.90	23.76
2000	73142.90	67.44	8894.90	8.20	26424.90	24.36
2001	72405.70	68.26	8063.80	7.60	25610.30	24.14
2002	71233.50	68.57	7341.90	7.07	25315.60	24.37
2003	68548.70	68.96	6760.30	6.80	24101.10	24.24
2004	70387.60	69.27	6771.10	6.66	24447.50	24.06
2005	72568.36	69.59	6808.25	6.53	24901.77	23.88
2006	73738.76	69.90	6812.83	6.46	24937.51	23.64
2007	76156.37	72.09	5961.88	5.64	23520.11	22.26
2008	76716.90	71.84	6097.40	5.71	23978.30	22.45
2009	78010.27	71.58	6216.24	5.70	24759.25	22.72
2010	78549.51	71.49	6191.71	5.64	25134.87	22.88
2011	79104.10	71.54	6148.40	5.56	25319.60	22.90
2012	79617.20	71.56	6158.20	5.53	25491.50	22.91
2013	80232.20	71.67	6045.50	5.40	25673.80	22.93
2014	81080.10	71.92	6019.40	5.34	25638.70	22.74
2015	81646.80	72.04	5968.80	5.27	25724.90	22.70

资料来源：根据历年《中国统计年鉴》中的原始数据整理而来。

二、粮食区域性生产格局业已形成,生产重心持续北移

分区域来看,目前我国已基本形成了晋冀鲁豫区、东北区、东南沿海区、长江中游区、西北区、西南区和京津区等粮食生产区域格局。1978~2015年,晋冀鲁豫区的粮食产量和播种面积占全国的比重一直处于第一位,且在粮食播种面积所占比重略有下降(从1978年的24.52%下降到2015年的24.21%)的情况下粮食产量所占比重提高了4.08%;东南沿海区的粮食产量和播种面积占全国的比重分别下降了10.02%和5.45%;长江中游区、京津区、西南区的粮食产量和播种面积占全国的比重略有下降;东北区和西北区的粮食产量和播种面积占全国的比重有较大幅度增长(见表2-3)。总体来看,我国粮食生产在东南沿海区和长江中游区缩减的同时重心有向晋冀鲁豫区和东北区集中,并向西北区扩展的趋势。

表2-3 1978~2015年我国粮食产量和粮食播种面积的区域变化

类别 年份 地区	粮食产量占全国的比重(%)				播种面积占全国的比重(%)			
	1978	1990	2000	2015	1978	1990	2000	2015
晋冀鲁豫区	21.13	22.20	24.54	24.79	24.52	24.31	24.43	24.21
东南沿海区	20.69	17.93	15.82	10.67	15.10	14.71	12.49	9.65
长江中游区	20.20	20.71	19.63	18.33	17.73	18.08	17.23	17.42
京津区	0.99	1.02	0.58	0.39	0.96	0.83	0.60	0.40
西北区	6.74	8.30	9.01	11.62	10.82	12.20	12.59	13.32
西南区	18.00	16.73	18.89	14.93	17.48	17.47	19.25	17.23
东北区	11.85	13.12	11.52	19.27	13.38	12.40	13.41	17.77

资料来源:根据历年《中国统计年鉴》中的原始数据整理而来。

三、主要粮食品种向优势产区集中,空间布局趋于合理

分品种来看,我国稻谷生产主要集中在长江中游区和东南沿海区,但东南沿海区有逐年减少的趋势。1978年这两个区域的稻谷产量和播种面积占全国的比重分别为70.91%和71.38%,2015年分别下降为58.99%和59.80%;东北区稻谷产量和播种面积大幅度增加,占全国的比重分别从1978年的2.95%和2.57%增加到2015年的15.84%和14.74%。小麦生产主要集中在晋冀鲁豫区,而且其产量和播种面积均有大幅度增加的趋势,占全国的比重分别从1978年的45.36%

和40.12%增加到2015年的58.03%和50.62%;长江中游区的小麦产量和播种面积占全国的比重略有增加,东北区、西北区、西南区的小麦产量和播种面积占全国的比重减少的幅度较大。玉米生产主要集中在晋冀鲁豫区和东北区,产量和播种面积占全国的比重总体变化不大;西南地区的玉米产量和播种面积占全国的比重有较大幅度减少,而西北区玉米生产增加幅度较大,分别从1978年的9.88%和10.41%增加到2015年的19.24%和18.01%。大豆生产主要集中在东北区且增加速度较快,其产量和播种面积占全国的比重都在40%左右;长江中游区和西北区的大豆产量和播种面积占全国的比重有所增加;晋冀鲁豫区的大豆产量和播种面积占全国的比重大幅度下降,如表2-4所示。

表2-4 1978~2015年我国主要粮食品种和区域结构变化

地区	类别	产量比例(%) 1978	1990	2000	2015	播种面积比例(%) 1978	1990	2000	2015
晋冀鲁豫区	稻谷	2.30	2.42	2.65	3.27	2.05	2.18	2.62	2.84
	小麦	45.36	45.80	55.39	58.03	40.12	40.50	45.93	50.62
	玉米	33.40	33.11	36.72	28.66	34.31	33.92	34.21	30.02
	大豆	—	22.30	20.72	10.82	—	23.06	18.47	12.43
东南沿海区	稻谷	34.25	30.42	27.33	20.85	33.48	30.83	26.82	20.48
	小麦	9.98	11.09	8.94	9.45	8.23	9.78	8.41	9.60
	玉米	2.90	2.75	3.33	1.71	3.14	2.85	3.14	1.98
	大豆	—	7.65	8.97	9.13	—	6.98	6.41	6.60
长江中游区	稻谷	36.66	37.42	35.14	38.14	37.90	38.14	36.58	39.32
	小麦	10.31	10.45	9.76	14.16	11.27	12.04	11.79	14.88
	玉米	2.93	3.06	5.37	4.59	3.97	4.37	5.26	5.11
	大豆	—	10.97	13.37	16.37	—	13.32	13.60	17.15
京津区	稻谷	0.26	0.26	0.13	0.05	0.25	0.24	0.17	0.05
	小麦	2.10	1.66	1.27	0.54	1.38	1.07	0.91	0.54
	玉米	1.64	2.12	0.94	0.70	1.75	1.80	1.16	0.76
	大豆	—	0.85	0.56	0.16	—	0.75	0.61	0.15
西北区	稻谷	1.02	1.22	1.57	1.32	0.94	1.17	1.42	1.15
	小麦	15.25	16.63	13.89	12.82	19.40	19.53	17.42	16.13
	玉米	9.88	11.17	15.14	19.24	10.41	12.23	14.47	18.01
	大豆	—	8.18	9.20	11.56	—	9.29	13.27	12.15

续表

地区	年份 类别	产量比例（%）				播种面积比例（%）			
		1978	1990	2000	2015	1978	1990	2000	2015
西南区	稻谷	22.56	22.58	23.63	20.53	22.81	22.49	23.45	21.43
	小麦	11.07	8.94	9.26	4.81	11.72	10.72	12.59	7.92
	玉米	16.95	13.33	16.47	10.59	19.54	17.94	18.25	12.54
	大豆	—	6.78	7.05	11.13	—	8.34	7.79	10.51
东北区	稻谷	2.95	5.14	9.55	15.84	2.57	4.95	8.95	14.74
	小麦	5.93	5.42	1.48	0.19	7.89	6.36	2.95	0.32
	玉米	32.28	34.46	22.03	34.52	26.87	26.88	23.51	31.58
	大豆	—	43.27	40.14	40.85	—	38.25	39.77	41.02

资料来源：根据历年《中国统计年鉴》中的原始数据整理而来。

总体来看，我国稻谷生产在东南沿海区和长江中游区缩减的同时向东北区扩展，但在我国稻谷生产中仍然占有主导地位；小麦生产在东北区、西北区、西南区缩减的同时向晋冀鲁豫区和长江中游区集中，其中晋冀鲁豫区的小麦生产已占据全国的半壁江山；玉米生产在西南地区缩减的同时向晋冀鲁豫区和东北区集中，并有向西北区扩展的趋势；大豆生产在晋冀鲁豫区大幅缩减的同时向东北地区集中，并有向西北区和长江中游区扩展的趋势。这种变化趋势，使我国稻谷、小麦、玉米、大豆等主要粮食品种的产销区存在着严重的错位分布，进一步加大了产销区之间、品种之间和季节之间粮食供需平衡调剂的难度。目前，区域和品种结构问题已经成为中国粮食供求平衡的主要问题。

第二节 中国粮食生产区域变化的影响因素

我国粮食生产区域的变化，既有水土等自然条件的影响，又有区域经济发展和劳动力转移等因素的影响，是自然、经济、社会因素共同作用的结果。

一、水土资源的矛盾分布

水资源和人均耕地资源少是我国的基本国情。总体来看，我国水土资源在空间上呈明显的"南多北少，东多西少"的矛盾分布，而耕地资源在空间上的分布是"南少北多，东少西多"，即水多的地区地少，地多的地区水少。这种水土资源分布的矛盾性使我国的粮食生产面临严峻挑战。我国北方地区耕地相对较多,"南粮北移"的粮食生产格局虽然有利于实现粮食的土地规模化生产,在短期内能够保证我国粮食总量供需的基本平衡,但从中长期来看,水资源的严重匮乏,以及水利等基础设施建设的严重滞后,在很大程度上会制约我国粮食综合生产能力的提高。北方地区是我国重要的粮食产区,其径流量仅占全国的6%,但它却支持着全国近40%的人口粮食需求。由此可见,水资源短缺对我国粮食生产的制约已超过耕地上升为第一位。从我国粮食生产的区域变化情况来看,东南沿海区和京津区是我国的粮食主销区(江苏省除外),随着这些地区城镇化和工业化的快速推进,耕地面积大量减少,粮食产量和粮食播种面积大幅度下降,粮食供给的对外依存度日益提高,如果其粮食供求受到流通体系的制约,这些地区可能会成为引发我国粮食供求失衡的先导性和敏感性地区。

二、经济发展与粮食生产重心的区域矛盾

在我国粮食生产重心逐步北移的同时,东南沿海以及京津地区的市场化、城镇化水平也在迅速推进,经济发达程度也在逐步提高。由于区域经济发展的差异性,导致经济欠发达地区的农村劳动力向发达地区流动或向当地非农产业转移的规模逐步扩大,这种现象可能会导致中国未来粮食生产格局进一步发生重大变化。在人地关系紧张、农村劳动力报酬较高和非农就业机会较多的经济发达地区,其粮食产量将会进一步萎缩。随着经济欠发达地区和粮食主产区大量农村青壮劳动力转移,会引起粮食生产投入下降,粮食生产率增长缓慢,因此可能导致粮食产量因农业生产机会成本上升而处于停滞甚至下降状况。与此同时,随着粮食主产区城镇化水平的逐步提高和经济发展,非农就业机会可能增加,这将进一步导致粮食生产能力的下降。因此,如果不采取有效的粮食支持政策,其粮食生产将难以保持持续的增长态势。这预示着人地关系、非农就业与劳动报酬的地区变化将是影响未来中国粮食生产区域均衡发展乃至国家粮食安全的关键因素。

三、粮食生产的规模化、专业化水平和潜在生产能力

充分发挥粮食生产的比较优势,引导各地区按照比较优势的原理进行粮食生产结构的调整,实现粮食生产的合理布局和专业化生产是提高我国粮食综合生产能力的必然要求。改革开放以来,经过几次大规模的农业结构调整,我国粮食生产的空间布局已发生了根本性变化,主要粮食品种生产开始由分散生产向集中生产转化,由劣势产区向优势产区转化,由非区域性生产向区域性生产转化。目前,晋冀鲁豫区、长江中游区和东北区已成为我国现实和潜在粮食生产能力的集中蕴藏地区,粮食生产的规模化、专业化水平逐步提高,集中组织动员各种资源要素的能力也得以提高。

从中长期来看，我国粮食安全还取决于粮食区域生产的潜在能力。随着我国粮食生产重心的逐步北移，由于水资源的限制，在北方地区粮食生产压力加大的同时，粮食生产也蕴含着巨大潜力。一方面，由于我国大量的后备耕地资源和中低产田主要分布在西北、华北、东北等北方地区，通过对后备耕地资源的开发和中低产田改造，能够激发这些地区粮食生产的巨大潜力；另一方面，东北、西北等地区的农田基础设施建设落后，有效灌溉面积、旱涝保收面积、机电灌溉面积等占耕地面积的比重还低于全国平均水平。通过加大农田基础设施建设的投入力度，改善水利灌溉条件，能够较快地将潜在的粮食生产能力转化为现实的生产能力，尤其是西北干旱区有效灌溉面积的增加对提高粮食单产，稳定粮食产量将起到有力保障。因此，从中长期来看，可将西北地区作为我国粮食生产保障以及粮食安全的战略后备区。

第三节 中国粮食生产的区域比较优势

一、研究方法与数据来源

（一）研究方法

农产品种植的比较优势是区域农作物种植结构调整的基本依据，一个国家或地区某种产品是否具有比较优势的测定方法主要有比较优势指数法（CAI）、国内资源成本分析法（DRCC）、要素比率分析法（RA）等。但不管采用何种方法，测定出的具有区域比较优势的农产品需要具备以下三个特征：一是具有一定的生产规模，专业化水平高，具有良好的发展基础；二是增长速度快，且增产潜力大；三是资源禀赋、技术条件、生产规模等能够满足产品可持续发展的需要。

在此主要运用区位熵指数法（LQ）对主要粮食品种生产的区域比较优势进行测定，同时辅之以相对增长速度指标。

（1）区位熵指数（又称区域专业化率）。区位熵指数（Location Quotient）最初用来反映某一地区的特定产业部门相对于全国该产业部门的专业化水平，经常用于分析地区产业比较优势与主导产业的选择等问题。区位熵指数的计算可以选用产量、产值、销售收入、就业人数等指标。在此选用四大粮食作物的产量和播种面积指标，分别计算7个粮食生产区域的[①]31个省（市、自治区）稻谷、小

[①] 7个粮食生产区域包括东北区、晋冀鲁豫区、东南沿海区、长江中游区、西北区、西南区和京津区。

麦、玉米、大豆的粮食产量区位熵指数和粮食播种面积区位熵指数。用 LQ_{ij} 表示 i 地区 j 行业（粮食品种）的区位熵指数，则其计算公式为：

$$LQ_{ij} = \frac{L_{ij} / \sum_j L_{ij}}{\sum_i L_{ij} / \sum_i \sum_j L_{ij}} = \frac{L_{ij}}{\sum_i L_{ij}} \frac{\sum_i \sum_j L_{ij}}{\sum_j L_{ij}} \quad (2-1)$$

其中，i 为 i 地区，j 为 j 行业（粮食品种），L_{ij} 为 i 地区 j 行业（粮食品种）的产量或播种面积。当 $LQ_{ij} > 1$，说明 j 行业（粮食品种）在 i 地区分布相对集中，LQ_{ij} 值越大，表示该粮食品种在区域内生产的专业化水平越高；当 $LQ_{ij} < 1$ 时，则认为 j 行业（粮食品种）在 i 地区的专业化水平较低，LQ_{ij} 值越小，表示该粮食品种生产的专业化水平越低。

（2）相对增长速度。区位熵指数仅仅说明某行业（粮食品种）在某一地区生产的集中或专业化程度，并不能充分说明该行业（粮食品种）在该地区具有生产的比较优势。为此，还需要引入相对增长速度指标入，即某粮食品种的产量和播种面积在某地区的增长速度与全国水平的比值。计算公式如下：

$$\lambda = \frac{\sqrt[t]{\frac{a_1}{a_0}} - 1}{\sqrt[t]{\frac{A_1}{A_0}} - 1} \quad (2-2)$$

其中，t 为时间，a_0、a_1 分别表示各地区（省、市、自治区）某粮食品种基期和报告期的产值，A_0、A_1 分别表示全国某粮食品种基期与报告期的总产值。$\lambda > 1$，表明该粮食品种生产的增长速度快于全国平均增长速度，其值越大，说明该品种相对于其他品种而言，发展速度越快；反之，$\lambda < 1$，表明该品种的增长速度小于全国的平均增长速度，其值越小，表明该品种相对于其他品种来说，发展速度越慢。

（二）*数据来源*

粮食品种主要包括稻谷、小麦、玉米、大豆，采用的 1990~2015 年全国和各省（市、区）四大粮食作物的产量和播种面积数据主要来源于《中国农村统计年鉴》、《中国统计年鉴》、布瑞克农业数据库等统计资料。

二、数据分析

运用式（2-1）计算出 2015 年全国各省（市、区）的粮食产量区位熵指数和粮食播种面积区位熵指数，结果如表 2-5 所示；并以 1990 年为基准期，以 2015 年为报告期，用式（2-2）计算出各省（市、区）粮食产量相对增长速度和粮食播种面积相对增长速度。在计算过程中，由于受耕地面积减少和粮食种植

结构调整的影响，2015年全国的稻谷、小麦和大豆的播种面积比1990年有所减少，所以计算出的全国稻谷和小麦播种面积的相对增长速度为负值。为了避免数据偏差，在计算过程中分母 $\sqrt[t]{\frac{A_1}{A_0}}-1$ 用 $\left|\sqrt[t]{\frac{A_1}{A_0}}-1\right|$ 代替。因此，对于稻谷、小麦和大豆播种面积的相对增长速度而言，当 $\lambda<-1$，说明比全国播种面积减少的速度快；当 $-1<\lambda<0$，说明比全国播种面积减少的速度慢；当 $\lambda>0$，说明播种面积有所增加。而对于玉米而言，只有当 $\lambda>1$ 时，才说明比全国播种面积增长的速度快。计算结果如表2-6所示。

表2-5 2015年全国各省（市、区）粮食产量区位熵指数和播种面积区位熵指数

地区	省（市、区）	粮食产量LQ 稻谷	小麦	玉米	大豆	播种面积LQ 稻谷	小麦	玉米	大豆
晋冀鲁豫区	山东	0.0602	2.3768	1.2042	0.3777	0.0582	3.5717	1.8895	0.4724
	河南	0.2614	2.7545	0.8454	0.4207	0.2397	3.7215	1.4527	0.9196
	河北	0.0483	2.0363	1.3741	0.3436	0.0498	2.5546	2.2663	0.4677
	山西	0.0012	1.0285	1.8952	0.8202	0.0008	1.4463	2.2753	1.4864
	合计	**0.1321**	**2.3410**	**1.1565**	**0.4234**	**0.1173**	**3.1362**	**1.8600**	**0.7602**
东南沿海区	江苏	1.6361	1.5736	0.1960	0.6937	1.5846	2.8286	0.3714	0.9583
	上海	2.2388	0.8474	0.0518	0.2738	2.2659	1.9792	0.0937	0.3506
	浙江	2.2935	0.2227	0.1144	1.5911	2.4145	0.4949	0.2426	1.8413
	福建	2.1893	0.0043	0.0900	1.3849	2.4804	0.0124	0.1925	1.4789
	广东	2.3915	0.0011	0.1587	0.6289	2.8252	0.0025	0.3186	0.6548
	海南	2.4863	0.0000	0.0000	0.1946	2.9891	0.0000	0.0000	0.1855
	合计	**1.9544**	**0.8857**	**0.1606**	**0.8302**	**2.1218**	**1.4917**	**0.3079**	**1.0132**
长江中游区	湖北	1.9988	0.7432	0.3408	0.4011	1.8382	1.7242	0.6869	0.5794
	湖南	2.6283	0.0149	0.1740	0.3509	3.1210	0.0419	0.3143	0.4737
	安徽	1.2308	1.9036	0.3881	1.8330	1.2639	2.6087	0.5928	1.1928
	江西	2.8154	0.0058	0.0165	0.5784	3.3834	0.0232	0.0367	0.7206
	合计	**2.0802**	**0.7726**	**0.2504**	**0.8660**	**2.2564**	**1.2809**	**0.4400**	**1.4572**
京津区	北京	0.0048	0.8464	2.1836	0.5719	0.0072	1.4017	3.2566	0.8641
	天津	0.1856	1.5710	1.6341	0.3378	0.1650	2.1972	2.7361	0.4423
	合计	**0.1393**	**1.3853**	**1.7749**	**0.3978**	**0.1288**	**2.0143**	**2.8558**	**0.5392**

续表

地区	类别（省、市、区）	粮食产量LQ 稻谷	小麦	玉米	大豆	播种面积LQ 稻谷	小麦	玉米	大豆
西北区	宁夏	0.4869	0.5073	1.6851	0.1922	0.3618	1.1198	1.7473	0.3215
	新疆	0.1277	2.1911	1.2825	0.5615	0.1037	3.6441	1.7914	0.6172
	青海	0.0000	1.5849	0.5011	0.0000	0.0000	2.2415	0.4426	0.0000
	甘肃	0.0079	1.1454	1.3638	0.7425	0.0059	1.9642	1.5875	0.7451
	陕西	0.2235	1.7824	1.2250	0.5128	0.1499	2.4874	1.6714	0.9325
	内蒙古	0.0562	0.2673	2.2031	1.6066	0.0517	0.6937	2.6537	2.3876
	合计	**0.1133**	**1.1035**	**1.6560**	**0.9646**	**0.0862**	**1.8172**	**2.0286**	**1.3509**
西南区	四川	1.3458	0.5911	0.6154	0.7829	1.1571	1.2210	0.9689	0.9054
	贵州	1.0558	0.2496	0.7600	0.5461	0.8130	0.5623	1.0928	1.1189
	云南	1.0492	0.2305	1.1020	0.8423	0.9486	0.6791	1.5082	0.6997
	重庆	1.3085	0.0946	0.6222	0.9212	1.1557	0.2197	0.9400	1.2056
	西藏	0.0149	1.1136	0.0221	0.0000	0.0191	1.4475	0.1137	0.0146
	广西	2.2268	0.0028	0.5094	0.4763	2.4325	0.0117	0.9077	0.8095
	合计	**1.3747**	**0.3219**	**0.7092**	**0.7232**	**1.2437**	**0.6894**	**1.0920**	**0.9035**
东北区	黑龙江	1.0380	0.0165	1.5507	3.4648	1.0036	0.0426	2.2068	5.2639
	吉林	0.5156	0.0001	2.1288	0.4067	0.5626	0.0004	3.3377	0.8200
	辽宁	0.6970	0.0064	1.9394	0.6130	0.6199	0.0120	3.2691	0.8379
	合计	**0.8218**	**0.0098**	**1.7918**	**2.0564**	**0.8296**	**0.0269**	**2.6659**	**3.4189**

表2-6 全国各省（市、区）粮食产量相对增长速度和播种面积相对增长速度

单位：%

地区	类别（省、市、区）	粮食产量λ 稻谷	小麦	玉米	大豆	播种面积λ 稻谷	小麦	玉米	大豆
晋冀鲁豫区	山东	0.5086	1.3354	0.7254	-8.7250	-0.7299	1.3284	1.1854	-5.6004
	河南	7.1968	2.7185	0.7785	-5.4839	4.4898	2.2304	1.4537	-1.1124
	河北	-5.3868	1.5535	0.8300	-8.5018	-6.1025	1.3661	1.5165	-6.0479
	山西	-23.7939	-0.5720	1.2391	-4.0042	-27.2180	-0.0141	2.4185	0.8799
	合计	**4.2103**	**1.8486**	**0.8262**	**-6.8500**	**1.9449**	**1.6166**	**1.4993**	**-2.6320**
东南沿海区	江苏	1.4031	0.8506	0.1069	0.6890	-0.7626	1.2911	0.6646	1.5506
	上海	-7.7030	-1.3315	-1.3248	-6.8615	-10.3879	-0.5049	-1.2190	-3.4734
	浙江	-8.5244	-3.1549	1.3688	7.3226	-11.5834	-3.5014	1.3491	5.3499
	福建	-4.2684	-12.5435	2.2743	4.7506	-7.1388	-14.1735	2.4238	0.9815
	广东	-4.4970	-13.9186	2.1218	1.8488	-5.7276	-16.0979	2.7350	-1.3557
	海南	0.6423	0.0000	-29.2156	1.5520	-3.5923	0.0000	-42.8163	-3.8164
	合计	**-2.9477**	**0.4286**	**0.4342**	**2.5702**	**-5.4964**	**0.6001**	**1.0728**	**1.4612**

续表

地区	类别 省（市、区）	粮食产量 λ 稻谷	小麦	玉米	大豆	播种面积 λ 稻谷	小麦	玉米	大豆
长江中游区	湖北	0.1229	0.2596	1.1950	-2.1921	-2.0633	0.8047	1.7168	-0.6584
	湖南	1.1605	-3.8774	2.4865	-2.0935	-0.6712	-6.1151	2.5684	-2.0948
	安徽	0.8948	3.0834	1.4579	8.4501	-0.3783	2.4136	2.0319	6.3647
	江西	2.5742	-3.9220	2.0765	3.6716	0.1670	-5.6828	2.3695	0.8802
	合计	1.1988	2.0937	1.4955	4.4664	-0.6640	1.5691	1.9975	3.7475
京津区	北京	-50.7018	-7.4774	-1.1169	-13.5354	-51.7063	-7.2021	-1.1325	-5.7411
	天津	-9.4135	-0.1275	0.4375	-16.5401	-11.7897	0.6448	1.1985	-11.4071
	合计	-15.0089	-2.9011	-0.3117	-15.5452	-17.5711	-2.1450	0.2147	-9.8272
西北区	宁夏	1.1879	-2.3610	2.1780	-5.3520	2.3873	-2.1287	3.1606	-7.0386
	新疆	4.3590	2.0658	1.5029	16.4946	-2.6487	1.9035	2.0732	14.0551
	青海	—	-2.6747	—	—	—	-1.9677	—	—
	甘肃	2.6967	-0.9214	1.9345	8.0764	-1.3884	-0.8330	2.8703	5.2232
	陕西	-0.9257	-0.0429	0.5744	-8.5624	-2.8926	-0.1562	0.9039	-3.9646
	内蒙古	5.5857	-1.7570	2.1121	6.3373	-0.0282	-1.2787	3.3590	7.2397
	合计	1.7721	0.0759	1.6641	4.1479	-1.2430	-0.1143	2.4111	3.8658
西南区	四川	-3.6159	-1.6601	0.0802	4.2589	-4.9649	-1.1564	0.3542	4.2223
	贵州	1.5492	-0.5336	0.7135	-0.1580	-1.0368	-0.6923	1.1206	3.4810
	云南	2.5778	-0.4380	1.1796	11.5828	1.1220	0.5434	1.4498	6.6896
	重庆	—	—	—	—	—	—	—	—
	西藏	5.4099	1.2639	-0.1373	-250.9236	1.3129	1.1234	0.0000	-33.7655
	广西	-0.5643	-3.0998	1.0102	1.0440	2.7503	-4.7210	0.9586	-2.8510
	合计	-0.0020	-1.1886	0.7228	5.5134	1.5361	-0.5792	1.0838	3.5861
东北区	黑龙江	21.2077	-10.2336	1.5065	2.7630	17.6869	-11.0530	2.4532	4.0583
	吉林	8.2846	-15.5699	0.7176	-11.4585	6.7412	-18.4636	1.6465	-4.6879
	辽宁	2.4908	-9.3940	0.6670	-5.7166	0.0327	-10.2967	1.7050	-5.5807
	合计	13.1121	-10.2150	1.0023	0.4175	11.3700	-11.1045	2.0043	2.3930

结合表 2-5 和表 2-6 的计算结果，可以看出：

1. 稻谷

稻谷产量 LQ 和播种面积 LQ 大于 1 的地区有长江中游区、东南沿海区和西南区。稻谷产量增长速度大于 1 的地区有东北区、长江中游区和东南沿海区各省以及西南区四川、重庆、广西；播种面积相对增长速度大于0的地区有东北区的黑龙江和吉林、长江中游区的安徽和江西、晋冀鲁豫区的河南、西南区的广西、西藏和云南、西北区的宁夏。

（1）长江中游区作为我国第一大稻谷集中产区，专业化生产水平最高，2015年其粮食产量和播种面积占全国的比重分别达到38.14%和39.32%，产量LQ和播种面积LQ分别达到2.0802和2.2564，但其播种面积的相对增长速度为 -0.6640，说明该地区播种面积减少的速度高于全国水平，其区域比较优势正在逐步减弱。

（2）东南沿海区作为我国传统的第二大稻谷集中产区，2015年该地区稻谷产量和播种面积占全国的比重分别为20.85%和20.48%，但已分别比1978年减少13.40个和13.00个百分点。2015年其粮食产量LQ和播种面积LQ分别为1.9544和2.1218，说明该地区稻谷生产的专业化水平较高，但是其产量和播种面积的相对增长速度分别为 -2.9477和 -5.4964，产量和播种面积的大幅度减少已使东南沿海区稻谷生产的发展潜力受到极大影响。

（3）2015年西南区稻谷产量和播种面积占全国的比重分别为20.53%和21.43%，是我国稻谷的第三大集中产区。2015年该地区稻谷产量LQ和播种面积LQ分别为1.3747和1.2437，说明该地区稻谷生产的专业化水平较高，但其产量和播种面积的相对增长速度分别仅为 -0.0020和1.5361。该地区除了云南和西藏的稻谷产量和播种面积增加外，其他省区的稻谷产量和播种面积均有所下降，尤其是四川稻谷产量和播种面积下降幅度较大。1978~2015年，四川的粮食产量和播种面积均已从全国第一位下降到全国第七位。同时，由于西南地区的生态条件相对脆弱，同时受极端气候条件的影响，稻谷生产的区域比较优势已受到显著影响。

（4）2015年东北区稻谷产量LQ和播种面积LQ尽管分别仅为0.8218和0.8296，但其产量和播种面积的相对增长速度分别达到了13.1121和11.3700，成为我国稻谷产量和播种面积增长最快的地区。东北地区米质优良、口感好，市场需求量大，已表现出明显的区域比较优势和发展潜力。此外，晋冀鲁豫区的河南和西北区的宁夏的稻谷产量和播种面积也表现出快速增长势头。由于西北区和晋冀鲁豫区的耕地资源相对丰裕，有利于稻谷生产的规模化、专业化和机械化，所以具有一定的后发优势。

总体来看，长江中游区、东南沿海区仍然是我国稻谷生产的传统优势产区，但其区域比较优势有一定程度上的下降，东北区、西北区、晋冀鲁豫区等北方产区稻谷生产的区域比较优势正在逐步增强。

2. 小麦

小麦产量LQ和播种面积LQ大于1的地区有晋冀鲁豫区、京津区（除北京)、西北区（除宁夏、内蒙古）、长江中游区的安徽和东南沿海区的江苏；小麦产量相对增长速度大于1的地区仅有晋冀鲁豫区的河南、河北、山东，长江中游区的安徽，西北区的新疆和西南区的西藏，小麦播种面积相对增长速度大于0的地区仅有晋冀鲁豫区的河南、河北、山东，东南沿海区的江苏和长江中游区的安徽、湖北，西北区的新疆和西南区的云南、西藏。

(1) 晋冀鲁豫区表现出明显的小麦生产的区域优势，2015年该地区小麦产量和播种面积占全国的比重分别达到58.03%和50.62%，占据了全国小麦生产的半壁江山，产量LQ和播种面积LQ分别为2.3410和3.1362，产量和播种面积的相对增长速度分别为1.8486和1.6166。山西小麦产量和播种面积大幅度减少，山东省、河北省的小麦播种面积和产量有较大幅度增长，而河南表现出了小麦生产强劲的发展势头，产量和播种面积均有大幅度增加。

(2) 2015年京津区小麦产量LQ和播种面积LQ分别为1.3853和2.0143，说明京津区小麦生产的专业化水平较高，而且小麦单产水平也明显高于其他地区。但由于在快速城镇化进程中，耕地和粮食播种面积大幅度减少，导致粮食总产量大幅度下降。结果显示，其小麦产量和播种面积的相对增长速度分别为-2.9011和-2.1450，已明显低于其他地区，说明京津区已不具备小麦生产的区域比较优势。

(3) 西北区是我国优质强筋、中筋小麦的优势产区之一，2015年小麦产量LQ和播种面积LQ分别为1.1035和1.8172，说明该地区小麦生产的专业化水平较高，但其产量和播种面积的相对增长速度仅分别为0.0759和-0.1143。由于该地区小麦生产面临的突出问题是干旱少雨，生态脆弱，农业基础设施落后，小麦单产低于全国平均水平；但该地区耕地面积相对较多，光照充足，昼夜温差大，适宜发展优质强筋、中筋小麦，所以西北区具有较强的小麦生产的后发优势。

(4) 长江中游区的安徽在小麦的专业化生产和相对增长速度上也具有一定优势。而东南沿海区、西南区、东北区的小麦生产，由于品质和市场的约束，加大了结构调整的力度，不但面积有所下降，而且产量也呈现减少趋势，整个小麦生产呈现萎缩的趋势。特别是西南地区2015年小麦种植面积比1990年下降了430.65千公顷，产量减少了252.5万吨；东北地区2015年小麦种植面积比1990年减少了1840.4千公顷，产量减少了508.0万吨，是我国小麦播种面积和产量减少量最多的地区。

总体来看，与稻谷生产相比，我国小麦生产区域较为分散，优势产区相对较少，除了晋冀鲁豫区的河南、河北、山东，长江中游区的安徽还具有较强的小麦生产比较优势外，其他各省（市、区）的小麦生产已处于相对弱势。

3. 玉米

玉米产量 LQ 和播种面积 LQ 大于 1 的地区有东北区、京津区、晋冀鲁豫区的山西、河北、山东，西北区的内蒙古、新疆、陕西、宁夏、甘肃和西南区的云南；玉米产量相对增长速度大于 1 的地区有长江中游区，晋冀鲁豫区的山西，西北区的内蒙古、宁夏、新疆、甘肃，西南区的云南、广西和东北区的黑龙江，玉米播种面积相对增长速度大于 1 的地区有晋冀鲁豫区的山西，东南沿海区的广东、福建、浙江，长江中游区的湖南、安徽、江西，西北区的内蒙古、宁夏、甘肃、新疆和东北区的黑龙江。

我国是玉米的产销大国，总产量仅次于美国。自 20 世纪 90 年代中期以来，我国玉米产量和播种面积均有较大幅度增长，2012 年产量已超过稻谷成为我国粮食的第一大品种。从地区分布来看，我国玉米生产的区域较为分散，但东北区和晋冀鲁豫区两个地区 2015 年的玉米产量和播种面积分别占全国的 63.18% 和 61.60%。东北区玉米产量 LQ 和播种面积 LQ 分别为 1.7918 和 2.6659，产量和播种面积相对增长速度分别为 1.0023 和 2.0043；晋冀鲁豫区的产量 LQ 和播种面积 LQ 分别为 1.1565 和 1.8600，产量和播种面积的相对增长速度分别为 0.8262 和 1.4993。这两个地区是我国玉米生产专业化水平较高、相对增长速度较快的地区，从全国范围来看，是具有较强区域比较优势的玉米集中产区。

2015 年京津区的玉米产量 LQ 和播种面积 LQ 分别为 1.7749 和 2.8558，是玉米专业生产水平最高的地区。但京津区玉米产量和播种面积的相对增长速度仅为 −0.3117 和 0.2147，主要是播种面积的大幅度下降所致，说明京津区发展玉米生产的潜力有限。2015 年西北区玉米产量 LQ 和播种面积 LQ 分别为 1.6560 和 2.0286，产量和播种面积的相对增长速度分别为 −0.3117 和 0.2147，在全国玉米种植面积增量中，贡献份额居全国第一位，目前西北区已经成为国内第三大玉米集中产区。

此外，西南区是我国畜牧优势产区，对玉米需求量大。玉米生产在畜牧业的拉动下快速发展，播种面积由 1990 年的 3838.4 千公顷增加到 2015 年的 7170.6 千公顷，净增 86.8%，已成为我国玉米的又一个重要产区。但区内坡旱地比重大，土壤贫瘠，耕作粗放，灌溉设施差，是典型雨养农业区，季节性干旱突出，玉米单产低而不稳，但扩种增产的潜力较大。东南沿海地区的广东、福建等省随着旅游、农产品出口业的发展，鲜食玉米作为特色产业发展较快，实现了鲜食玉米种植面积的快速推进，已经成为鲜食甜糯玉米的主要产区。

总体来看，东北区、晋冀鲁豫区、西北区等北方产区具有较强的玉米生产区域比较优势，东南沿海地区的广东、福建在鲜食甜糯玉米生产上具有区域比较优势，西南地区的云南、贵州玉米扩种增产的潜力较大。其他地区已不具备玉米生产的区域比较优势。

4. 大豆

根据表2-5和表2-6的计算结果，大豆产量LQ和播种面积LQ大于1的省区有东北区的黑龙江、西北区的内蒙古、长江中游区的安徽、东南沿海区的浙江和福建，这些省区大豆产量和播种面积的相对增长速度也较快，在我国豆类生产中具有较明显的比较优势。此外，西北区的新疆、甘肃和西南区的四川大豆产量和播种面积的相对增长速度较快，区域生产的比较优势正在逐步提高。总体来看，我国大豆优势产区数量少，而且产量和播种面积双双下降，大豆生产乃至整个大豆产业面临的形势日趋严峻。

大豆是世界最主要的油料作物，是人类优质蛋白和油脂的主要来源，也是我国进口量最大的农产品。近年来，我国大豆产业整体形势日趋严峻，优势产区数量少，生产波动较大，而消费量却不断增长。根据美国农业部（USDA）公布的数据，1990年我国大豆消费量为971.3万吨，2015年达到9500万吨，增加了9.78倍，而大豆产量仅从1990年的1100.0万吨增加到2015年的1178.5万吨，仅增加了7.1%，年均增长率仅为0.28%。大豆的产需缺口相当大，近年来，我国主要是通过进口来满足巨大的需求，大豆的对外依存度已高达80%以上。由此看来，如果要通过我国自身的大豆生产来满足需求，需要保持年均12%以上的增长速度，但从30多年来我国大豆生产的情况来看，很难实现。为此，我国大豆供需主要通过进口来填补缺口的局面将可能较长时间存在。

从我国四大粮食品种区域生产的变化情况来看，东南沿海区和长江中游区仍然在我国稻谷生产中占有主导地位，但稻谷生产的比较优势正逐步向东北、西北区扩展；小麦生产在东北区、西北区、西南区缩减的同时向晋冀鲁豫区和长江中游区集中，其中，晋冀鲁豫区的小麦生产已占据全国的半壁江山，具有绝对的比较优势；玉米生产在西南区缩减的同时向东北区和晋冀鲁豫区集中，并有向西北区扩展的趋势；大豆生产在晋冀鲁豫区大幅缩减的同时向东北地区和西北区集中，并有向西南区扩展的趋势。这种变化趋势，说明我国稻谷、小麦、玉米、大豆等主要粮食品种的生产优势已逐步转入北方产区。

第四节　中国粮食生产区域化的政策建议

改革开放以来，经过几次大规模的农业结构调整，我国粮食生产的空间布局已发生了根本性变化，主要粮食品种生产开始由分散生产向集中生产转化，区域生产的比较优势逐步形成，专业化生产水平逐步提高。然而，从全国范围来看，我国粮食生产的地区和品种结构矛盾依然存在，制约因素日益增强，应引起高度重视。

一、加快培育玉米和大豆优势产区将成为未来我国粮食安全的重点

就目前我国主要粮食品种的供需情况来看，稻谷、小麦供需基本平衡，甚至略有节余，而玉米、大豆已出现明显的供需缺口。随着人们膳食结构的改善以及粮油加工业发展的需要，玉米和大豆的消费量将会大幅增加。然而，我国玉米和大豆的优势产区减少，制约因素增加，尤其是大豆产量和播种面积减少，产需缺口相当大。因此，从中长期来看，在农业种植结构调整过程中，适当减少稻谷和小麦播种面积，主攻单产，加快培育玉米和大豆优势产区，扩大播种面积，加快技术推广应用，提高单产水平，是保证我国玉米和大豆供需平衡乃至国家粮食安全的重点。

二、着力打造粮食生产核心区和产粮大县

以粮食主产区为重点的粮食安全保障战略的实施，稳步提升了我国粮食优势产区的生产集中度和粮食综合生产能力。2007年水稻、小麦、玉米、大豆集中度已分别达到98%、80%、70%和59%。但是，在以粮食主产区为重点的实践中，粮食主产区的范围比较宽泛，无法完全按照农业区域化布局、专业化分工、一体化生产的要求将粮食生产的财政扶持资金集中到具有资源优势、比较优势的地区。加之粮食主产区往往也是财政收入低的地区，随着农业生产成本上升，农业比较效益下降，农民种粮积极性受到了极大影响，也严重影响了地方政府抓粮食生产的主动性。为此，集中力量建设一批基础条件好、生产水平高、调出量大的粮食核心产区和非主产区产粮大县，是提高我国粮食综合生产能力和确保粮食安全的现实要求。从中长期来看，适应我国粮食生产逐步北移以及主要粮食品种生产格局的变化，按照区域比较优势原则，划定若干粮食生产重点县（包括非主产区产粮大县），并集中力量加大投入，改善粮食生产条件，提高粮食综合生产能力，加快推进粮食生产的规模化、集约化、专业化，提高我国粮食生产保障水平。

三、进一步推进粮食主产区利益补偿机制

近年来，中央出台了一系列扶持粮食主产区发展的政策措施，对促进粮农增收和主产区粮食综合生产能力的提高起到了积极作用。但随着粮食生产成本的明显上升，虽然近年来粮食补贴规模不断增加，粮食主产区利益补偿力度不断加大，总体上仍不能弥补成本上升所导致的利润损失。从中长期来看，为了确保粮食主产区得到合理利益补偿，确保种粮农民得到合理经济收益，完善主产区利益补偿机制的重点应采取以下四个方面措施：第一，中央财政可根据粮食主产县粮食产量、商品量增加的多少、贡献的大小，在现有对产粮大县奖励政策的基础上，每年给予一定的补助。第二，完善对种粮农民、产粮大户和合作社的补贴制度。在保持原有各种粮食补贴的基础上，增加对农民种粮的补贴规模，提高补贴标准。新增补贴要重点向种粮大户和农民专业合作社倾斜，并在信贷、科技推广、农业机械作业等方面给予重点扶持。第三，建立农资综合直补与农资价格动态调整机制。第四，加大投入力度，优化农业投资结构，扶持粮食主产区改善农田水利等农业基础设施条件。

四、改善平衡区生产条件

一定的耕地保有量是粮食生产保障和粮食安全的基础。随着我国工业化、城镇化的持续快速发展，耕地面积减少的趋势不可逆转，依靠扩大粮食播种面积来增加粮食总产量已不现实。从中长期来看，现有粮食平衡区经济持续发展的趋势不可避免，若平衡区的经济发展以不断减少耕地为代价，将很可能导致粮食播种面积的大幅度减少，这会对我国未来的粮食安全埋下隐患。数据显示，2000~2008年，平衡区的耕地面积从38992.4千公顷下降到35911.7千公顷，减少7.9%，净减少3080.7千公顷，耕地面积占全国的比重从2000年的30.41%下降到2008年的29.50%。从耕地面积减少的情况来看，减少绝对量最大的首先是平衡区，其次是主产区，最后是主销区。相对量减少最大的首先是主销区，其次是平衡区，最后是主产区。因此，在未来的粮食生产与布局中，要注意水土资源的制约，在密切关注平衡区耕地数量和质量变化的同时，应加大投入力度，加强农田水利等基础设施建设，尤其是完善西北地区水利灌溉设施，积极发展旱作节水农业，努力扩大有效灌溉面积，提高排涝抗旱能力，是提高粮食生产用水效率，保证粮食产量稳定增长的基础。

五、加快粮食流通体系建设

协调粮食产区和销区之间的粮食供需平衡关系，不仅要依靠粮食生产保障能力，还要依靠粮食流通保障能力，即要依靠粮食生产、流通、消费的市场联动才能实现。我国和国际上多年的一系列事件证明，在全社会粮食供求形势总体良好的情况下，由于受到粮食流通体系的限制，在地震、洪灾、极端气候灾害和大范围卫生疫情等突发事件冲击下，粮食不能及时从产区运往销区，极易形成短时期内局部地区的粮食供给严重短缺，引发粮食抢购风，从而形成粮食供给甚至相关产品的连锁反应的公共危机，或者形成突发事件状态下的粮食安全危机甚至社会稳定危机。与此同时，我国稻谷、小麦、玉米、大豆等主要粮食品种产销区的严重错位分布，使地区之间、品种之间、季节之间的平衡调剂在很大程度上依赖于灵活、快捷、通畅的粮食物流运输体系。虽然目前我国粮食流通体制、粮食的物流运输体系和运输设施逐步完善，但一旦粮食主产区大幅减产，粮价居高不下，受主产区惜售以及运力不足的制约，主销区粮食供求关系将受到极大影响。因此，在适度提高部分粮食主销区的粮食自给率的同时，应加快国内粮食流通体系和粮食物流运输设施建设，加快粮食批发交易市场建设，加强粮食流通保障，以平衡粮食主销区和粮食主产区的粮食供求，从而确保国家粮食安全。

第三章 中国主要粮食品种的供需结构变化及相关问题

第一节 稻谷供需结构变化与生产效率

一、稻谷消费需求结构变化

1. 稻谷需求总量变化

1990~2013年，我国稻谷消费量呈现波动上升趋势，占粮食总消费的比重逐步降低。1990年稻谷消费量为12391.1万吨，2013年增加到14300万吨，占比从29.87%下降到24.92%（见图3-1）。1990~2001年，随着人均可支配收入的增加，居民食物消费更加注重"吃得饱"的问题，稻谷消费需求呈现上升趋势；2001~2007年，居民食物消费理念倾向于"吃得好"，膳食结构调整为轻主粮，重视肉蛋奶等高蛋白食物的摄取，稻谷消费需求表现为下降趋势；2008~2013年，健康问题成为居民关注的焦点，食物倾向于注重粗粮消费，稻谷消费需求表现为波动上升趋势。而且，随着稻谷饲用消费、工业消费等多用途的增加，未来稻谷消费需求将继续增加。

2. 稻谷消费需求用途结构变化

稻谷总消费构成分为：食用消费、饲料消费、工业消费、种用消费、损耗量等国内总消费（见图3-2）。

（1）食用消费：口粮是稻谷的最主要用途，一般占稻谷消费总量的75%以上。中国人均年食用消费大米在105公斤左右。大米食用消费总量约1.43亿吨（以精米测算）。随着生活水平的提高、食物结构调整优化和城市化水平的提高，人均大米直接消费呈现出逐步减少的趋势，尤其在一些发达地区，口粮消费呈现减少的趋势，但因人口的刚性增加，近几年中国大米口粮消费量相对稳定。大米食用消费量与人均消费量及人口总量相关。从人口组成来看，消费群体主要是国内人口，此外也包括境外旅游者。由于中国城乡呈显著的二元经济特征，食用大米消费城镇居民和农村居民之间也呈现显著的二元结构特征，城乡居民收入和消费水平存在较大的差距。影响消费总量的因素有两个方面：一是人均消费量水平的变化，二是人口增长与城市化水平的变化。

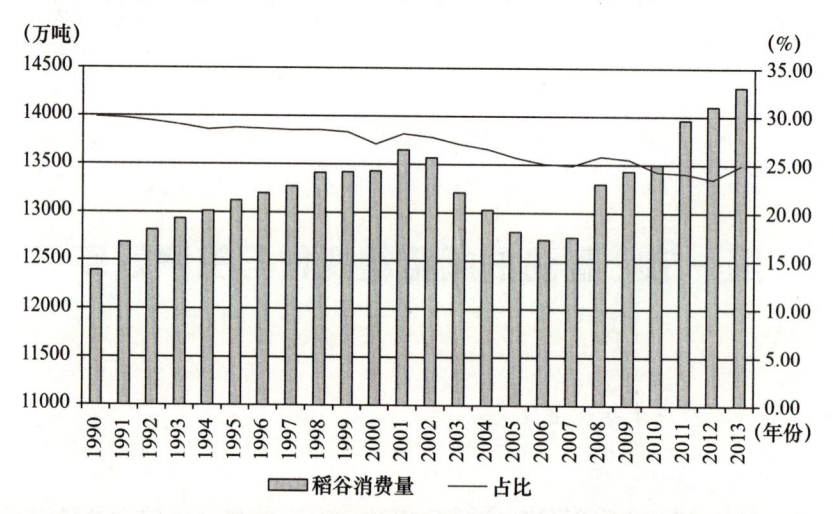

图 3-1 1990~2013 年稻谷消费需求量及占粮食消费需求量的变化

资料来源：联合国粮农组织（FAO）数据库。

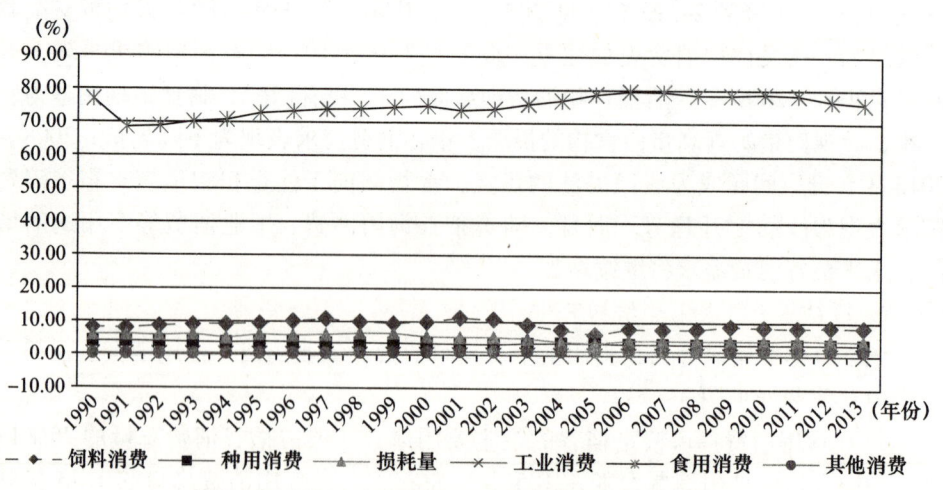

图 3-2 1990~2013 年稻谷消费需求用途结构的变化

资料来源：联合国粮农组织（FAO）数据库。

(2) 饲料消费：稻谷用作饲料主要集中在南方生猪家禽产区，特别是长江中下游农村地区，用作饲料的早籼稻有所增加，但占大米消费量的比例一般在8%~10%。

(3) 工业消费：工业用粮主要是用作醋、味精和黄酒、啤酒的生产原料，与小麦、玉米和大豆相比，工业生产中大米作为初级原料的用量较少，但近年来呈逐年增加的趋势。

(4) 种用消费：种子用粮随着农业科技进步，单位用种量呈逐年减少的趋势，种子需要量主要取决于粮食播种面积和单位面积用种量，随着育种技术和栽培技术的改进，单位面积种子用量将是稳中减少的趋势，但年度间变化幅度不大，通常情况下，杂交稻亩用种量约为3kg，常规稻亩用种量约5kg。一般占消费量的3%~4%。

(5) 损耗量：损耗量主要是指稻谷在加工、储藏、流通中因虫害、鼠害等发生的损耗，不包括陈化稻谷可用作加工和饲料的部分，一般估算为总产量或总贮藏量的4%~6%。

二、稻谷生产结构变化

1. 稻谷生产总量变化

1990~2015年，我国稻谷生产总量呈线性增长趋势。1990年产量为18933.1万吨，2015年增加到20824.5万吨，年均增长率为0.38%（见图3-3）。稻谷生产总量变化可以分为三个阶段：1990~1997年，水稻种植技术和生产条件逐步

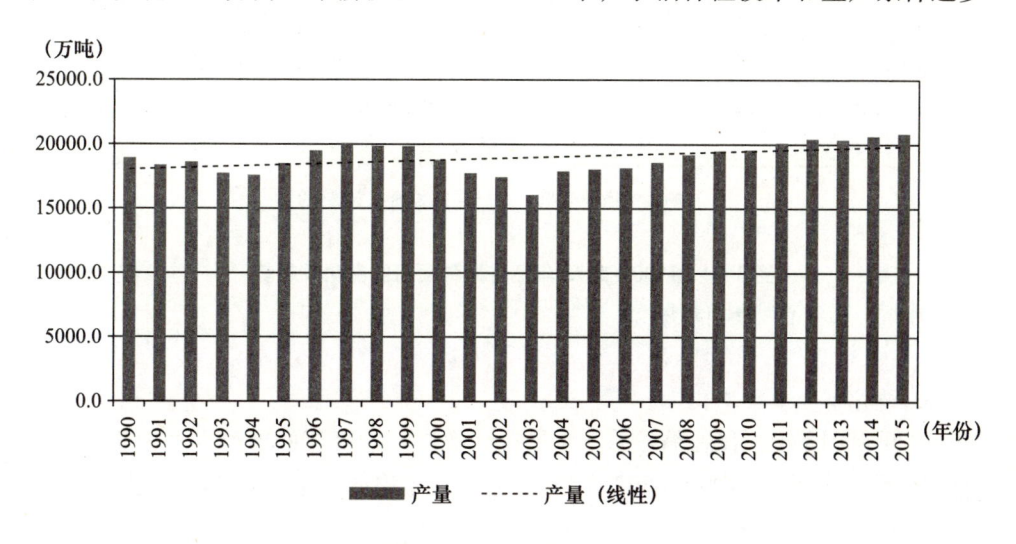

图3-3　1990~2015年稻谷产量的变化及趋势

资料来源：历年《中国统计年鉴》。

改善，单产水平相应提高，加之播种面积比较稳定，产量略有提高；1998~2003年，随着"三项政策，一项改革"①的粮食流通体制改革的实施，粮食价格下降，对农民种粮积极性产生了较大影响。虽然稻谷单产水平提高，但是播种面积的减少带来产量的下降；2004~2015年，随着国家一系列"支农富农惠农"政策的出台，粮农的种粮积极性高涨，稻谷播种面积和单产水平持续增加，带来产量的不断增加。

2. 稻谷播种面积变化

1990~2015年，我国稻谷播种面积比较稳定，个别年份略有下降。1990年播种面积为33064.5千公顷，2015年略有下降，为30213.2千公顷（见图3-4）。但2003年受极端天气等不利因素的影响，稻谷播种面积降到最低值，为26507.8千公顷。由于我国土地资源有限，因此在确保城镇化发展的前提下，要严守18亿亩耕地红线，稻谷产量的提高不能寄希望于扩大播种面积，如何提高单产水平和合理优化稻谷生产与消费布局是未来稻谷产量提高的关键所在。

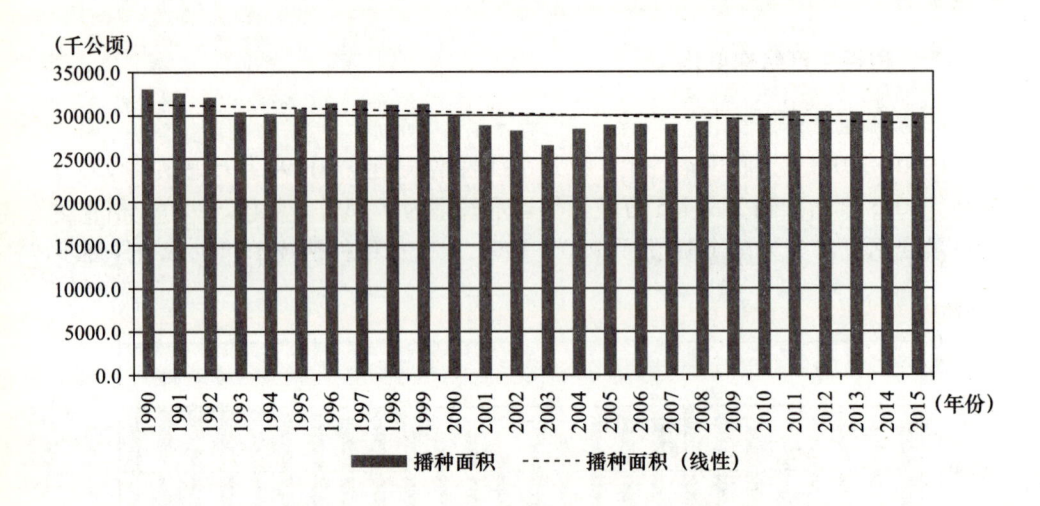

图3-4 1990~2015年稻谷播种面积的变化及趋势

资料来源：历年《中国统计年鉴》。

3. 稻谷单产水平变化

1990~2015年，我国稻谷单产水平持续增长。1990年的单产水平为5726.10公斤/公顷，2015年增加到6892.5公斤/公顷，年均增长率为0.74%，比产量年

---

① "三项政策、一项改革"即国有粮食购销企业按保护价敞开收购农民手中的余粮，国有粮食购销企业实行顺价销售，粮食收购资金封闭运行和加强国有粮食购销企业自身改革。

均增长率高出 0.36 个百分点（见图 3-5）。可以看到，随着水稻种植技术的不断进步、机械化水平的提高、农药化肥等生产物资的充分利用，在播种面积不变的前提下，稻谷产量的增加越来越依靠单产水平的提高。方鸿（2010）研究结果表明，稻谷生产量受播种面积和单产波动影响的程度几乎相等，但是从年均增长率来看，稻谷产量的增加主要受单产水平的影响。

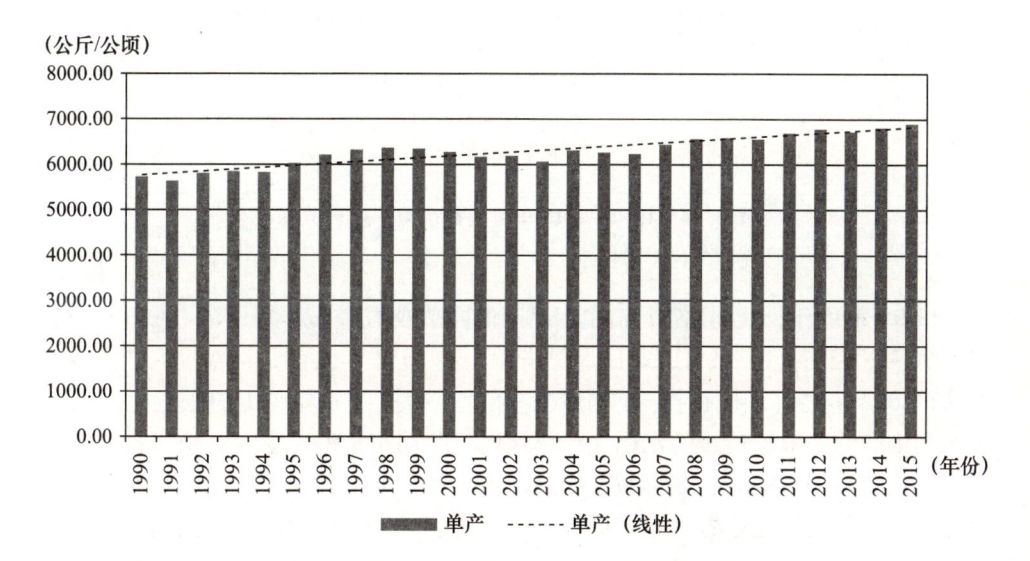

图 3-5　1990~2015 年稻谷单产水平的变化及趋势

资料来源：历年《中国统计年鉴》。

三、稻谷的生产成本与区域生产效率

（一）稻谷的生产成本与产出

1990~2015 年，我国稻谷每亩生产成本呈线性增长趋势。1990 年稻谷的生产成本为 158.19 元/亩，2015 年增加到 1202.12 元/亩，年均增长率为 8.45%（见图 3-6）。其中，人工成本增长的速度最快，1990 年人工成本为 59.65 元/亩，2015 年增加到 508.59 元/亩，增长了 7.53 倍，年均增长率为 8.95%，比总成本年均增长率高出 0.5 个百分点。从每亩用工数量来看，1990 年为 20.60 日，2015 年减少到 6.23 日，减少了 69.76%。在用工数量不断减少的背景下，稻谷生产的人工成本却不断增加，2015 年每亩人工成本比物质与服务费用高 29.90 元，占总成本的比重最大。人工成本的快速增长成为降低稻谷生产成本的最大屏障，机械化生产成为未来稻谷发展的必然趋势。随着人口的不断增长和城镇化进程加快，稻谷生产的土地成本已超过 200 元/亩。

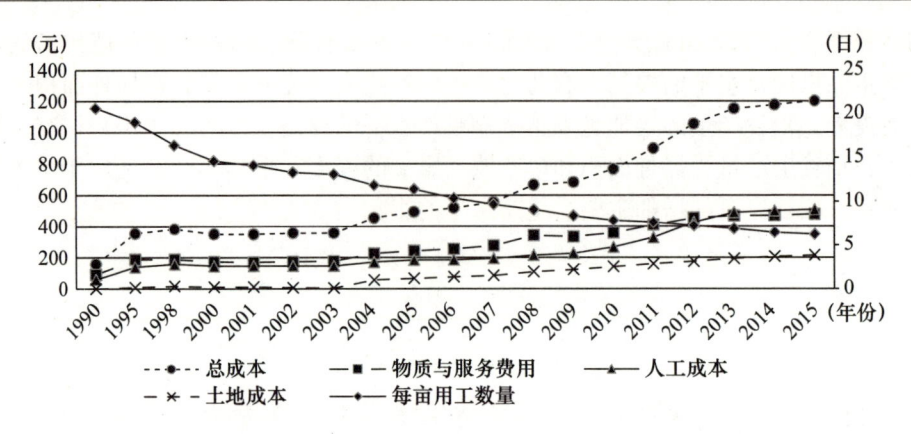

图 3-6 1990~2015 年我国每亩稻谷生产成本

资料来源：《全国农产品成本收益资料汇编》。

1990~2015 年，我国稻谷每亩主产品产值同总成本增长走势一致（见图 3-7）。从 1990~2015 年的产出与成本比走势来看，在 2012 年之前，稻谷投入产出效益更高；2012 年之后，稻谷投入产出效益降低，高投入—高产出的稻谷生产模式已达到生产的上限。传统的水稻生产模式属于劳动密集型，主要是依靠投入大量的农药化肥和人力资源，获得稻谷的高产出。从短期来看，的确能使稻谷产量有效提高。但是从长远来看，人工成本的迅速增加，农药化肥的大量使用使土壤肥力下降，生态环境遭到破坏，不利于农业的可持续发展。从目前稻谷的产出与成本比来看，粗放式经营有待转到集约化发展，水稻种植的关键环节例如耕种、插

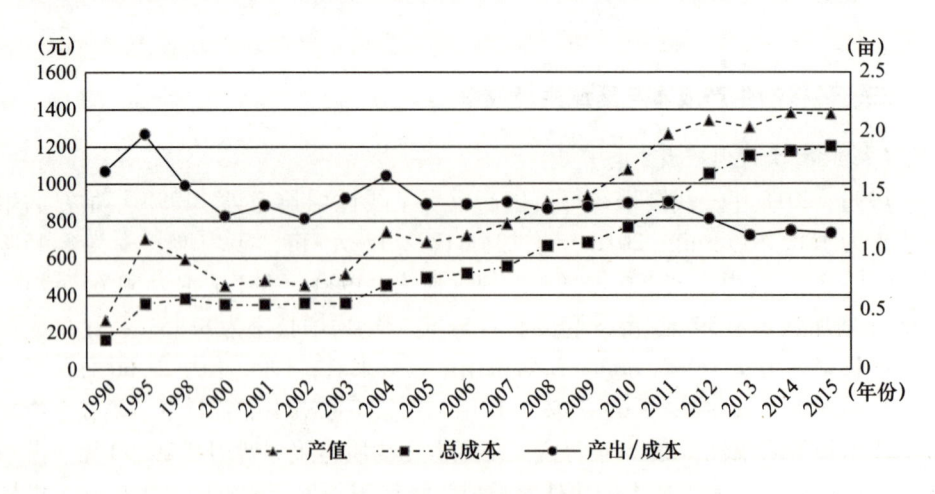

图 3-7 1990~2015 年我国稻谷每亩产出与成本

资料来源：《全国农产品成本收益资料汇编》数据加工整理得到。

秧、收割、烘晒和施肥施药等环节都应逐步进行机械化生产。结合图3-5和图3-7可以看到，我国稻谷单产水平逐年提高，但是主产品产值增加的速度却小于生产成本增长速度。稻谷增产却不增收，极大地降低了农户种植稻谷的积极性。在未来稻谷种植过程中，增产的同时应尽量降低生产成本，这样农户收益才能成比例增长。

（二）中美稻谷生产的成本与产出比较

2000~2015年，中美两国稻谷每亩生产总成本呈"X"形分布（见图3-8）。2000~2012年，中国稻谷每亩生产成本低于美国，中国的稻谷种植业属于劳动密集型行业，而美国的稻谷种植业属于资本及技术密集型行业。虽然中国稻谷生产成本低于美国，但是中国稻谷生产过程中劳动力投入却远高于美国，稻谷生产的综合经济效益低于美国（赵玉等，2006）。2012~2015年，由于人工成本的不断增加，中国稻谷每亩生产成本高于美国，并呈增长趋势；而美国稻谷每亩生产总成本呈下降趋势，中美两国稻谷每亩生产总成本差不断拉大，到2015年差距达到205.35元。2000年美国稻谷每亩生产总成本为789.52元，2015年为996.77元，年均增长率为1.57%；2000年中国稻谷每亩生产总成本为401.65元，2015年增长到1202.12元，年均增长率为7.58%，比美国年均增长率高出6个百分点。

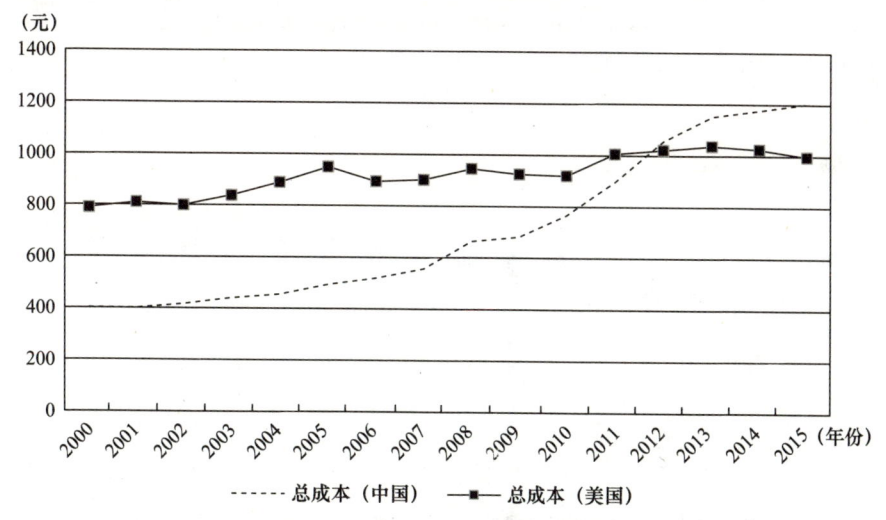

图3-8 2000~2015年①中国和美国每亩稻谷生产总成本②

资料来源：《全国农产品成本收益资料汇编》和美国农业部经济研究局的《农产品成本收益核算表》。

---

① 由于2000年以前《全国农产品成本收益资料汇编》中总成本具体划分同2000年以后的有较大差异，故选择时间段为2000~2015年，通过时间趋势比较分析中美两国稻谷生产成本的具体差异，对分析结果无影响。

② 美国稻谷生产成本单位换算公式：1英亩=6.07亩；根据当年央行公布汇率折算1美元成本计算。

从稻谷生产成本结构来看，中美两国有差异（见图3-9和图3-10）。稻谷生产的总成本由种子秧苗费、一般管理费、土地成本、肥料费、农机作业费、固定资产投入、税金和保险费、农药费和劳动力费用构成。通过比较图3-9和图3-10，可以得到以下结论：

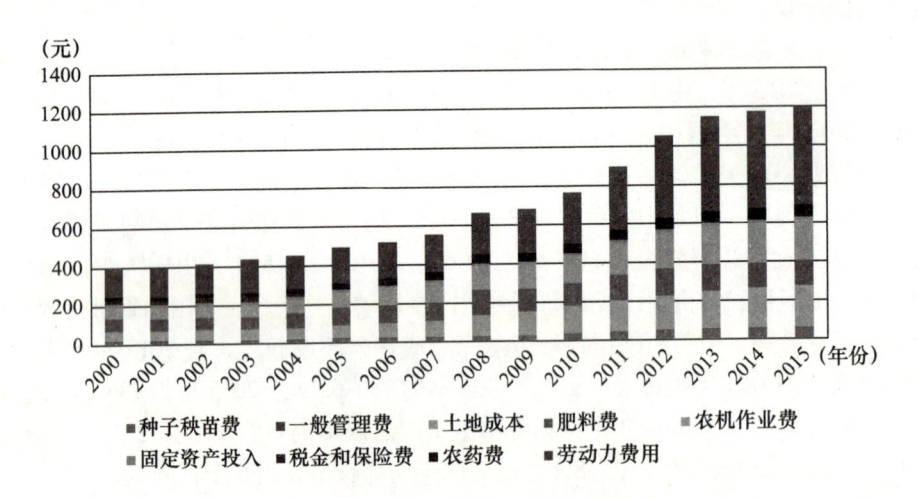

图3-9　2000~2015年中国稻谷每亩生产成本

资料来源：《全国农产品成本收益资料汇编》数据加工整理得到。

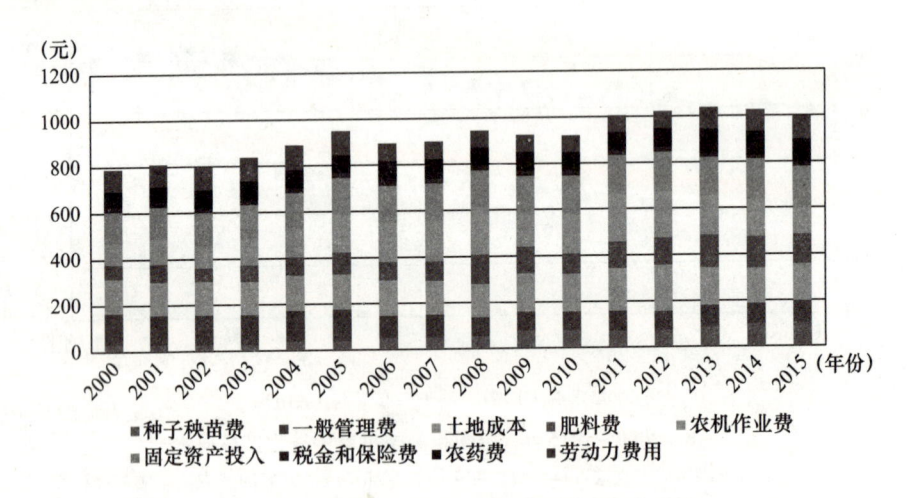

图3-10　2000~2015年美国稻谷每亩生产成本

资料来源：美国农业部经济研究局的《农产品成本收益核算表》数据加工整理得到。

1. 美国稻谷生产成本结构比中国更均衡

中国稻谷生产成本主要集中于土地成本、肥料费、农机作业费和劳动力费用，其中劳动力费用占比最大。2000 年，劳动力费用占总成本的比重为 37.96%，2015 年增加到 42.31%，接近总成本的一半。而美国稻谷生产成本结构趋于多样化，各项成本占比均衡。2000～2015 年，美国各项生产成本均衡增长，其中一般管理费用和税金保险费略有下降。

2. 美国稻谷生产成本中的固定资产投入远远大于中国，劳动力费用远远低于中国

美国稻谷生产模式属于资本及技术密集型，机械化水平远远高于中国，因此固定资产投入大于中国。同时也可以看到，机械化生产对于降低粮食生产成本有直接效果，中国稻谷生产机械化水平低，因此需要大量劳动力资源，不断增加的劳动力费用成为降低生产成本的最大阻碍。

3. 中国稻谷生产成本中一般管理费用和税金保险费用远远低于美国

中国粮食生产成本中的一般管理费用主要是指技术服务费、管理费、财务费和销售费，美国的一般管理费用主要是指一般管理费、生产性费用、贷款利息（李首涵等，2016）。一般管理费用低，说明中国稻谷生产过程中很少涉及技术服务、贷款服务、管理和销售服务，由于稻谷生产的技术、资金、销售资源的缺乏导致中国稻谷产品不具有国际竞争优势。保险费用低，说明中国稻谷生产过程中防范风险的意识和能力都远远低于美国，应增强农户种植风险意识。

（三）稻谷的区域生产效率分析

传统的粗放式生产已不适应当前我国稻谷种植产业的发展需求，要尽快从粗放经营转到集约发展上来，走产出高效、产品安全、资源节约、环境友好的现代农业发展道路。因此，降低稻谷生产成本，提高生产效率成为促进我国稻谷产业健康发展的首选路径。

我国稻谷种植历史悠久、范围广阔。在充足的水资源和光照条件下，稻谷生产从南向北、由西向东形成不同的种植区域。由于自然资源和经济发展水平的不同，我国稻谷生产效率具有显著的地区差异（吴振华，2011 年）。自改革开放以来，我国传统的水稻种植区由南方扩展到东北平原，形成东南沿海、长江流域、东北平原三大稻谷主产区，其中东北平原的生产效率最高（吉星星等，2016）。因此，降低生产成本，提高生产效率需从具体的省（市、区）出发，准确把握各个地区的稻谷生产效率，为其提供针对性建议。

1. 研究方法

主要采用数据包络分析法（DEA）。数据包络分析（Data Envelopment Analysis, DEA）法是由著名运筹学家 Charnes、Cooper 和 Rhodes 于 1978 年提出的，它

以相对效率概念为基础，以凸分析和线性规划为工具，计算比较具有相同类型的决策单元（Decision Making Unit，DMU）之间的相对效率，以此对评价对象做出评价。经典的 DEA 方法主要有 CCR 和 BCC 两种。

（1）DEA 方法的基本原理是：设有 n 个决策单元（1，2，，…，n）DMU_j（j=1，2，…，n），它们的投入、产出向量分别为：

$$X_j = (x_{1j}, x_{2j}, \cdots, x_{mj})^T > 0, j=1, \cdots, n$$

$$Y_j = (y_{1j}, y_{2j}, \cdots, y_{sj})^T > 0, j=1, \cdots, n$$

由于在生产过程中各种投入和产出的地位与作用各不相同，因此，要对 DMU 进行评价，必须对它的投入和产出进行综合，即把它们看作只有一个投入总体和一个产出总体的生产过程，这样就需要赋予每个投入和产出恰当的权重。

给出被评价决策单元 DMU_0（$0 \in \{1, 2, \cdots, n\}$）有效性的 CCR 模式可以表示为：

$$\text{Minimize} \theta_0 - \varepsilon (\sum_{i=1}^{m} s_i^- + \sum_{r=1}^{s} s_r^+)$$

$$\text{subject to} \sum_{j=1}^{n} x_{ij}\lambda_j + s_i^- = \theta_0 x_{i0}, i=1,\cdots,m$$

$$\sum_{j=1}^{n} y_{rj}\lambda_j - s_r^- = y_{r0}, r=1,\cdots,s$$

$$\lambda_j, s_i^-, s_r^+ \geq 0, \forall i,j,r$$

其中，ε 为非阿基米德无穷小量。

该模型的意义是：

1) 若 $\theta_0^* = 1$，则 DMU_0 为弱 DEA 有效；

2) 若 $\theta_0^* = 1$，且有 $s_i^- = 0$，$s_r^+ = 0$ 成立，则 DMU_0 为 DEA 有效；

3) 若 $\theta_0^* < 1$，则 DMU_0 为非 DEA 有效。

（2）CCR 模型是假设生产过程属于固定规模收益，即当投入量以等比例增加时，产出量应以等比增加。然而实际的生产过程亦可能属于规模报酬递增或者规模报酬递减的状态。为了分析决策单元的规模报酬变化情况，提出一个可变规模收益模型——BCC 模型，如下：

$$\text{Maximize} \sum_{r=1}^{s} u_r y_{ro} - u_0$$

$$\text{subject to} \sum_{i=1}^{m} w_i x_{i0} = 1$$

$$\sum_{r=1}^{s} y_{rj} u_r - \sum_{i=1}^{m} w_i x_{ij} - u_0 \leq 0, j=1,\cdots,n$$

$$u_r, w_i \geq 0, r=1,\cdots,m$$

1）当且仅当存在最优解 $u_0^* =0$ 时，产出组合规模收益不变；
2）当且仅当存在最优解 $u_0^* <0$ 时，产出组合规模收益递增；
3）当且仅当存在最优解 $u_0^* >0$ 时，产出组合规模收益递减。

2. 数据来源

我国稻谷区域生产效率评价数据来自《全国农产品成本收益资料汇编 2016》，从 2015 年各地区稻谷[①]成本收益情况表中选择每亩稻谷产量、每亩用工数量、每亩物质与服务费用和土地成本数据。

3. 指标选取

本书选择非参数效率评价方法——DEA 模型对我国 23 个省（市、自治区）[②] 2015 年的稻谷生产效率进行评价，选取《全国农产品成本收益资料汇编 2016》中每亩稻谷产量作为产出指标，每亩用工数量、每亩物质与服务费用和土地成本作为投入指标。吉星星等（2016）未选择土地成本作为投入指标，而是选择每亩化肥费用与每亩物质服务费用扣除化肥费用以外的费用作为替代指标。土地成本包括流转地租金和自营地折租，从图 3-6 可以看出，土地成本占总成本的比重越大，对稻谷生产效率越有直接影响，故本书将土地成本作为重要变量选入投入指标中。

4. DEA 分析结果

根据 DEA 模型原理，考虑规模报酬可变情况，选择 deap2.1 软件评价 2015 年我国 23 个省（市、自治区）的三种效率值：综合技术效率、纯技术效率值、规模效率值。纯技术效率能够反映出生产过程中投入的要素是否被有效使用，纯技术效率值越高，表示投入要素的使用越有效率，纯技术效率等于 1，表示在目前的技术水平上，其投入资源的使用是有效率的。规模效率反映的是产出要素与投入要素的比例是否合适、产出水平是否最佳；规模效率值越高，表明要素投入的规模和产出水平越接近最佳状态（吉星星等，2016）。综合技术效率 = 纯技术效率×规模效率，如果综合技术效率等于 1，表明企业在处于生产前沿的条件下，是技术有效的。实证结果如表 3-1 所示。

（1）从纯技术效率来看，河北、辽宁、黑龙江、江苏、浙江、安徽、江西、山东、河南、湖北、海南、四川和陕西的纯技术效率为 1，说明上述省份的稻谷

[①] 《全国农产品成本收益资料汇编 2016》中未直接公布各个省（市、自治区）的稻谷成本收益数据，而是公布了早籼稻、中籼稻、晚籼稻和粳稻的成本收益数据，因此将早籼稻、中籼稻、晚籼稻和粳稻成本收益数据进行加权平均后得到各个省（市、自治区）稻谷成本收益数据。

[②] 23 个省（市、自治区）包括：河北、内蒙古、辽宁、吉林、黑龙江、江苏、浙江、安徽、福建、江西、山东、河南、湖北、湖南、广东、广西、海南、重庆、四川、贵州、云南、陕西、宁夏。因为《全国农产品成本收益资料汇编 2016》只公布上述 23 个省（市、自治区）稻谷生产数据，故选择该 23 个省（市、自治区）。

生产管理和技术水平达到最佳状态。广东省的纯技术效率最低,说明广东省的稻谷生产管理和技术水平有待提高。河北、辽宁、浙江、安徽、江西、河南、湖北和海南8个省份的稻谷生产技术水平较高,但是规模效率低,导致综合效率较低,因此在稻谷生产过程中除了注重提高管理和技术水平外,还应考虑种植规模的合理性。

表3-1 我国23个省(市、自治区)水稻生产效率及排名

省份	综合效率	排名	纯技术效率	排名	规模效率	排名
河北	0.891	14	1	1	0.891	21
内蒙古	0.83	17	0.901	16	0.922	18
辽宁	0.91	11	1	1	0.91	20
吉林	0.846	16	0.854	18	0.992	8
黑龙江	1	1	1	1	1	1
江苏	1	1	1	1	1	1
浙江	0.986	6	1	1	0.986	9
安徽	0.959	8	1	1	0.959	13
福建	0.717	20	0.727	21	0.986	11
江西	0.957	9	1	1	0.957	15
山东	1	1	1	1	1	1
河南	0.962	7	1	1	0.962	12
湖北	0.949	10	1	1	0.949	16
湖南	0.903	12	0.942	14	0.959	14
广东	0.63	23	0.633	23	0.996	6
广西	0.673	22	0.678	22	0.993	7
海南	0.872	15	1	1	0.872	22
重庆	0.894	13	0.907	15	0.986	10
四川	1	1	1	1	1	1
贵州	0.77	19	0.82	20	0.939	17
云南	0.805	18	0.874	17	0.922	19
陕西	1	1	1	1	1	1
宁夏	0.716	21	0.832	19	0.86	23
平均值	0.881		0.92		0.958	

资料来源:《全国农产品成本收益资料汇编2016》数据经 deap2.1 软件处理得到。

(2) 从规模效率来看，黑龙江、江苏、山东、四川、陕西的稻谷生产规模效率为1，说明上述省份的稻谷生产规模达到了最优。宁夏的规模效率和纯技术效率都较低，说明宁夏地区稻谷生产有待于提高生产管理技术，扩大种植规模。海南、河北和辽宁的规模效率远远低于全国平均水平，但纯技术效率为1，说明在现有稻谷生产管理和技术水平之下，上述三个省份可以增加稻谷种植规模获得更多收益。

(3) 从综合效率来看，黑龙江、江苏、山东、四川和陕西的综合效率为1，说明决策单位为DEA有效，5个省份的稻谷生产投入结构和产出结构配置合理。而现有研究表明生产效率最高的东北平原地区中，只有黑龙江省稻谷生产投入和产出结构配置合理，辽宁省和吉林省却分别排名第11位和第16位。究其原因主要在于，吉林省的纯技术效率低于全国平均水平，导致综合效率低，说明吉林省稻谷生产的管理和技术水平还有待提高；而辽宁省的规模效率远远低于全国平均水平，导致综合效率低，说明在当前的技术水平之下，辽宁省稻谷生产的规模增加可获得更多的收益。吉林、内蒙古、云南、贵州、福建、宁夏、广西和广东的稻谷生产综合效率低于全国平均水平，其中，内蒙古、云南、贵州、福建和宁夏5个地区需要加强生产管理和提高技术水平，并且规模经济还有增长空间；吉林、广西和广东省3个地区需要重点加强生产管理和提高技术水平。

四、结论及政策建议

通过对我国稻谷供给与需求两个方面来进行分析，可以得到稻谷主要作为口粮消费，但是饲用、工业消费等还有一定的增长空间；稻谷播种面积趋于稳定状态，提高稻谷产量主要依靠单产水平的提高。通过对我国稻谷生产成本及生产效率的分析，可以得到稻谷生产成本增长速度高于稻谷产品产值增长速度，其中劳动力费用增长速度最快，占比最大，这也是我国稻谷生产成本高于美国的主要原因之一。我国稻谷生产效率存在显著的地区性差异。

稻谷作为居民食物消费的三大主粮之一，在我国的粮食生产中占有十分重要的地位。2017年中央一号文件提出了深入推进农业供给侧结构性改革的意见，在稳定粮食综合生产能力的前提下，对调整优化我国稻谷生产结构提出以下建议：

(1) 优化生产结构，从重数量向调结构转变。作为稻谷的主产地区，应当顺应国家整体形势，强调随需而变，主动进行"普改优"品种结构调整，改种一些更加符合市场需求的优质稻种。当然，在结构调整过程中，应加强政策引导扶持，确保稻谷品种结构的平稳过渡转换。

(2) 降低生产成本，调整稻谷生产成本结构。人工成本上涨始终是推动稻谷成本上升的最大动力，制约着稻谷生产效益的提升。机械化作业对手工劳动形成了较强的替代，降低稻谷生产中的用工强度和时间，要实现节本增效，需要普及机械化作业。因此，应加大机械化作业力度，增加固定资产投资，降低人工成本，提高劳动生产率。在生产过程中还应增加技术、管理、销售、贷款等服务，增强稻谷产品的市场竞争力；增加购买保险的范围，防范自然灾害风险。

（3）因地制宜，提高稻谷区域生产效率。吉林省稻谷生产的管理和技术水平还有待提高；在当前的技术水平之下，辽宁省稻谷生产的规模增加可获得更多的收益；内蒙古自治区、云南省、贵州省、福建省和宁夏回族自治区5个地区需要加强生产管理和提高技术水平，并且规模经济还有增长空间。

第二节 小麦供需结构变化与价格影响因素

2004~2016年，连续13个中央一号文件都把"三农"作为重中之重的问题来看待。2013年12月召开的中央经济工作会议明确提出要把"切实保障国家粮食安全"作为2014年的六大经济任务之首，坚持"以我为主、立足国内、确保产能、适度进口、科技支撑"的国家粮食安全战略和实现"谷物基本自给、口粮绝对安全"的目标。在随后召开的中央农村工作会议上，也把粮食安全作为了本次会议的核心议题。会议提出"我们的饭碗应该主要装中国粮，一个国家只有立足粮食基本自给，把农民作为国家粮食安全的捍卫者，才能掌握粮食安全主动权"，而"调动和保护好生产者和收储者'两个积极性'，以制度保障农民'长期而有保障的土地使用权'，让农民种粮有利可图"，是实现粮食自给的关键。2014年中央一号文件提出"坚持市场定价原则，建立农产品目标价格制度"，把完善农产品价格机制作为国家粮食安全保障体系中的重要一环。

从1985年开始，国家不再实施粮食统购统销制度，市场在调节粮食价格方面有了更大的话语权，随之而来的是小麦等主要农作物价格波动频繁。小麦的年产量仅次于水稻和玉米，作为我国第三大粮食品种[1]，常年播种面积和产量占粮食（水稻、小麦、玉米）总播种面积和产量占粮食总量的25%和22%[2]，因此小麦价格稳定也属于国家粮食安全的范畴。在1985~2015年的30年里，小麦价格经历了5个完整的波动周期和一个未完成周期，平均不到6年小麦价格就会发

---

[1] 20世纪90年代中期以前，小麦一直是我国第二大粮食品种，产量仅次于水稻。20世纪90年代中期以后，我国玉米产量超过小麦，并于2012年超过水稻成为我国第一大粮食品种，小麦成为第三大粮食品种。

[2] 刘俊杰. 我国粮食价格波动研究——以小麦为例[D]. 南京农业大学硕士学位论文，2011.

生一次较为剧烈的波动。小麦价格的频繁波动造成了市场不稳定，农民种粮有所顾虑，一度导致我国粮食缺口扩大，严重影响了国家粮食安全战略。直到2006年，国家实行小麦最低收购价格才逐渐减缓了小麦价格波动的频率和幅度。

一、小麦消费需求结构变化

1. 小麦需求总量变化

1990~2013年小麦消费量总体呈现上升趋势，1990年消费10259.8万吨，2013年消费11650万吨（见图3-11）。但是各个阶段也存在波动性，1990~2000年，城镇居民平均每人可支配收入从1510.20元增加到6280元①，居民购买力的增加带来小麦消费量平稳上升；2001~2006年，居民消费能力进一步提升，增加肉蛋奶等高蛋白食物的摄入量，从而减少主粮消费，小麦消费量逐渐下滑；2007~2013年，小麦作为饲料用粮开发新用途，以及居民重视主粮消费观念的提升，小麦消费量波动上升。

虽然小麦消费量整体处于上升状态，但是小麦消费占粮食总消费的比例却在下降，从1990年占粮食消费量的24.73%下降到2013年的20.30%（见图3-11）。其原因不在于小麦消费量的减少，而在于玉米作为饲料粮消费的大幅增加，带来小麦消费占比的下降。

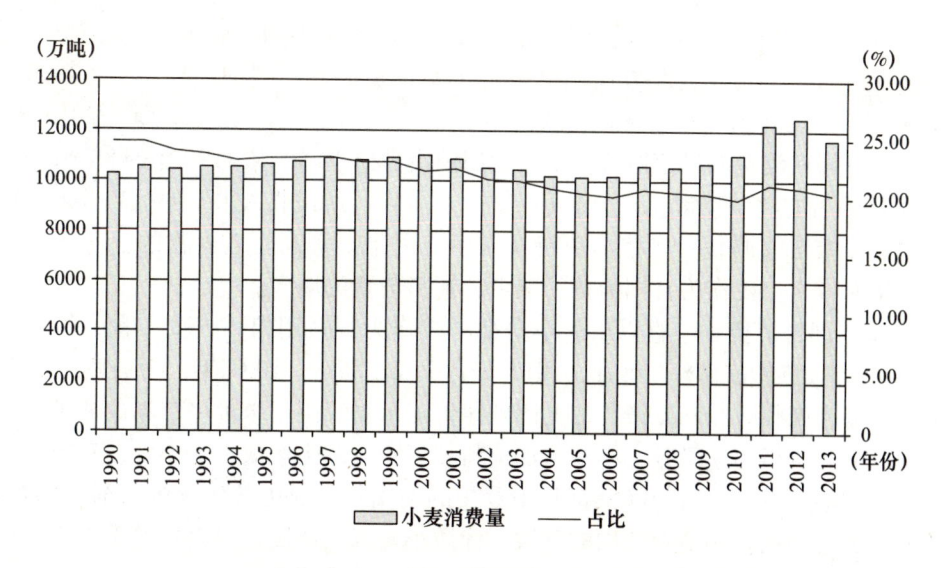

图3-11 1990~2013年小麦消费需求量及占粮食消费需求量的变化

资料来源：联合国粮农组织（FAO）数据库。

---

① 资料来源：历年《中国统计年鉴》。

2. 小麦消费需求用途结构变化

我国小麦消费的主要用途分为食用消费、饲料消费、种用消费、工业消费、其他消费和损耗量，其消费需求用途的结构趋势变化如图3-12所示。

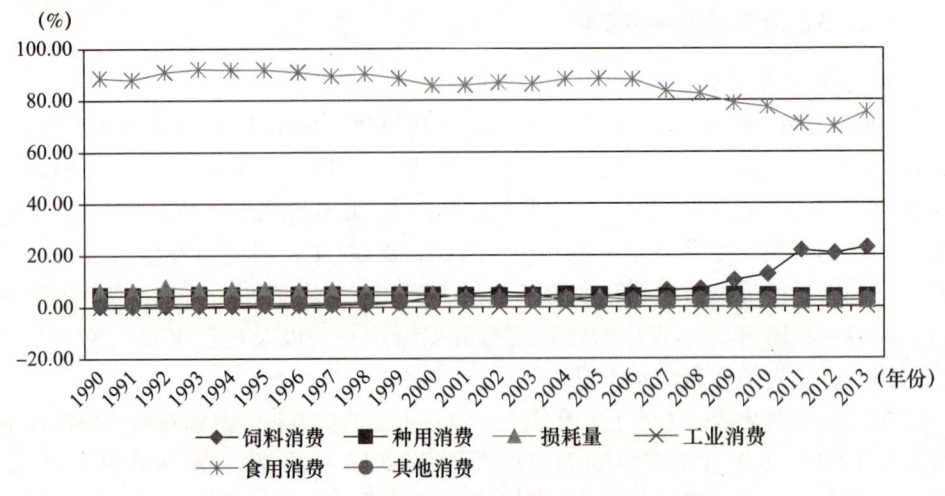

图3-12 1990~2013年小麦消费需求用途结构的变化

资料来源：联合国粮农组织（FAO）数据库。

（1）食用消费。由于我国南北方的农业生产结构不同，形成了"南米北面"的饮食格局。小麦成为北方居民喜爱的主粮，是小麦消费的主要用途。1990~2006年，小麦作为口粮消费，一般占小麦消费总量的80%以上。2006~2013年，由于小麦饲料消费的迅速增长，小麦食用消费占比下降，从1990年的88.62%下降到2013年的75.35%，减少了13.27个百分点。居民收入水平的提高带来居民膳食营养结构的调整：口粮消费持续减少，肉蛋奶等高蛋白食物的消费不断增加。从而带来小麦作为食用消费的减少，饲料消费的增多。

（2）饲料消费。一直以来，小麦都鲜少作为饲料用粮。1998年前，饲料消费不足1%，近几年增长迅速，2013年达到22.86%。2007年，为鼓励玉米种植，国家实施临时收储政策，加上国外廉价玉米对我国玉米价格市场的冲击，国内玉米交易价格不断攀升，不断增加饲料加工企业的生产成本。小麦含有丰富的蛋白质和赖氨酸，可有效降低饲料中豆粕的使用量，成为替代玉米的饲料用粮。另外，随着居民食物消费结构的升级，优质小麦成为居民选择消费的重点，品质较差、价格低廉的小麦便成为饲料加工企业的首选替代品。

（3）种用消费。小麦的种用消费占比一般在4%~5%，与当年小麦的播种面积和单位面积用种量密切相关。小麦用于种用消费的占比不断下降，主要原因在于小麦品种质量的提高以及农业生产条件的改善，提高种子使用效率，减少浪费。如何进一步提高我国小麦的种子研发水平，将引导未来小麦的种子消费走势。

（4）工业消费。小麦的工业消费量很少，占总消费量的比例最低。小麦中可提炼出小麦淀粉，应用于食品生产中，具有增稠剂、胶凝剂、黏结剂或稳定剂的作用，但使用的量较少。我国粮食加工业仍处于不断发展中，未来小麦用于工业消费增长潜力巨大。

（5）其他消费和损耗量：小麦的损耗量逐步减少，占比从1990年的6%下降到2013年的2.57%。1990~2000年，小麦在加工、储藏、流通中损耗较大，占总消费量的6%，相当于平均每年损耗638.26万吨，超过部分省市地区的小麦年产量，损耗严重。2000~2013年，通过加强各个环节的科学管理，改善仓储条件，不断降低损耗量。

二、小麦生产结构变化

1. 小麦生产总量变化

1990~2015年，我国小麦生产总量呈线性增长趋势。1990年生产总量为9822.9万吨，2015年增加到13018.7万吨，年均增长率为1.13%（见图3-13）。虽然小麦产量整体呈现上升趋势，但是各年份间的波动性仍然较大。小麦产量的变化主要受播种面积和单产水平的影响。2003年，受极端天气和病虫害等影响，小麦减产严重，加上播种面积的减少，小麦产量达到最低值，为8648.8万吨。2004~2015年，小麦产量实现12年连增，到2015年达到最大值，为13018.7万吨。

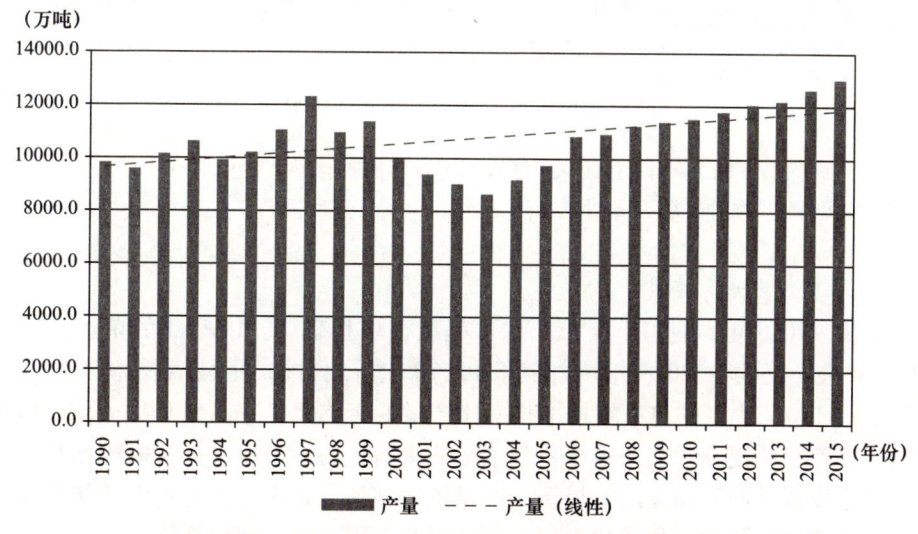

图3-13 1990~2015年小麦产量的变化趋势

资料来源：《中国统计年鉴》。

2. 小麦播种面积变化

1990~2015年，我国小麦播种面积呈线性下滑趋势。1990年小麦播种面积为30753.2千公顷，2015年减少到24141.3千公顷（见图3-14）。1991年小麦播种面积达到最大，为30947.9千公顷；2004年小麦播种面积减少到历史最低点，为21626.0千公顷。2000年以前，小麦播种面积一直维持在25000千公顷以上，个别年份甚至达到30000千公顷以上。随着小麦单产水平的提高，以及未出现新的消费需求，2000年以后，小麦播种面积维持在20000~25000千公顷。但是从2007年以来，小麦作为饲料粮，扩展了小麦的用途，增加了小麦的需求量，成为小麦播种面积增长的新动力。

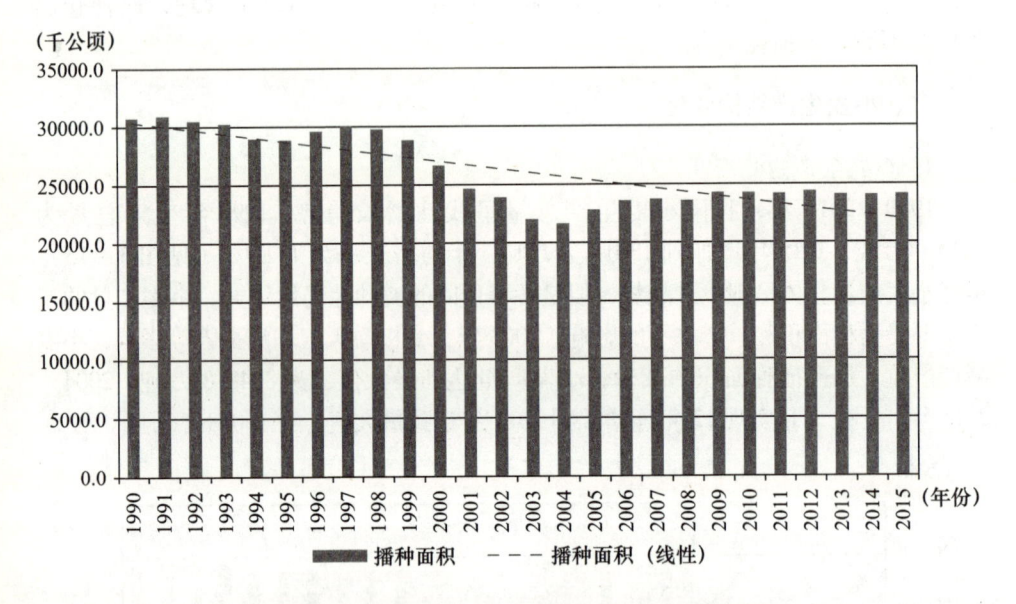

图3-14 1990~2015年小麦播种面积的变化及趋势

资料来源：《中国统计年鉴》。

3. 小麦单产水平变化

1990~2015年，我国小麦单产水平呈线性增长趋势。1990年的单产水平为3194.10公斤/公顷，2015年增加到5392.70公斤/公顷，年均增长率为2.12%（见图3-15）。小麦的单产年均增长率比产量的年均增长率高出0.98个百分点，表明小麦产量的提高主要来自于单产水平的提高，而不是通过扩大播种面积。相反，在小麦播种面积减少的前提下，产量依然增加，表明我国小麦生产从传统的粗放式经营向节约化、集约化发展，不断提高有限土地的利用价值。

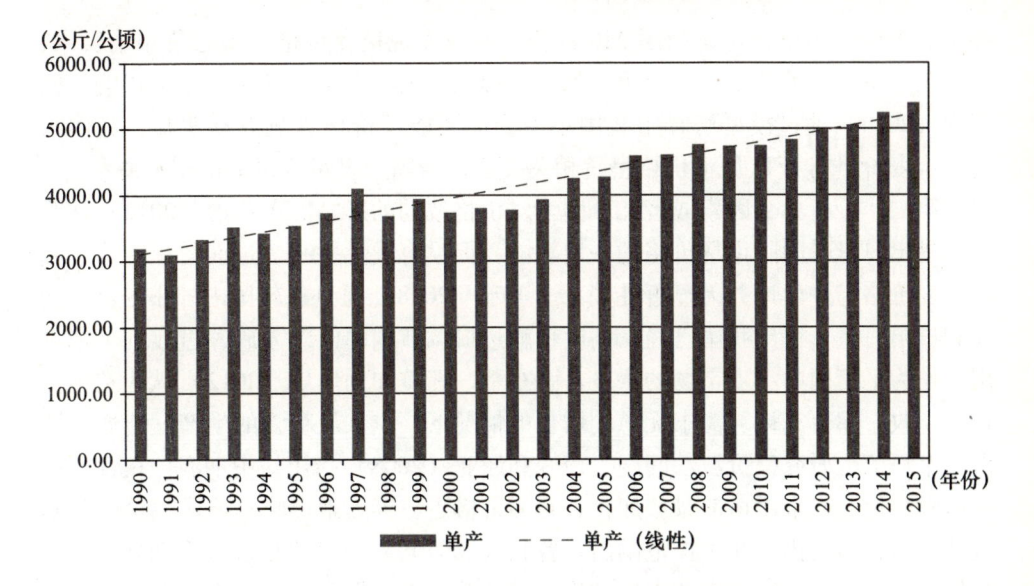

图 3-15　1990～2015 年小麦单产水平的变化及趋势

资料来源：《中国统计年鉴》。

三、小麦价格波动分析

首先，运用理论和实证相结合的方法，对三十年来的小麦价格波动状况进行宏观描述，并深入分析影响小麦价格波动的各种因素；其次，在把握小麦价格变化规律的基础上，揭示价格与相关因素之间的内在联系，试图找出影响小麦价格频繁波动的关键性要素。以期能够对国家在小麦市场上实施的价格调控政策与措施提供一些有益的参考，以便减缓价格的频繁波动，促进小麦产业长期健康发展。

小麦作为我国主要粮食品种之一，其价格稳定在一定程度上可以确保我国农产品市场价格不会发生大的波动，减少给国民经济带来的负面影响。粮食价格作为引导农业生产要素流向的指挥棒，保持其稳定性可以提高农民种粮的积极性，并保持其对农业的持续性投入，对保障国家粮食安全有着重要的现实意义。

从现有研究文献来看，目前对我国小麦价格波动的研究主要集中在以下几个方面：

第一，利用计量模型对价格影响因素进行分析。罗万纯和刘锐（2010）通过利用 ARCH 模型对粮食价格波动进行分析，重点指出小麦价格波动有明显集簇性和非对称性，小麦价格上涨比下跌更能引发价格较大的波动。贾甫（2010）的研究结果表明农业生产资料——粮食相对价格变动与农业产出呈负相关关系。邓宏亮和黄太洋（2013）也是利用ARCH模型研究发现粮食价格波动与货币增长率、美元贬值呈正相关关系，但货币增长率的影响远大于汇率变动所带来的影响。杨庆许（2014）通过模型解释了我国小麦受国际能源价格影响波动明显，具体来说，小麦价格与WTI原油价格呈负相关关系，与国际煤炭价格呈正相关关系。

第二，分析单个因素或者几个因素对价格波动的影响。车巧怡（2012）认为小麦进出口量受国际市场价格的一定影响，但没有线性关系，进而得出结论：我国小麦价格与进出口并无显著性关系。王宁（2008）通过比较国内外小麦供需变化和进出口量，得出我国已经从高度依赖进口调节国内供求矛盾，过渡到了把进出口作为平衡国内小麦市场的手段。张东平、郭震和刘培培（2012）认为在粮食连续丰收、库存充裕、需求无急剧增长的情况下，应该从粮食的生产、流通和消费三个环节上研究粮价波动问题。卢锋和谢亚（2008）指出短中期我国粮食价格受国际粮价、未来出口前景、库存、石油价格走势等因素影响，造成粮价的不确定性大增，但是仍会在可控范围内。曹慧（2007）对小麦价格进行周期划分，并分析各个周期的特征，由此得出结论：供求关系仍是影响小麦价格波动的关键因素，国家政策对其有一定的控制作用。

目前，学者对小麦价格波动的研究主要是从理论和实证相结合的角度进行分析。理论上不仅包括供需、进出口等传统的影响因素，而且还把能源、预期等非传统因素也纳入了研究范围；实证上主要用计量ARCH模型解释价格波动分析。但需要指出的是，在研究小麦市场价格影响因素的文献中，很多学者都是直接采用定量分析，即直接运用模型来对一个或者几个要素进行实证分析。很少有学者先对小麦价格波动规律进行把握，再把各种影响因素与小麦价格逐一展开对比分析的。作者认为，应先把各因素与小麦价格波动规律进行对比分析，再提出假设条件，最后通过实证分析，可能才会更符合实际情况。

本书用1985~2015年的小麦市场价格作为基础数据，用HP滤波法分析30年间的小麦价格波动特征。

（一）HP滤波法原理

HP滤波法是由Hodrick和Prescott（1980，1997）在分析美国战后经济景气时首先提出的，这种方法被广泛应用于宏观经济趋势分析研究中。HP滤波法是一种时间序列在状态空间中的分析法，相当于对波动方差的极小化。HP滤波法可以看作是一个近似的高通滤波器（High-Pass Filter），其原理是时间序列的谱分析方法。谱分析方法把时间序列看作是不同频率的成分的叠加，时间序列的High-Pass滤波就是要在这些所有的不同频率的成分中，分离出频率较高的成分，去掉频率较低的成分，也即去掉长期的趋势项，而对短期的随机波动项进行度量。

用数学公式表示，就是使得损失函数最小，即：

$$\min\left\{\sum_{t=1}^{n}(y_t - g_t)^2 + \lambda \sum_{t=1}^{n}[(g_{t+1} - g_t) - (g_t - g_{t-1})]^2\right\}$$，其中，Y = {y1, y2, …, yn}，趋势要素为 G = {g1, g2, …, gn}。其中，n 为样本的容量。

（二）用 HP 滤波法对 1985~2015 年我国小麦价格进行波动周期的划分

HP 滤波图显示：小麦价格的趋势线总体呈上涨态势，但是每个阶段的增长速度及涨幅并不均匀。从 1985 年开始，小麦价格呈现加速上涨状态直到 1995 年，然后增长速度开始下降，到 2002 年达到最低，基本上与 1993 年持平。以 2003 年为起点又开始新一轮的加速增长，并且增长速度超过以往任何时期，到 2014 年达到历史最高峰。

具体来说，可以将价格趋势划分为 5 个完整周期和 1 个未完成周期：第 1 个周期的上涨和下跌基本上呈对称状；第 2 个周期价格下降较缓，上升相当迅猛。在所有周期中，第 2 个周期波动幅度最为剧烈，波动幅度竟然达到 107.2%；第 3、第 4 个周期可以看作是一个大周期，可以分为 3 个阶段：1995~2000 年是缓慢的下降期，2000~2002 年是在低谷徘徊期，2002~2004 年可以看作是上升期；第 5 个周期迅速下降，缓慢上涨；第 6 个周期迅速上涨，缓慢下降，但和前几个周期相比，波动幅度最小。

表 3-2 小麦价格波动周期的划分

周期	周期时间	长度（年）	波峰（元/吨）	波谷（元/吨）	波动幅度（%）
1	1985~1989 年	4	1120	610	83.6
2	1989~1995 年	6	1720	830	107.2
3	1995~2001 年	6	1720	1020	68.6
4	2001~2004 年	3	1520	1020	49.0
5	2004~2011 年	7	2260	1360	66.2
6	2011~2015 年	4	2570	2070	24.2

资料来源：《中国农产品价格调查年鉴》（1985~2016）。因第 6 个周期还未完成，表中数据是根据现有年限内的价格计算出的波峰、波谷和波动幅度。

根据以上分析可以得出结论：小麦价格波动周期不具备对称性，前三个周期上升和下跌都很迅猛，波动幅度剧烈；后三个周期有波动周期拉长，波动幅度逐渐变缓的趋势。但在总体上也明显地反映出我国小麦价格波动周期短，波动幅度大的特点。

四、对小麦价格的影响因素分析

（一）成本

小麦成本主要包括种子、农药、化肥、人工和机械等总成本。成本作为市场价格定制的重要依据之一，小麦成本的变化必定会造成相应的价格上下波动。本书通过 1985～2015 年小麦成本变化和价格波动之间的关系来分析两者之间的关系，如图 3-16 所示。

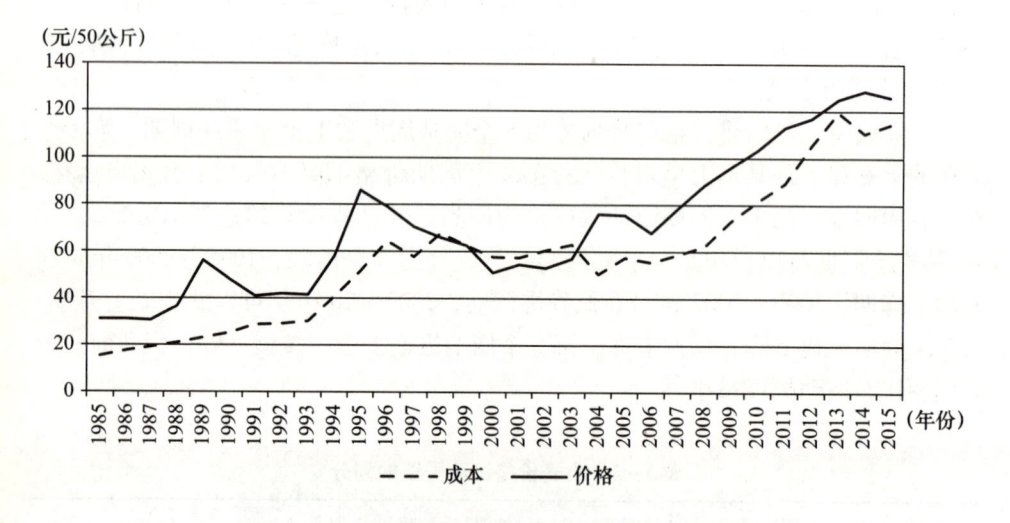

图 3-16 小麦成本变化和价格波动之间的对比

资料来源：价格来自历年《中国农产品价格调查年鉴》，成本来自《全国农产品成本收益汇编》。

根据成本推动理论，在成本增加的同时，价格必然会被推高。从 1985～2015 年的小麦价格和成本的波动关系来看，两者变化趋势基本吻合。

但是也有反常的年份，1995～1997 年和 1999 年在成本上升的情况下价格却在下降。2003～2004 年在成本下降的情况下成本却在上升。可能的原因在于：1995～1999 年，我国小麦产量连续 5 年超过 1 亿吨①，特别是 1997 年小麦产量达到了历史最高值 12328.9 万吨，这是以往历史任何时期都不曾出现过的情况，这就为市场提供了充裕的供给量。另外，1999 年国家逐步下调了收购价格，并实行优质优价，很多地区将定价和收购保护价并轨，执行保护价②。这两者因素相

---

① 根据《中国农村统计年鉴》数据：1995～1999 年的粮食产量分别为 10220.7 万吨、11056.9 万吨、12328.9 万吨、10972.6 万吨、11388 万吨。

② 曹慧．中国小麦价格的周期变化特征及其原因分析 [J]．世界农业，2007 (4)．

互作用造成了小麦价格从 1996 年开始持续走低,出现了成本高于价格的反常现象。直到 2000~2003 年的连续 4 年减产,造成人们的惜售心理,加上国家对新小麦的补贴政策,小麦价格才逐渐回升。对于 2003~2004 年的价格上升的情况,原因可能是,当年国内小麦缺口扩大,进口小麦量创 1997 年以来最高,达到 726 万吨,较前一年进口量增长近 17 倍,而 2002~2003 年进口量仅有 43 万吨。所以,受到国际粮价的影响推动国内小麦价格上涨。

另外,还有些年份无法用成本来解释,如 1988~1991 年成本在未发生大波动的情况下,1988 年通货膨胀和抢购风潮①推动了小麦价格大幅上涨。可见影响小麦价格的因素并不是单一的,除了成本之外,说明还有其他因素影响小麦价格的波动。

(二) 供求关系

供给和需求是影响价格波动的最基本因素。根据供需理论:在其他情况不变的情况下,供不应求,价格上涨;供过于求,价格下跌。根据 1985~2015 年国内供给、消费和价格的数据绘制三者之间的关系,如图 3-17 所示。

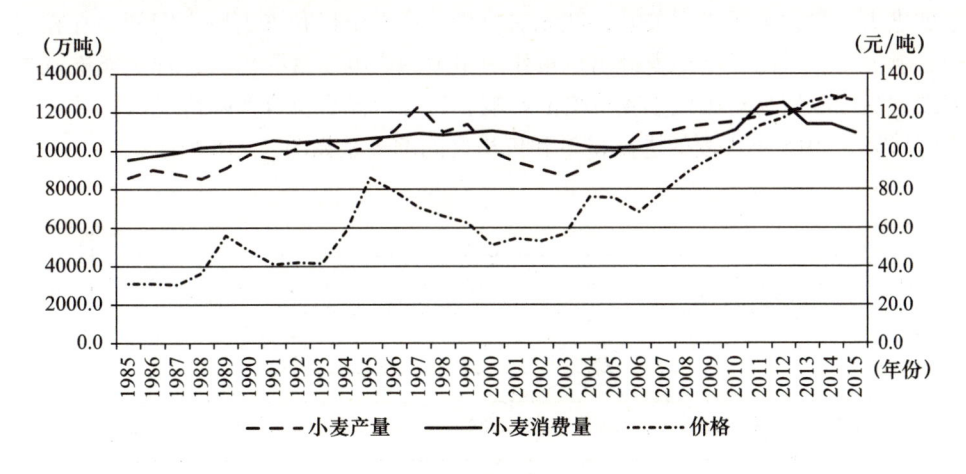

图 3-17 供求关系和小麦价格关系

资料来源:产量来自《中国农村统计年鉴》和《中国统计年鉴》,消费量来自中华粮网,价格同上。

从图 3-17 可以看出,1985~1994 年、2000~2002 年处于供不应求状态,小麦价格虽然有所波动,但基本趋势是上升的,符合市场规律。1996~1999 年小麦处于供过于求状态,小麦价格处于急速下降态势,符合供求关系的基本理论。但是也有反常年份,从 2006 年开始,小麦连续大丰收,小麦市场处于供过

---

① 1998 年我国粮食缺口达到了 1609.6 万吨,是 1985 年取消粮食统购价格以来的第二高的粮食缺口年份,仅次于 2003~2004 年的 1790.2 万吨,再加上当年的通货膨胀加剧,形成抢购风潮。

于求，消费基本稳定的情况，小麦价格反而逐年上升，违背了供求理论。究其原因，可能是国家从2006年开始对小麦实施最低收购价格，用行政手段影响小麦价格，造成了在供给增加的情况下，价格依然上涨，出现背离市场规律的现象。

仅从供给量来分析小麦价格的变动，1994~1995年、1997~1998年和2003~2004年都出现了供给量与小麦价格呈正比例关系，同为上升或下降态势。可能的原因是：小麦市场价格与供给量之间具有典型的滞后效应，供给量总是在小麦价格变化后发生变化。[①] 而通过对图3-17的观察可以看出，消费与价格之间的关系表现并不像供给那么明显，需要在实证中进一步探讨两者的关系。

(三) 进出口对小麦价格的影响

从严格意义上来说，小麦的进出口量应当作为供给和需求的外部影响变量，属于供求关系方面对小麦价格的影响。但是从小麦价格和进出口量的波动趋势来看，在某些年份进出口量和国内小麦价格有着密切的联系，例如，1995~1996年和2003~2004年。更重要的是，在农产品市场全球化的背景下，每个国家的国内市场都不是封闭的，国内农产品价格受国际市场的影响越来越大。如果简单地把进出口量归类于供求关系，就无法分析出小麦价格和进出口之间到底存在何种影响关系，所以，把小麦进出口量作为单独的影响变量列出，这样更能准确把握农产品国际贸易对国内小麦价格的影响，这样可能更符合实际情况。

1985~2015年小麦的进出口量和价格之间的关系如图3-18所示。

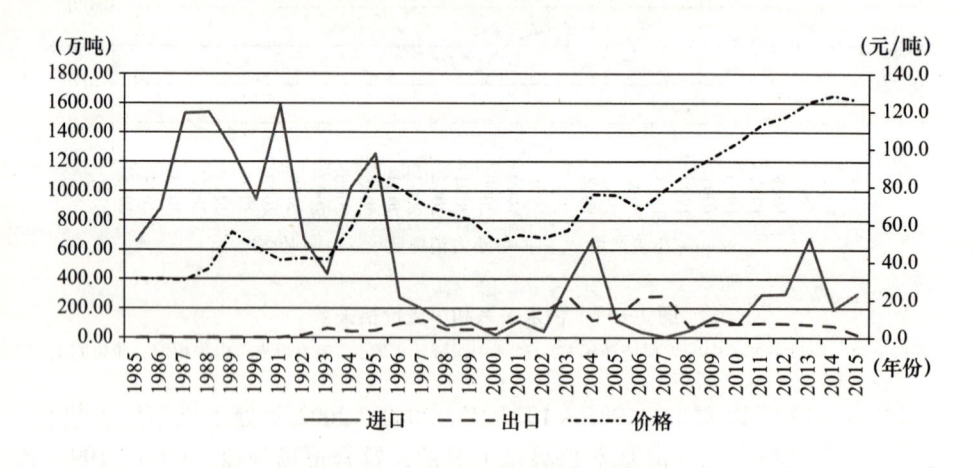

图3-18 进出口与小麦价格的关系

资料来源：进口来自《中国统计年鉴》《中国农村年鉴》《中国粮食年鉴》，出口来自《中国粮食年鉴》《中国农村年鉴》，价格同上。

[①] 祁丹丹. 我国小麦市场价格波动因素及控制研究 [D]. 西北农林科技大学硕士学位论文，2012.

通过图 3-18 可以明确观察到，价格和进口的波动趋势基本上一致，两者呈正相关关系。1989 年、1995 年和 2004 年作为三个 10 年中小麦进口量最高的年份，同时把价格也推到了一个波峰。1993 年和 2003 年作为进口量最低的年份，同时也是小麦价格相对的波动低谷。但是从进口曲线的总体波动趋势来看，呈下降趋势，说明我国对小麦进口的依赖程度在下降。根据本书数据，1985~1990 年的小麦净进口占小麦总供给量的 11%[①]，20 世纪 90 年代，中国累计净进口小麦总量占小麦总供给量的 4%。[②] 从 2004 年开始，小麦价格和进口量的关系不再那么显著。小麦进口量增长缓慢，但是小麦价格却一路走高，这和国家政策有相当大的关系。而出口对小麦价格的影响，只有在 2007 年供需盈余的情况下，出口才创历年最高，小麦价格略有下调。

（四）宏观经济的影响

宏观经济常用指标主要有国内生产总值、价格指数、就业率、利率等。由于小麦成本、国内供求和进口量都与国内生产总值有着密切的关系，而就业率和利率与国内小麦价格没有直接的重大影响关系，所以在宏观经济方面，主要是考虑消费者价格指数（CPI）对小麦价格的影响程度。小麦价格收购指数，是指小麦市场收购价格变动趋势和程度的相对数，以观察和研究农产品收购价格总水平的变化情况，在一定程度上也反映了 CPI 对小麦价格的影响程度。因此，在宏观经济方面通过选取 CPI 和小麦价格收购指数作为变量，来研究宏观经济方面对小麦价格影响。

选取 1985~2015 年 CPI 指数和小麦价格收购指数作为小麦价格影响因素进行分析和对比，以便找出它们和小麦价格波动之间的关系，如图 3-19 所示。

图 3-19 中，JG 表示小麦价格，ZS 表示小麦价格收购指数，CPI 表示消费者物价指数。通过图 3-19 可以直观地反映出，2007 年之前，CPI 和小麦价格收购指数与小麦价格呈现基本吻合态势，CPI 只有 2008 年是个例外。这可能是由于 2008 年金融危机，我国财政政策从"稳健"转为"积极"，货币政策从"从紧"转为"适度宽松"的重大调整成为致使 CPI 结构突变的重要诱因，[③] 导致 2008 年 CPI 达到 5.9%。从 2009 年开始我国出口锐减，产能过剩，物价下降，以及国家宏观调控措施导致 CPI 指数下降迅猛。但是小麦价格一直受到国家最低收购价格的指导，持续增长。

---

① 根据历年的《中国农村统计年鉴》、《中国粮食年鉴》、《中国统计年鉴》和国家统计局的数据，1985~1990 年的小麦仅进口量 541 万吨、611 万吨、1320 万吨、1455 万吨、1488 万吨、1253 万吨之和为 6668 万吨，占总供给量（国内生产和进口）53561.6 万吨的 11%。

② 王宁. 1978~2007 年中国小麦进出口对国内小麦供求市场的影响 [J]. 世界农业，2008（8）.

③ 刘园. 两次金融危机对中国 CPI 影响探讨 [J]. 商业经济，2012（23）.

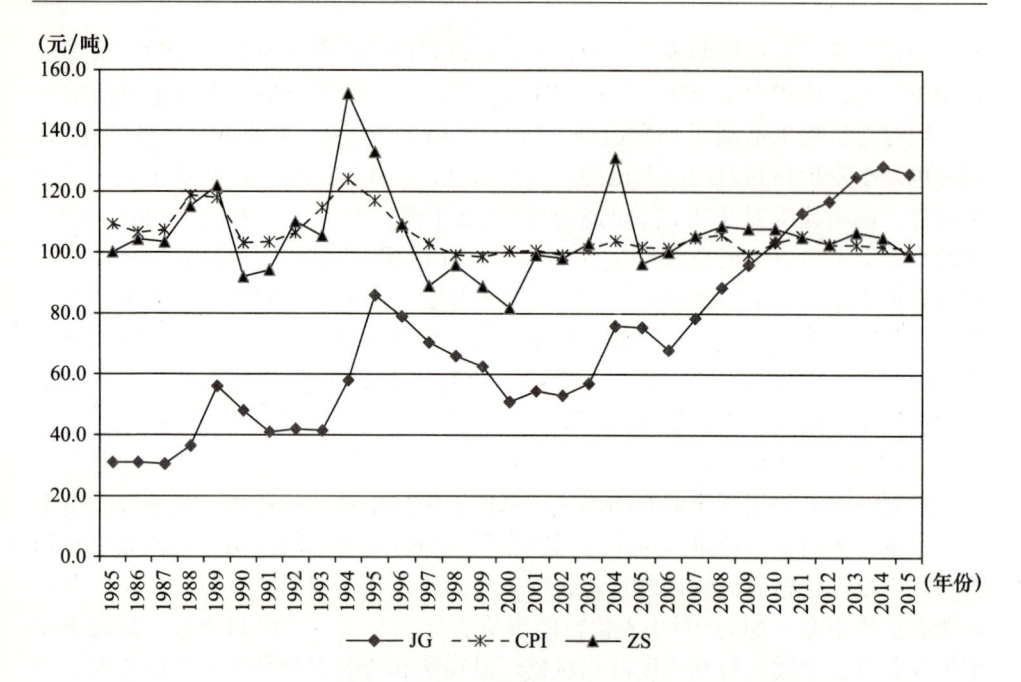

图 3 – 19　CPI 和小麦价格收购指数与小麦价格的关系

资料来源：CPI 和小麦价格收购指数均来自《中国统计年鉴》，价格同上。

小麦价格收购指数对小麦价格的影响毋庸置疑，但滞后效应明显。如收购指数在 1990 年已经降到周期的波谷，但价格的最低点出现在 1991 年；收购指数 1994 年达到历史最高峰，价格则在 1995 年达到波峰；2005 年收购指数达到波谷，价格波谷出现在 2006 年。

五、对影响因素的实证分析

根据前述对小麦价格影响因素的分析，首先引入产量、进口、总成本、CPI、消费、出口、小麦价格收购指数七个影响因素，并提出各因素与小麦价格关系的假设，然后通过计算相关系数来显示小麦市场价格与七大因素之间的相关性，再根据格兰杰因果关系检验和协整检验，寻找影响小麦市场价格波动的关键性因素。

（一）研究假设

假设 1：由于成本与价格的变化趋势和变动幅度基本吻合，因此推断两者呈正相关关系，并且相关程度较大。

假设 2：小麦供给量与小麦价格负相关，消费量与小麦价格正相关。

假设 3：小麦价格与进口量呈正相关关系，但与出口表现不明显，两者可能无关，也可能有内在联系。

假设4：小麦价格收购指数会对小麦价格产生滞后效应，CPI与小麦价格呈正相关关系。

（二）相关系数检验

各个因素与小麦价格之间的斯皮尔曼等级相关系数（Spearman Rank – Order）如表3－3所示[①]：

表3－3　各个因素与小麦价格之间的斯皮尔曼等级相关系数

	X1	X2	X3	X4	X5	X6	X7
Y	0.7678	-0.4097	0.8120	-0.2258	0.5929	0.5432	0.2314
T	0.0000	0.0304	0.0000	0.2479	0.0009	0.0028	0.2359

表3－3中，Y表示小麦价格、X1表示产量、X2表示进口、X3表示成本、X4表示CPI指数、X5表示消费、X6表示出口、X7表示小麦价格收购指数，T表示t检验概率的P值。

通过相关系数和T检验来看，变量X2（进口）、X4（CPI）和X7（小麦价格收购指数）未通过显著性检验，即与小麦价格波动并无显著相关性。根据各因素与小麦价格的相关性系数，参考国外一些学者给出的简单相关系数，又称皮尔逊相关系数解释相关系数指南[②]，可分类如表3－4所示：

表3－4　各影响因素与小麦价格之间的相关性

影响因素	相关系数范围	相关程度
X3	0.8～0.9	较强正相关
X1	0.7～0.8	稍强正相关
X5、X6	<0.6	正相关

通过表3－3和表3－4可以看出，小麦价格与总成本、产量呈较强正相关关

[①] 统计学中，斯皮尔曼等级相关系数是衡量两个变量的依赖性的非参数指标，利用单调方程评价两个统计变量的相关性，当两个变量完全单调相关时，斯皮尔曼相关系数则为+1或-1。斯皮尔曼等级相关系数借助于显著性检验来考虑样本中数据个数和使用样本计算相关系数的风险。

[②] 斯皮尔曼等级相关系数对X和Y关系的单调函数描述是完全的皮尔逊相关，因此斯皮尔曼等级相关系数又被称为等级变量之间的皮尔逊相关系数。A. Buda and A. Jarynowski, *Life – time of Correlations and its Applications*, vol. 1, Wydawnictwo Niezalezne: 5 – 21, December 2010; Cohen, J. (1988), *Statistical Power Analysis for the Behavioral Sciences* (2nd ed.), 2001.

系；与消费和出口呈正相关关系；进口、CPI 和小麦价格收购指数对小麦价格波动的影响不显著。

（三）格兰杰因果关系检验

根据相关性分析可得，X1（产量）、X3（成本）、X5（消费）、X6（出口）与小麦价格市场价格有关，但是否是小麦价格波动的原因，还需进一步分析。通过利用格兰杰因果关系检验，测定七个因素与小麦市场价格的因果关系，检验结果如表 3-5 所示：

表 3-5 格兰杰因果关系检验结果

变量	格兰杰因果检验	P	结果
X1	X1 不是 Y 的格兰杰原因	0.3826	拒绝
	Y 不是 X1 的格兰杰原因	0.0091	不拒绝
X2	X2 不是 Y 的格兰杰原因	0.2766	拒绝
	Y 不是 X2 的格兰杰原因	0.0456	不拒绝
X3	X3 不是 Y 的格兰杰原因	0.3822	拒绝
	Y 不是 X3 的格兰杰原因	0.0044	不拒绝
X4	X4 不是 Y 的格兰杰原因	0.0006	不拒绝
	Y 不是 X4 的格兰杰原因	0.0441	不拒绝
X5	X5 不是 Y 的格兰杰原因	0.5949	拒绝
	Y 不是 X5 的格兰杰原因	0.0549	拒绝
X6	X6 不是 Y 的格兰杰原因	0.2722	拒绝
	Y 不是 X6 的格兰杰原因	0.3954	拒绝
X7	X7 不是 Y 的格兰杰原因	0.0121	不拒绝
	Y 不是 X7 的格兰杰原因	0.3807	拒绝

格兰杰因果关系检验显示，X1、X2、X3、X5 和 X6 拒绝不是 Y 变动的格兰杰原因，X4 和 X7 不拒绝不是 Y 变动的格兰杰原因，但是 Y 接受是 X7 变动的格兰杰原因。也就是说，产量、进口、成本、消费和出口是小麦价格波动的格兰杰原因，其中，消费和出口与小麦价格互为格兰杰因果关系。而 CPI 和小麦价格收购指数均不是小麦价格变动的格兰杰原因，但是小麦价格波动却是下一期小麦价格收购指数变动的格兰杰检验的原因之一。

（四）协整检验

通过相关性检验和格兰杰检验得出，产量、成本和消费是影响小麦价格变动的因素，CPI 指数和小麦价格收购指数不是影响小麦价格变动的因素。但是进口在以上两种检验中表现出相反的结果，在斯皮尔曼等级相关系数中不是小麦价格变动的原因，但在格兰杰因果关系检验中却成为小麦价格变动的原因。在此采用协整检验，进一步检验这些变量和小麦价格之间是否存在长期稳定的关系。

协整检验就是对方程的残差进行单位根检验，通常用 ADF 检验来判断残差序列的平稳性，进而判断因变量和解释变量之间是否存在协整关系。检验结果如表 3-6 所示。

表 3-6 ADF 检验和协整检验结果

变量	检验形式	ADF 统计量	P 值	与小麦价格协整检验结果
X1	（C T 1）	-4.6695	0.0052	存在长期稳定关系
X2	（C T 1）	-4.1476	0.0163	不存在长期稳定关系
X3	（C T 1）	-4.5860	0.0063	存在长期稳定关系
X4	（C T 1）	-4.5779	0.0064	存在长期稳定关系
X5	（C T 1）	-4.4129	0.0092	存在长期稳定关系
X6	（C T 1）	-4.5189	0.0073	存在长期稳定关系
X7	（C 0 1）	-4.0038	0.0052	存在长期稳定关系

注：检验类型（C T K）中 C 表示含有常数项，T 表示含有趋势项，K 表示滞后期。

协整检验结果显示，除 X2（进口）之外，其他变量均与小麦价格存在长期稳定关系，这就解释了进口斯皮尔曼等级系数检验结果与格兰杰因果关系检验结果的矛盾。由于进口与小麦价格波动不存在长期稳定的关系，所以在某些年份进口量大的时候会影响到小麦价格的变化，进口量少的年份则不会对价格构成显著性影响。

六、结论及政策建议

（一）结论

通过以上分析可以看出，成本、供给量与小麦价格呈正相关关系，小麦价格收购指数存在滞后效应的假设被验证是正确的，而出口和 CPI 指数对小麦价格有影响的假设则没有得到证实。另外，通过实证分析，消费和进口也是小麦价格变动的原因之一，因此可以得出以下结论：

（1）供求关系共同作用于小麦价格的变化。通过对供求和小麦价格关系的分析，基本上符合供求关系理论。在实证分析过程中，斯皮尔曼等级相关系数检验中，$PYX1=0$，$PYX5=0.0009$，均小于 0.05，通过 T 检验。在格兰杰因果关系检验中，均拒绝供给和消费不是小麦价格变动的原因，而且协整检验的结果表

· 77 ·

明供给和消费存在长期稳定关系。所以，供给和消费应当作为小麦价格变动的原因之一。

（2）成本是小麦价格变动原因之一。在关于影响因素的分析中，成本和小麦价格的变动呈高度一致性；并且通过斯皮尔曼等级系数检验 PX3 = 0 < 0.05，格兰杰因果关系检验和协整检验中，也拒绝成本不是小麦价格变动的原因，同时承认两者存在长期稳定性关系。

（3）出口是小麦价格变动的隐含原因之一。之所以说出口是隐含原因是因为，直观感受进口与小麦价格的波动趋势之间的关系并不明显。但是通过相关系数 PYX6 = 0.0028 < 0.05，通过显著性检验；格兰杰因果关系检验，拒绝进口不是小麦价格格兰杰原因；协整检验表明出口与小麦价格存在长期的稳定关系，三次检验都把出口作为小麦价格变动的原因之一。因此，把出口作为小麦价格波动的原因是可信的。

（4）进口、小麦价格收购指数、CPI 指数与小麦价格波动不存在长期稳定的关系。进口在相关系数检验中未通过 T 检验 PX4 = 0.2479，而格兰杰因果关系检验中却拒绝进口不是小麦价格的原因，最后通过协整检验表明进口只是小麦价格短期波动的原因，而非长期波动原因。通过格兰杰因果关系检验证明，小麦价格收购指数不拒绝不是小麦价格变动的原因，但拒绝小麦价格不是小麦价格收购指数的原因，由此表明小麦价格收购指数是小麦价格变动的结果而非原因。CPI 指数与小麦价格不互为格兰杰原因，同时也未通过相关系数检验，但协整检验表明它们存在长期稳定关系，说明 CPI 指数和小麦价格可能存在其他的非因果关系。

综上所述，在产量、进口、成本、CPI、消费、出口和收购价格指数的七个变量中，真正能够对小麦价格造成波动的关键性因素只有成本、产量、消费和出口，也就是说，只要这四种因素保持稳定，小麦价格就不会发生大的波动。

（二）政策建议

根据上述相关结论，提出抑制小麦价格波动的四项具体政策建议：

（1）减少行政干预，建立小麦目标价格形成机制。从 2006 年开始，国家对小麦实施最低收购价格，造成了小麦价格只升不降的预期，导致小麦价格被严重扭曲，形成了"产销"、"小麦和成品"以及"国内和国际"三方面的价格倒挂的反常现象。因此，小麦价格作为稳定小麦市场的关键性因素，需要遵循市场规律，减少政府的直接行政干预，发挥市场在价格形成中的决定性作用，建立和完善小麦目标价格形成机制。

（2）确保小麦补贴到位，弥补生产成本缺口。我国小麦补贴政策主要包括直接补贴、生产补贴和价格补贴三种方式。但是就现阶段的小麦补贴政策而言，存在很大漏洞，补贴按照户主进行发放，由于很多户主租地给他人种植，使得真正种地之人无法享受国家小麦补贴政策的福利。对于那些自己种植小麦的农户来说，享受到了农业补贴的好处，但是补贴到手里的钱是否一定会全部用在弥补小麦生产成本的缺口呢？如何使得政府补贴真正到种植小麦的农户手中，又能保障补贴用到小麦生产之中，这是政府实施小麦补贴时需要深思的问题。

（3）保护农村耕地资源，保障小麦种植面积。严格执行我国18亿亩耕地红线不变，确保适合小麦种植的耕地不作为他用，保障用于小麦生产的耕地面积不受城镇化和工业化的影响。同时加大科技投入，提高小麦单位产量，保障小麦供给量的连续性和稳定性。另外，还要建立自然灾害预警机制和应急措施，减少突发灾害对小麦年产量的影响。

（4）调整小麦消费结构，稳定小麦市场价格。近年来，城乡居民追求膳食营养化，优质小麦的需求量占小麦总产量的比重逐年上升，到2015年已达到30%。另外，从2012年开始，由于玉米供需缺口扩大，国内饲料小麦替代玉米的使用量日益增加。可见小麦市场会逐步分为口粮优质小麦和饲用小麦的消费结构。如何平衡两者对小麦市场价格的影响，保证小麦价格不受小麦品种分化而产生大的波动，是国家制定小麦政策值得考虑的现实性问题。

另外，我国还要与国际接轨，积极参与国际贸易，出口具有比较优势的小麦原料和产品，这对调节国内小麦市场价格波动也具有重要的意义。

第三节　玉米供需结构变化与地区差异

目前，玉米是我国粮食消费的第一大品种，70%以上作为饲料粮。玉米消费量随着城市化和工业化进程的不断推进而呈刚性增长之势，同时随着居民食物消费结构的升级，国内玉米供求关系也在不断地发生变化。2015年我国玉米产量实现"十二连增"，进口量比2014年有所下降，但数量依然达到318万吨，储备量实现"五连增"。玉米产量、进口量、储备量"三量"齐增，价格却呈断崖式下跌，暴露出我国玉米产业在"有形的手"和"无形的手"双重"管制"下的畸形发展。针对我国玉米供需结构新变化，调整战略布局，稳定市场价格，促进我国玉米产业良性可持续发展显得尤为重要。针对我国玉米供需结构变化和价格走势分析，学者们的研究主要沿着两条主线进行：

第一，以历史数据为基础，采用不同的方法，预测我国玉米未来供需缺口。主要有王春晖等（2011）采用系统动力学方法，以2003年为起点，预测到2030年玉米的供需状况。结果显示，到2030年我国的玉米生产能够满足自身需求。

农业部农业贸易促进中心课题组（2014）以 2000~2012 年的供需数据为基础，选取期间饲料平均增长率和深加工维持用量，从综合需求和生产两方面预测 2020 年将超过 2000 万吨。杨艳涛等（2014）运用局部均衡模型，预测玉米消费量的增长快于生产量的增长，到 2016 年国内消费量将超过生产量，出现产需缺口，而且产需缺口呈不断扩大之势，2019 年将超过 2000 万吨，2025 年将突破 5000 万吨。但是实际数据显示，2015 年我国玉米库存剩余严重，达到 10046.4 万吨，同各个学者的预测结果有较大差异。

第二，以现有国家宏观政策为导向研究我国玉米价格波动的影响因素。主要有习银生（2015）分析了玉米临时收储政策所带来的负面影响，主要表现在大量粮源进入国家库存，形成市场垄断，导致价格扭曲。于左（2013）认为，我国玉米因为过高的劳动成本和土地成本，加上不完善的农业补贴机制，导致玉米价格缺失竞争力。在农产品替代性增高的背景下，毛学峰（2015）验证了小麦市场和玉米市场之间存在密切的价格联系，说明较低的小麦与玉米的比价关系会增加小麦替代玉米的数量。

从选用的方法来看，学者们运用系统动力学、市场均衡模型等对玉米生产和消费量进行预测的方法和原理不同，其结果也具有很大差异。从时间范围来看，预测玉米供需平衡量同预测所处时期市场供需情况密切相关，也就是说所处时期为供大于求则预测未来供给量大于需求量，其预测结果可变性大。从价格波动因素来看，临时收储政策、成本高和替代品价格等因素都会在特定时期影响玉米价格。

一、玉米供需结构变化

（一）玉米消费需求总量的变化

随着我国经济发展和人均居民消费水平的提高，带来畜牧业和玉米深加工业的快速发展，玉米消费量持续增加。1990~2015 年我国玉米消费量从 7985 万吨增长到 21750 万吨，翻了 1.72 番，年均增长 4.09%，比同期玉米产量年均增长率高 0.7 个百分点。占粮食①消费量的比重从 1990 年的 28.60% 增长到 2015 年的 43.85%，如图 3-20 所示。

（二）玉米消费需求用途结构变化

我国玉米消费需求用途结构主要由饲料消费、口粮消费、种用消费、工业消费②、损耗量构成，其消费数量和占比变化趋势分别如图 3-21 和图 3-22 所示。

---

① 此处粮食主要包括玉米、稻谷、小麦和大豆四大品种。
② 工业消费 = 工业消费 + 其他消费。FAO 数据库中玉米消费用途中还包括其他消费，其他消费主要指用于燃料乙醇，为了和我国消费用途统一口径，故将其他消费归类为工业消费。

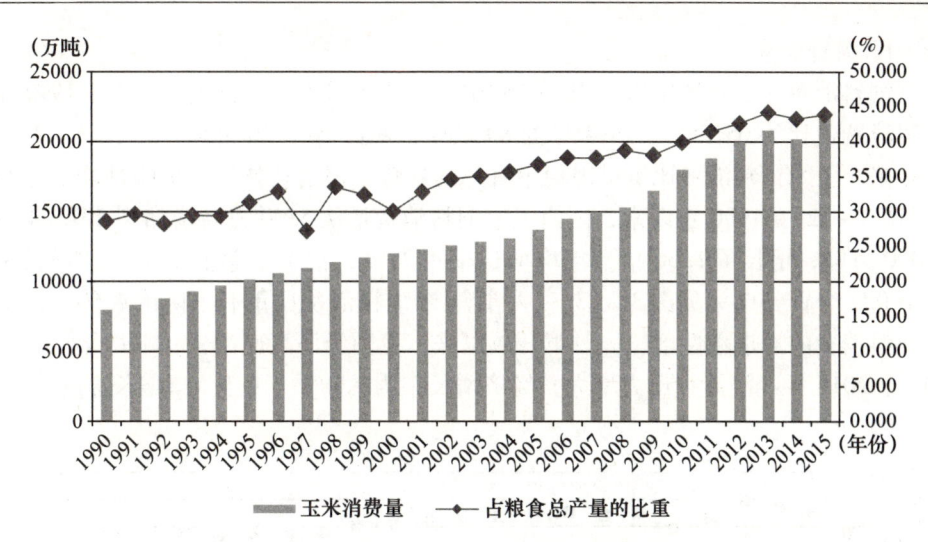

图 3-20　1990~2015 年我国玉米消费量及占粮食消费量的比重

注：粮食总产量 = 玉米产量 + 稻谷①产量 + 小麦产量 + 大豆产量。
资料来源：美国农业部 PSD 数据库。

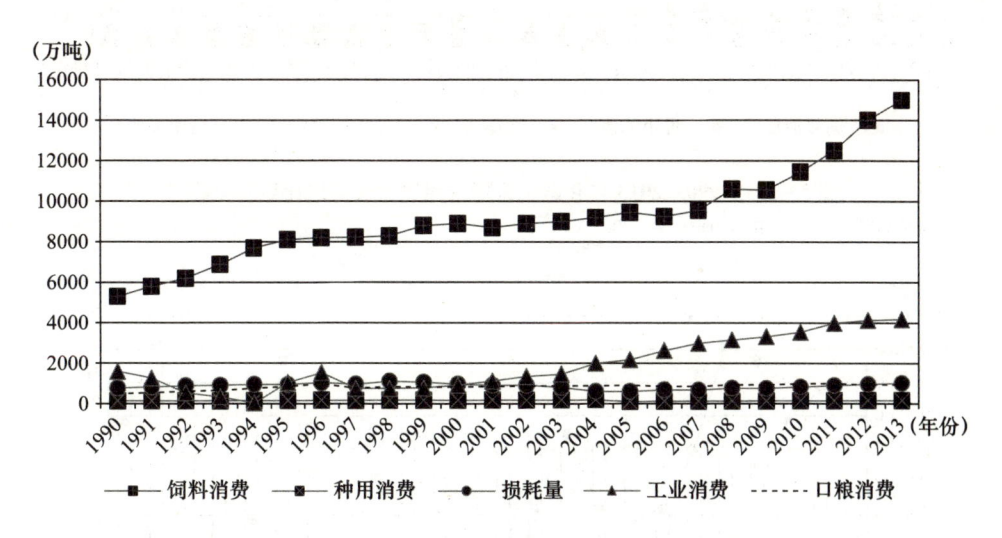

图 3-21　1990~2013 年我国玉米需求用途变化②
资料来源：FAO - CBS 数据库。

---

① 美国农业部 PSD 数据库公布的稻谷为糙米数据，一般糙米与稻谷（原粮）的比例为 0.7∶1。
② 因 FAO - CBS 数据库中数据截止到 2013 年，故图中数据为 1990~2013 年。从图中趋势来看，数据截止到 2013 年并不会对研究结论产生影响。

1. 饲料消费

饲料消费在玉米消费需求用途结构中所占比重最大,达到七成左右。1990年饲用消费占比为65.55%,1994年为80.83%,2013年为70.79%(见图3-22)。近年来,玉米饲料消费比重呈现稳中有降的趋势,但消费数量仍呈刚性增长态势(见图3-22)。1990年以来,国内玉米饲料消费量从5300万吨增加到2013年的15000万吨,增长了1.66倍,年均增长率4.25%,比玉米总消费量年均增长率高出0.2个百分点(见图3-23)。尽管玉米饲料消费比重有下降的趋势,但对于饲料消费的需求刚性增长。改革开放以来,我国经济高速增长,平均年增长近10%,2015年经济下行压力增大,经济增长率为6.9%。由于人口增长速度放慢、

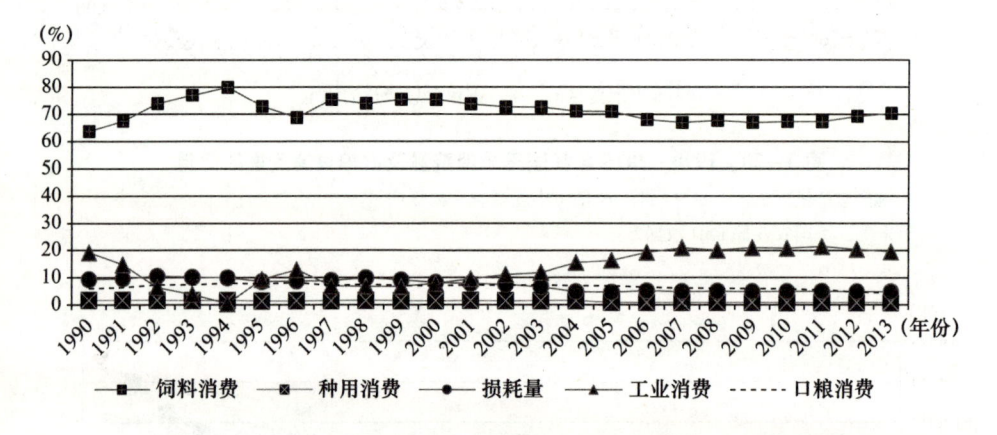

图3-22 1990~2013年我国玉米需求用途占总需求比重变化趋势

资料来源:FAO-CBS数据库。

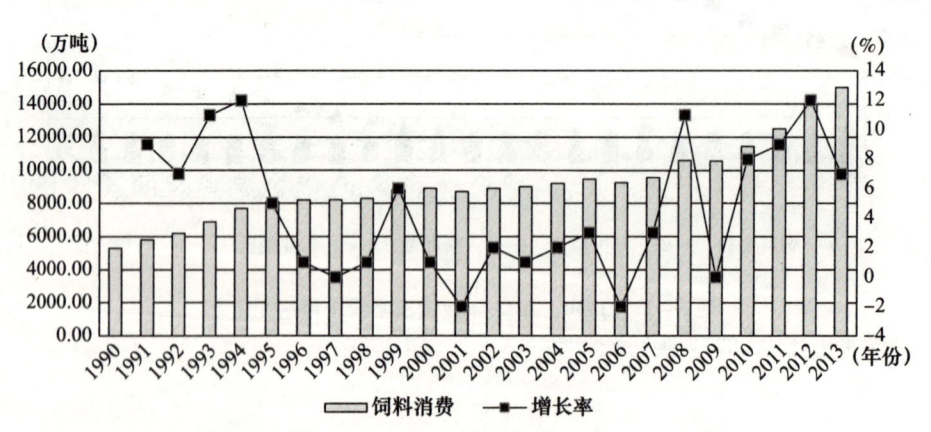

图3-23 1990~2013年我国饲料消费及增长率

资料来源:FAO-CBS数据库。

城镇化速度加快，仍然会拉动肉蛋奶消费进一步增长。我国生猪出栏数从1990年的30991万头增长到2014年的73510万头，期间，除2007年生猪出栏量有较大幅度下降之外，其他年份增长明显，累计增长了137%。人均肉类占有量从1990年的24.99公斤增加到2014年的63.65公斤，增加了1.55倍，年均增长3.97%。人均禽蛋占有量从1990年的6.95公斤增加到2014年的21.16公斤，增加了2.04倍，年均增长4.75%。人均奶量从1990年的3.7公斤增加到2014年的28.2公斤，增加了6.62倍，年均增长8.46%[①]。

2. 工业消费

玉米工业消费快速增长，并开始影响玉米的生产能力。国内玉米深加工工业开展较早，主要产品有玉米淀粉、酒精及其副产品等，但在2002年以前均发展缓慢，年均增速在10%以下，部分年份甚至出现负增长。自2003年以来，玉米深加工产业已进入了快速增长期，平均年增长率超过16%。2005年，国际能源及其他大宗商品价格上涨，提高了玉米深加工产业利润率，促进了玉米深加工企业发展，带动了原材料——玉米产业消费的增长。2011年，玉米深加工产业受节能减排等政策影响，发展速度有所放缓。2000年中国工业用玉米消费量仅为923.68万吨，占国内玉米消费量的7.83%，到2004年增长至2001.37万吨，占国内消费量的比重提高到15.49%，到2013年已经增长至4170.72万吨，占国内消费量的比重提高到19.58%，十三年共增长了3.52倍，年均增长12.30%（见图3-21和图3-22）。

3. 口粮消费

玉米口粮消费总量增加，但在消费结构中占比下降。2013年玉米口粮消费达到939万吨，比1990年增加87.6%。1990年口粮占比6%，2013年占比下降到4.4%（见图3-21和图3-22）。2013年我国人均玉米口粮消费量为7.57千克/年·人，美国为16.01千克/年·人，是我国的2.11倍，说明我国玉米用于口粮消费还有很大的增长空间。

4. 损耗量

随着国民经济的增长，粮食储备仓库等硬件设施得到了很大改进，储藏技术有所提高，玉米损耗量呈现下降趋势，但所占消费用途比重仍然较大，需要引起高度重视。2013年玉米损耗量1025万吨，比口粮消费高出85.94万吨，相当于损耗的玉米量可以充足供应一年食用的玉米需求（见图3-21）。加上口粮消费中浪费十分严重，我国玉米的实际使用率大大降低。玉米损耗的原因主要在于：一是存储条件差，封闭式堆垛存储，通风作用差造成的热、霉变，加上玉米储存

---

① 生猪出栏数、人均肉类占有量和人均禽蛋占有量数据均来自国家统计局。

过程中水分损耗严重，专家预计玉米因水分减少而造成的损耗最高可以达到20%；二是运输和加工环节管理不善造成的损耗。

（三）玉米消费需求空间结构变化

受地理位置影响，我国玉米消费需求同生产在空间分布上存在差异性，导致玉米产业跨地区运输、加工。我国玉米生产空间分布呈现"V"字形格局，主要分布在东北和晋冀鲁豫、西北、西南和长江流域。2014年，首先，东北地区玉米总产量最大，达到7247.4万吨；其次，西部地区玉米总产量达到6507.7万吨；中部地区玉米总产量最低，达到3630.2万吨。目前，我国饲用玉米的主要消费区分布在广东、四川、山东、河南、河北等省。玉米生产和消费空间分布的差异性导致资源的浪费，玉米深加工业和饲料行业空间布局选择应遵循就近原则，以便发挥玉米产地资源优势。

二、我国玉米供求平衡分析

（一）我国玉米供给状况

1. 玉米产量增长趋势

作为我国产量第一的粮食作物，玉米增产对国民经济的发展做出了巨大贡献。1990~2015年，我国玉米产量从9682万吨增长到22458万吨，增长了1.32倍，年均增长3.42%；占粮食总产量的比重从22.86%增长到43.90%，增长了21.04个百分点（见图3-24）。玉米产量增减的主要原因在于单产的变动。1990~2015年，玉米单产从4523.90公斤/公顷增加到5891.9公斤/公顷，增长了30.24%，但期间经历了频繁大幅度波动。25年间，单产有16年增产，9年减产，其中1997年减产幅度最大，为-15.68%，1998年增产幅度最大，为20.07%（见图3-25）。

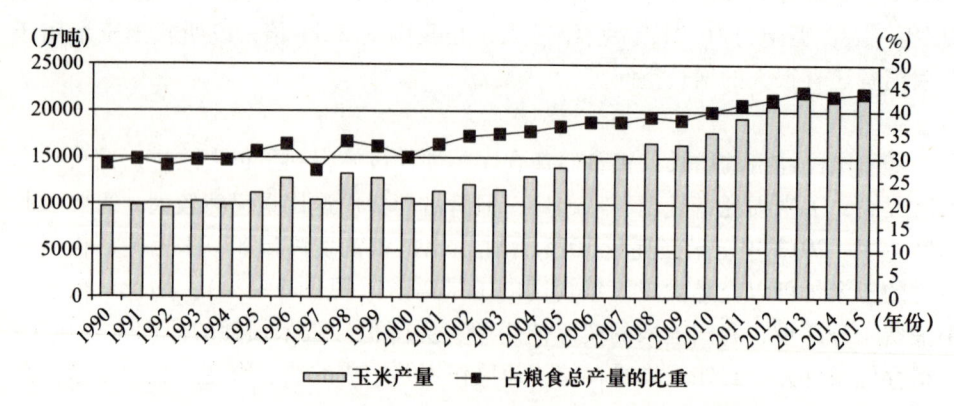

图3-24　1990~2015年我国玉米产量及占粮食总产量的比重

资料来源：美国农业部PSD数据库。

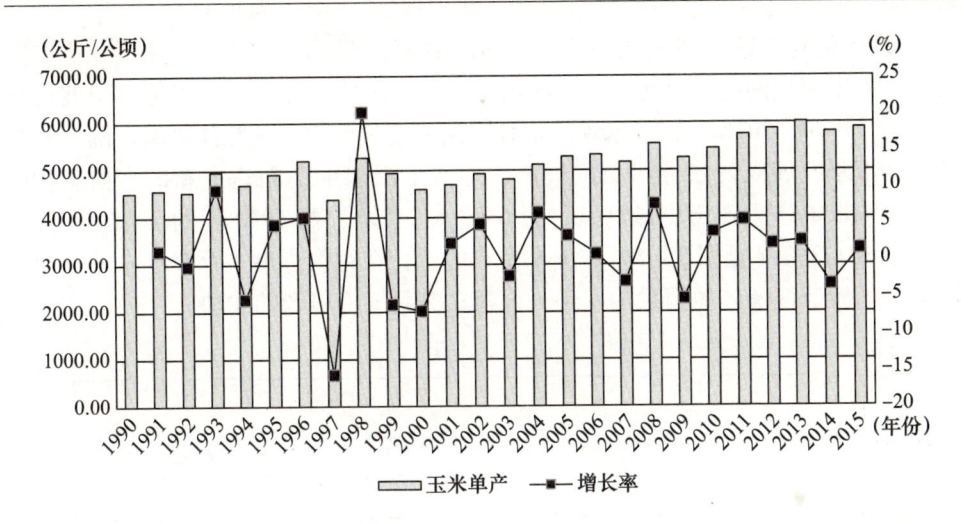

第三章 中国主要粮食品种的供需结构变化及相关问题

图 3-25 1990~2015 年我国玉米单产及增长率
资料来源：美国农业部 PSD 数据库。

1990年，我国玉米种植面积只有21401.5千公顷，远低于稻谷的33064.5千公顷、小麦的30753.2千公顷。2015年，玉米种植面积达到38116.6千公顷，约占粮食种植面积的1/3，是1990年玉米种植面积低谷时期的1.78倍（见图3-26）。1990年，玉米产量9681.9万吨，仅为稻谷产量的1/2。2015年，全国玉米产量

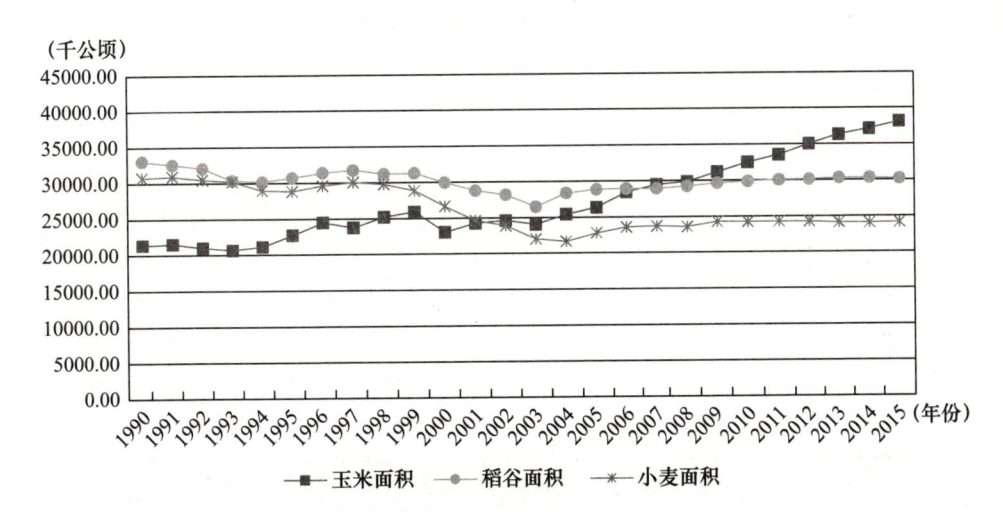

图 3-26 1990~2015 年我国三大主粮种植面积
资料来源：美国农业部 PSD 数据库。

达到 2.25 亿吨，远远超过稻谷产量，占粮食总产量的 43.90%（见图 3-27）。与玉米种植面积的增长趋势不同，国内玉米单产虽然整体呈增长趋势，但波动幅度较大。1990~2015 年，玉米单产增长周期未超过 5 年。从整体来看，随着科学技术的不断发展以及农业科技的推广，玉米单产水平不断迈上新的台阶。2013 年国内玉米单产达到历史最高点，为 6.02 吨/公顷，比 1990 年的 4.52 吨/公顷增长了 30.23%（见图 3-28）。玉米单产的增长在很大程度上存在着靠天吃饭的因素，气候条件及其他因素的变化，很容易引起玉米单产的波动。

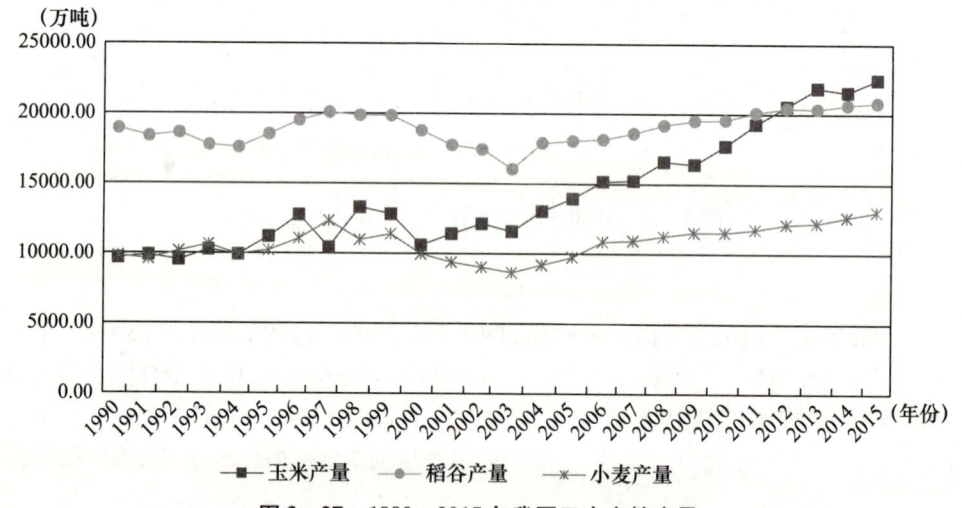

图 3-27　1990~2015 年我国三大主粮产量

资料来源：美国农业部 PSD 数据库。

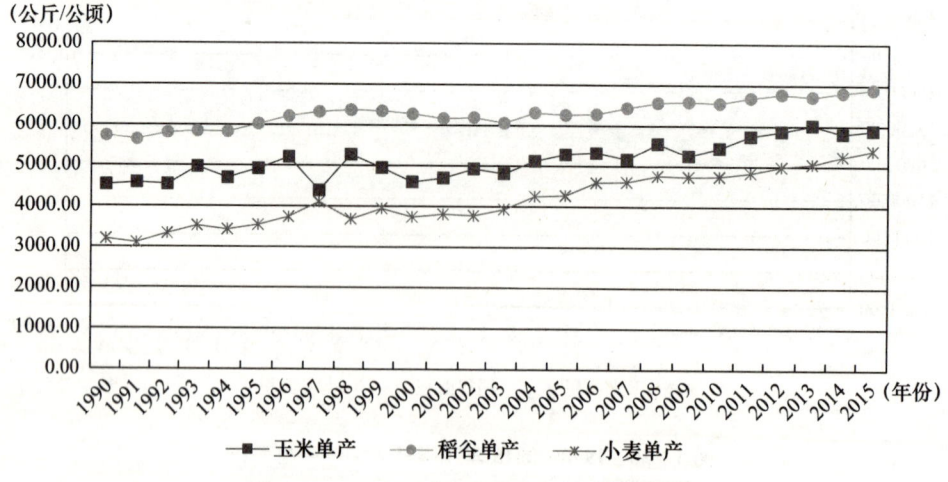

图 3-28　1990~2015 年我国三大主粮单产

资料来源：美国农业部 PSD 数据库。

2. 玉米净进口量增长趋势

由于国内玉米需求的增长大于产量的增长，中国玉米进口和出口格局已经逆转。多年来，我国一直是玉米净出口国，并在2002年达到最高点1524.4万吨。但从2009年起玉米进口快速增加，当年进口量达到129.6万吨，比2008年增加了26.6倍，实现从1996年以来首次进口量大于出口量，净进口量为114.5万吨，到2014年玉米净进口量达到550.3万吨（见图3-29）。2015年，受国内供给过剩和需求不足影响，玉米进口量减少至318万吨，同比下降42.35%。2015年我国进口玉米主要来自乌克兰，所占比重为84.14%，其次为美国，占比为8.94%。同2011年从美国进口玉米占比96%相比，我国玉米进口渠道呈现多元化发展。从净出口国变为净进口国，我国玉米供需结构变化趋势十分明显。

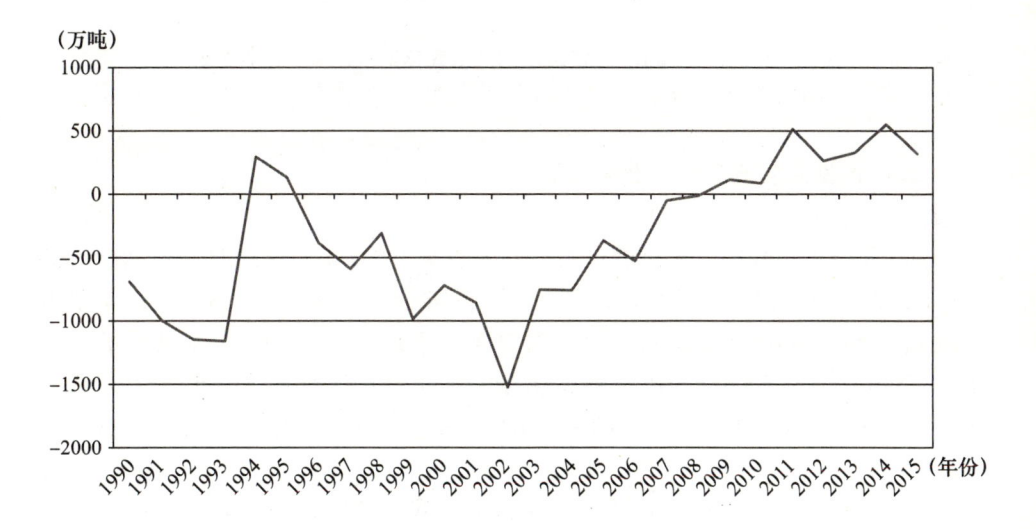

图3-29 1990~2015年我国玉米净进口量

资料来源：美国农业部PSD数据库。

3. 玉米期初库存量增长趋势

自2006年以来，我国玉米期初库存量持续增长，到2015年达到最高值10046.4万吨，同比增长23.5%；从2011年起，我国玉米库存消费比持续上升，2015年达到了53.46%（见图3-30）。玉米库存水平居高，反映出我国玉米市场供过于求。50%以上的库存消费比远远超过了联合国粮农组织规定的17%的粮食安全系数，表明我国玉米库存压力巨大。

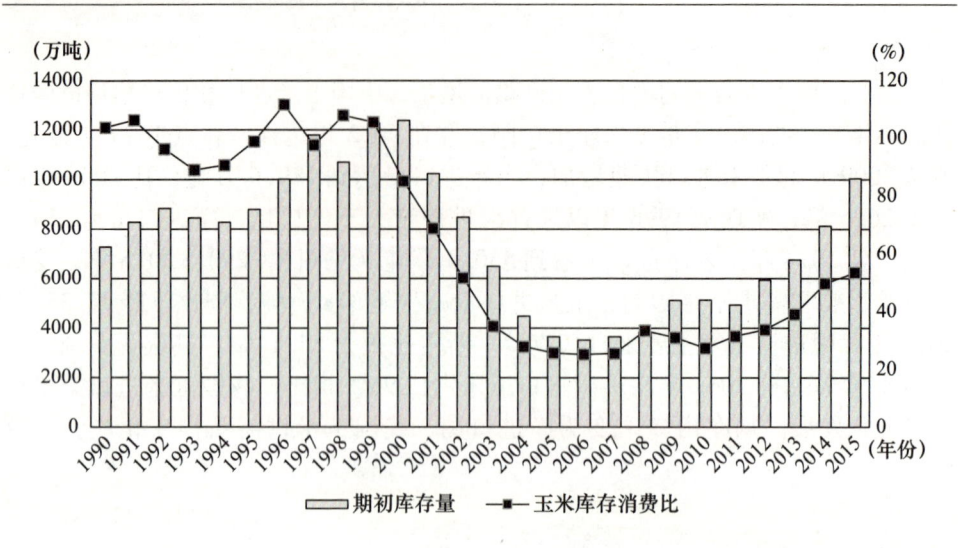

图 3-30　1990~2015 年我国期初玉米库存量及玉米库存消费比

资料来源：美国农业部 PSD 数据库。

（二）我国玉米供需的突出特征

1. 玉米供需开口拉大

1990 年以来，我国玉米总需求量年均增长率为 3.5%，比同期玉米总供给量高出 1 个百分点，但是总供给量始终大于总需求量（见图 3-31）。以 2004 年为分界点，1990~2004 年我国玉米总需求量年均增长率为 3.40%，总供给量年均增长率为 0.23%；2005~2015 年我国玉米总需求量年均增长率为 4.28%，总供给量年均增长率为 6.43%（见图 3-31）。1990~2004 年玉米总需求量增长大于供给增长率，供需差逐渐缩小。2005~2015 年正好相反，供需开口逐渐扩大，供需结构发生变化。也就是说自 2004 年以后，我国玉米供需趋势图呈现喇叭状发展。在市场经济条件下，根据供需均衡理论，为了保证玉米的供需均衡，供给量可能会减少，或者需求量增加，抑或供给量减少的同时需求量增加，从而达到玉米市场新的均衡。因此，未来我国玉米市场供需结构会出现新的调整。

2. 玉米净进口量持续增长趋势短期内不会变

一方面，在我国粮食政策转型背景下，在保证"谷物基本自给，口粮绝对安全"情况下，可以适当放宽粮食进口数量。到 2020 年中国粮食产量要稳定在 55000 万吨[①]，低于 2015 年的 62143.5 万吨。因此，增加从美国、澳大利亚、加拿大、乌克兰等土地资源充裕的国家进口饲用玉米，符合国家粮食政策。另一方

[①] 资料来源于国务院办公厅关于《中国食物与营养发展纲要（2014~2020 年）》的通知。

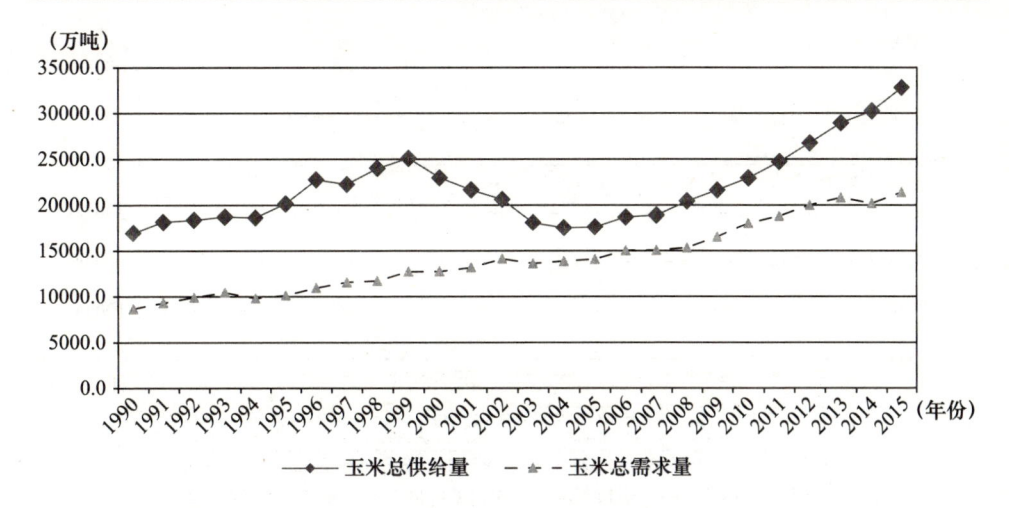

图 3 – 31　1990 ~ 2015 年我国玉米总供给量和总需求量变化趋势

注：玉米总供给量 = 产量 + 进口量 + 期初库存量；玉米总需求量 = 消费量 + 出口量。
资料来源：美国农业部 PSD 数据库。

面，在我国玉米高产量、高成本和高价格环境下，直接进口国外玉米符合市场成本效益。

3. 玉米期初库存压力不容小觑

我国玉米库存消费比持续上升，在增加储藏成本的同时也压低了市场价格，降低了农民收入。市场上终端消费需求偏弱，饲用需求和工业需求疲软，让玉米库存积压雪上加霜。为避免"堰塞湖"式的期初库存量决堤溃败，去库存势在必行。

我国玉米供需开口拉大，进口量和期初库存量的持续增加，会对玉米价格产生重要影响，同时，玉米价格的变化又会迫使玉米的供求关系进行调整。

三、玉米价格变化及原因分析

（一）玉米价格变化

1. 玉米现货平均价格波动幅度大

从全国来看，自 2008 年我国实行玉米临时收储政策以来，玉米临时收储价格上涨，现货平均价格也随之上涨。到 2014 年达到最高点，临时收储价为 2250 元/吨，玉米现货平均价格 2469 元/吨。但从 2015 年下半年开始，玉米现货平均价持续走低，从 5 月最高点的 2458 元/吨下跌至 11 月最低点的 2010 元/吨，跌幅达到 22.29%。从 2014 年 9 月玉米现货平均价最高点的 2714 元/吨到谷底价 2016 年 5 月的 1838 元/吨，跌幅更是高达 47.66%，波动幅度大（见图 3 – 32）。

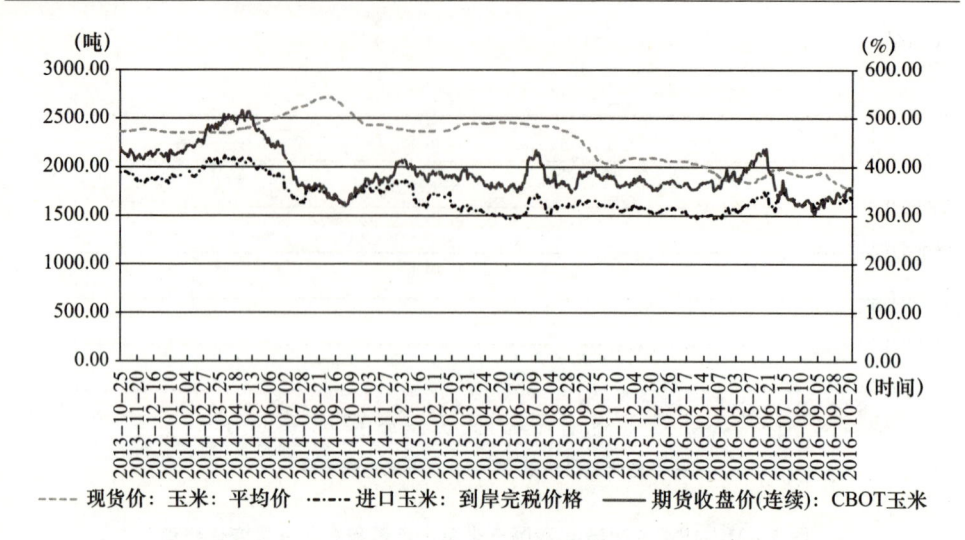

图 3-32 2013 年 10 月 25 日至 2016 年 10 月 20 日我国进口玉米到岸完税价格及现货平均价

资料来源：万得资讯数据库。

2. 政策性价格对玉米价格影响作用大

2008 年至 2016 年 9 月，玉米政策性收储价格增幅较大，当年大连平舱玉米价格年度增幅也大（见表 3-7）。2013 年在市场价格下跌的情况下，临时收储价格上涨 120 元/吨，带来 2014 年市场价格的上涨。但是不遵循市场价格规律的泡沫达到承载限度便会破灭，2015 年临时收储价格下降 250 元/吨，大连平舱玉米价下跌 143 元/吨；2016 年 1~9 月，平均价格同比下跌更达到了 372 元/吨，远远高于小麦、稻谷年度跌幅（见表 3-7）。

表 3-7 2008~2016 年 9 月我国三大粮食品种价格与政策调整幅度变化

单位：元/吨

年份	年内均价 小麦（郑州进厂价）	年内均价 中晚籼稻（武汉出库价）	年内均价 玉米（大连平舱价）	年度增幅 小麦（郑州进厂价）	年度增幅 中晚籼稻（武汉出库价）	年度增幅 玉米（大连平舱价）	政策性价格调整幅度 小麦	政策性价格调整幅度 中晚籼稻	政策性价格调整幅度 玉米
2008	1661	1768	1626	123	221	84	100	140	—
2009	1907	1880	1675	246	112	49	200	260	0
2010	1967	1984	1965	60	104	290	60	100	300
2011	2018	2361	2267	51	377	302	100	200	180
2012	2113	2707	2428	95	346	161	140	360	140

续表

年份	年内均价			年度增幅			政策性价格调整幅度		
	小麦（郑州进厂价）	中晚籼稻（武汉出库价）	玉米（大连平舱价）	小麦（郑州进厂价）	中晚籼稻（武汉出库价）	玉米（大连平舱价）	小麦	中晚籼稻	玉米
2013	2489	2625	2356	376	-82	-72	200	200	120
2014	2528	2784	2425	39	159	69	120	60	0
2015	2434	2790	2282	-94	6	-143	0	0	-250
2016年1~9月	2356	2764	1910	-78	-26	-372	—	—	—

资料来源：万得资讯数据库。

3. 进口玉米价格低于国内价格，价格差缩小趋势明显

玉米进口到岸完税价格一直低于现货平均价，国内玉米价格畸高。2014年9月进口玉米价格与国内现货平均价格差达到最大，高于1000元/吨。从2013年10月到2016年10月，价格差出现两次缩小，其原因却不相同。2014年3月因为进口玉米价格上涨导致价格差缩小，2016年5月因为国内玉米价格下跌引起价格差缩小，相应地对我国玉米产业会带来不同影响（见图3-32）。

4. 玉米期货价格和进口价格走势趋同

2013年10月至2016年9月，玉米期货收盘价和进口玉米到岸完税价格走势趋同，同增同减，说明玉米期货工具在市场经济作用下，发现价格、管理风险，更好地遵循了市场价格规律运行模式，同国际市场价格趋同。

5. 玉米主产区价格跌幅大，价格下跌趋势明显

分地区来看，2015年东北地区、华东地区价格跌幅大，均达到了700元以上。西南地区、华北地区和中南地区跌幅相对较小，但均达到了600元以上。2016年1~9月，与2015年最低价格相比，各个地区的价格都有所回升。但同2015年平均价格相比，平均下跌了207元，说明我国各个地区玉米价格下跌已是常态（见表3-8）。

（二）玉米价格变化原因分析

近年来，中国经济增长速度放缓，市场消费需求随之降低。国内玉米呈现供大于求格局，积压严重，影响玉米价格走势，具体表现在以下四个方面。

1. 临时收储政策推波助澜

自2008年实行玉米临时收储政策以来，玉米价格伴随临时收储价格一路高涨，刺激农民不断扩大玉米种植规模。由于收储价格居高，使得大量优质玉米进

表3-8 2015年10月至2016年9月我国玉米现货平均价

单位：元/吨

地区	城市	2015年最低价格	2015年最高价格	价格涨跌	2015年平均价格	2016年1~9月平均价格	价格涨跌
东北地区	哈尔滨	1950	2330	-380	2046	1857	-189
	长春	1620	2380	-760	2080	1885	-195
	公主岭	1500	2320	-820	2058	1868	-191
	沈阳	1620	2400	-780	2084	1876	-209
	大连	1680	2440	-760	2113	1899	-214
	锦州	1700	2440	-740	2112	1901	-211
	均价	**1678**	**2385**	**-707**	**2082**	**1881**	**-201**
华北地区	石家庄	1660	2360	-700	2001	1793	-208
	天津	1730	2380	-650	2086	1899	-187
	均价	**1695**	**2370**	**-675**	**2043**	**1846**	**-197**
华东地区	青岛	1700	2400	-700	2064	1879	-186
	合肥	1860	2630	-770	2264	2030	-235
	南京	1860	2560	-700	2258	2029	-229
	上海	1830	2550	-720	2209	1991	-219
	宁波	1840	2520	-680	2220	2000	-220
	南昌	1850	2580	-730	2244	2021	-222
	福州	1870	2530	-660	2231	2027	-204
	均价	**1830**	**2539**	**-709**	**2213**	**1997**	**-216**
中南地区	郑州	1660	2350	-690	2022	1820	-203
	武汉	1880	2520	-640	2226	2046	-180
	长沙	1880	2600	-720	2267	2043	-224
	蛇口（广东港）	1860	2540	-680	2222	2012	-210
	南宁	1920	2600	-680	2282	2075	-207
	均价	**1840**	**2522**	**-682**	**2204**	**1999**	**-205**
西南地区	成都	1980	2680	-700	2317	2102	-215
	昆明	2100	2680	-580	2414	2205	-209
	均价	**2040**	**2680**	**-640**	**2365**	**2153**	**-212**

资料来源：万得资讯数据库。

入国储库存,导致市场供给量减少,从而使国内玉米价格上涨。以追求利润最大化为目标的生产企业,受国内外玉米价格差影响,加大进口国外玉米和非配额限制替代品,导致国内玉米库存积压。因此降低临时收储价格,便会引起市场价格的巨大波动。

2. 国际原油价格下跌

从2008年最高时的138美元/桶降至2016年年初最低价30美元/桶,跌幅达到78.26%。国际原油价格的下跌,带来化肥、燃料和运输成本的下降,玉米生产成本和运输成本相应减少。而且原油价格的下跌,使对以玉米加工生产的新能源——乙醇需求降低,玉米消费相应减少,加上2015年玉米产量增加,价格相应降低。

3. 玉米替代品进口量增加

从国内市场来看,玉米主要用于饲料加工,由于国内玉米价格远高于国际市场价格,且我国对玉米实行进口配额政策,导致无进口配额限制的高粱、大麦、豆粕、DDGS等替代品进口增加,减少了对玉米的需求。2015年,我国DDGS进口量达到历史最高点,为682万吨,相比2014年增加26%(见图3-33)。其原因在于进口DDGS价格低于高昂的国产玉米价格,促使饲料企业更多选择进口DDGS。

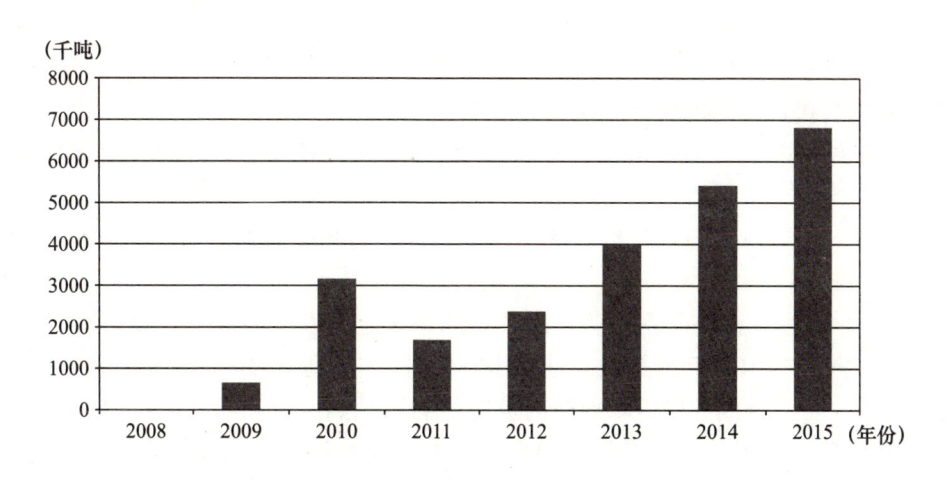

图3-33 2008~2015年我国DDGS进口量

资料来源:海关数据。

4. 玉米与小麦的比价关系会影响玉米的供需结构,进而左右玉米价格

自2005年以来,小麦饲料消费不断增加,到2015年达到2000万吨,比2005年增长了4倍,占小麦总消费量的比重达到17.9%(见图3-34)。小麦

对玉米的替代，高粱、大麦对玉米和小麦的替代，DDGS 对玉米和豆粕的替代均对玉米和小麦市场带来更多的不确定性，也对我国的粮食宏观调控带来了极大的难度。

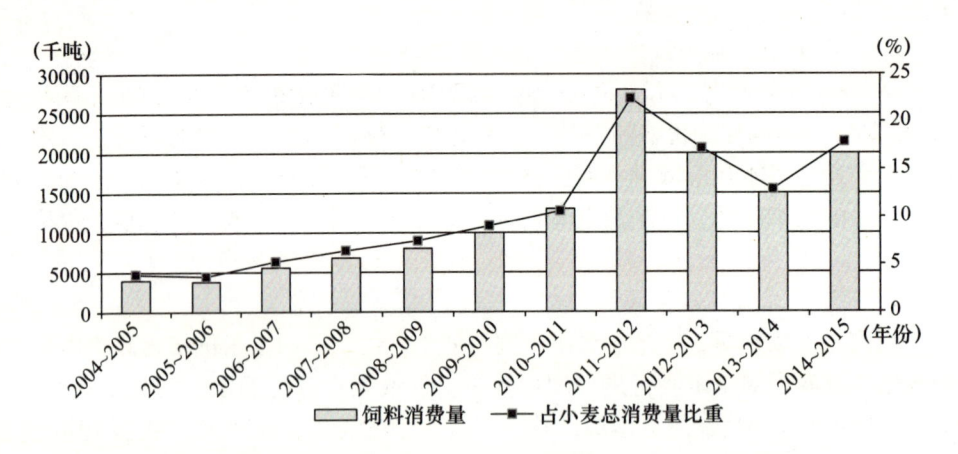

图 3-34　2004~2015 年我国小麦饲料消费量变化及占小麦总消费量比重

资料来源：中华粮网。

(三) 玉米价格变化的实证检验

为了验证玉米与小麦的比价关系是否显著以及量化比价关系，故运用计量分析模型进行论证。预测模型 (3-1) 如下所示：

$$\text{cornprice} = \alpha_0 + \alpha_1 \text{wheat\_price} + \alpha_2 \text{production} + \alpha_3 \text{rateI\&C} + \alpha_4 \text{consumption} + \varepsilon \quad (3-1)$$

其中，玉米价格与其产量 (production) 存在负相关关系，与平均每 50 千克小麦出售价格 (wheat_price)、库存消费比 (rateI & C) 和玉米消费量 (consumption) 存在正相关关系。从美国农业部和《全国农产品成本收益资料汇编》中收集 1990~2015 年相关数据进行回归分析，得到模型 (3-1) 结果 (见表 3-9)。可以看到，以玉米价格为被解释变量 (因变量)，以其余的四个变量为解释变量 (自变量) 做线性回归后，除小麦价格对玉米价格显著影响外，其余三个对玉米价格影响不显著。因此，对解释变量进行处理，引入了小麦与玉米的价格差 (gappriceC & W) 得到模型 (3-2)：

$$\text{cornprice} = \alpha_0 + \alpha_1 \text{gappriceC\&W} + \alpha_2 \text{rateI\&C} + \alpha_3 \text{consumption} + \varepsilon \quad (3-2)$$

经过验证处理分析整理的具体结果如下：

表 3-9 中模型 (3-2) 的 R^2 为 0.968，说明回归模型的拟合效果非常好，解释变量能解释被解释变量变化中的 96.8%。模型 (3-2) 的 F 值为 209.25，P

值为 0.00 小于 0.05（见表 3-9），说明线性回归模型显著。从回归的结果来看，各个系数都存在统计意义上的显著；同时，除玉米消费量外的各个系数呈现负值，符合我们的分析结果；因此这个模型在一定程度上也印证了我们的想法。库存消费比和小麦与玉米的价格差确实对玉米的价格有重要的影响。从回归模型中的标准化后的系数来看，首先是玉米消费量对玉米的价格影响最大，为 0.632，其次是玉米库存消费比，为 -0.362，最后是小麦与玉米的价格差，为 -0.128（见表 3-9）。也就是说，玉米消费量越大则玉米的价格越高，玉米库存消费比越大则玉米价格越低，小麦与玉米的价格差越大相应的玉米价格也就越低。

表 3-9 玉米与小麦比价关系的回归检验结果

变量	模型 3-1	模型 3-2
常量	-21.781	27.137
平均每 50 千克小麦出售价格（元）	**0.629**∗∗	
生产量（万吨）	-0.38	
玉米库存消费比	0.001	**-0.362**∗∗∗
玉米消费量（万吨）	0.409	**0.632**∗∗∗
小麦与玉米的价格差		**-0.128**∗∗∗
R^2		0.968
调整后的 R^2		0.963
F 值		209.25

注：∗∗∗、∗∗分别表示估计参数在 1%、5% 水平上显著。

四、关于保持玉米供需平衡的政策建议

综合分析 1990 年以来中国玉米供需平衡表发现，目前我国玉米供过于求，玉米供需结构发生新变化，这种新变化也直接影响玉米价格走势。2015 年我国玉米价格下跌主要是由于供需结构变化造成的。国内玉米产量增加，国际原油价格下跌降低了国外玉米生产成本和运输成本，使得进口玉米到岸价格远远低于国内玉米收购价格和临时收储价格，形成"强供给"。国内经济下行，消费终端需求羸弱，临时收储价格居高，形成"弱需求""强供给"和"弱需求"共同作用，迫使中国玉米价格下跌。

玉米发展是国家农业"供给侧"改革的关键，关乎农民增收问题，关乎国家粮食安全问题。从目前来看，"稳产能、调政策、稳定市场化价格"是促进我国玉米产业可持续发展的着力点。

1. 稳定玉米生产能力，以不变应万变

玉米种植面积和产量已然成为我国粮食作物之首，玉米产业也因受多种因素的影响，出现产量高、价格高和成本高"三高"的奇特现象。本书认为，目前玉米市场上的供过于求和价格下跌是玉米结构调整中的暂时现象，如果盲目调整生产，减少供给，短期内可能有利于玉米价格回升。但是，长期内必将影响市场调配机制，出现供不应求的混乱。我国人均动物蛋白消耗量还远远低于欧盟、美国等发达国家，饲料消费在肉类产业的推动下实现增长不可避免。收入增长、人口增长以及城乡消费结构变化，都会带来玉米需求刚性增长。国家应稳定玉米生产能力，让市场自行调整玉米产业结构，以不变应万变。

2. 调整玉米临时收储政策

2016年国家正式将玉米临时收储政策调整为"市场定价、价补分离"的新机制。该机制更加突出市场的作用，给予市场更多话语权。政府将逐步退出市场主体地位，让更多的市场主体参与收购，农民根据市场价格高低出售玉米。对于处于市场弱势地位的生产者，政府将给予一定财政补贴，保持优势产区玉米种植收益稳定。但是其中政府补贴多少合适却是一个问题，多则影响市场化，少则降低农民生产积极性。因此，该政策的实施也是一个不断调整完善变动的过程。

3. 多渠道稳定玉米市场化价格

政府减少对玉米价格的干预，让市场对价格形成起到决定性作用，但也存在市场失灵的情况。应综合利用玉米价格影响因素，拓宽玉米供给来源，多渠道稳定玉米市场化价格。通过进口玉米替代品，发展小品种饲用粮，利用玉米小麦比价关系考虑小麦饲用量，发展玉米期货等衍生金融工具分散风险，扩充玉米价格影响因素，减少价格波动。

五、玉米生产的地区差异与生产效率分析

目前，我国玉米出现阶段性供过于求，库存消费比居高不下，玉米供给侧结构性改革迫在眉睫。2016年中央一号文件首次提出，按照"市场定价、价补分离"的原则改革自2008年以来一直实施的玉米临时收储政策，同时适当调减非优势区玉米种植，扩大粮改饲试点，加快建设现代饲草料产业体系。2017年中央一号文件进一步指出，继续调减非优势区籽粒玉米，增加优质食用大豆、薯类、杂粮杂豆等。针对我国玉米"三量"（产量、进口量、储备量）齐增、市场价格下跌、国内外价格倒挂等问题，国家打出改革价格形成机制和调减玉米播种面积的"双拳"予以应对。从农业供给侧结构性改革的政策目标来看，玉米产业"去库存、降成本、补短板"的成效并不显著（舒坤良等，2016）。虽然籽粒玉米供给量减少，但是终端消费疲软，库存消耗缓慢，变相增加了玉米库存量，

玉米"去库存"并未实现。另外，取消玉米临时收储政策，减少玉米播种面积，极大地降低了农民的收入和种粮的积极性。玉米供给侧结构性改革应该如何调整，才能确保农业的稳定和发展以及保障农民增收，已成为我国学术界和政界探讨的热点问题。

  对于玉米供需结构问题，国内许多学者从不同的角度或采用不同的方法进行了大量研究。张落成（2000）认为，我国玉米生产主要集中于东北和华北，其中东北三省、山东、河南、河北六省的玉米产量占全国的2/3以上。而我国猪肉主产区在南方，使得北方的玉米过剩而南方饲料不足，造成玉米区域性结构性短缺。汪希成等（2012）认为，我国玉米生产主要集中在晋冀鲁豫区和东北区，西南地区的玉米产量和播种面积占全国的比重有较大幅度减少，西北区玉米生产增加幅度较大。吕捷等（2013）认为，我国应适当控制工业用粮，不能盲目发展乙醇工业，通过增加科技投入来提高生物质能源生产效率。方燕等（2016）通过对不同区域玉米供给对价格的反映进行研究，认为当前玉米供给侧改革应充分考虑地域差异，在玉米优势主产区加强产能建设，在玉米非优势产区，调整玉米生产结构和区域布局。刘永红等（2006）认为，四川玉米生产应针对区域生态与生产资源特点，在四川盆地中部、东南部、盆周山区、城郊地区发展不同需求类型的玉米。

  关于玉米生产效率问题，学者们主要采用比较优势法（于爱芝等，2001）、随机前沿生产函数模型（郭志超，2009；王军等，2010）、数据包络分析法（DEA）（杨国庆等，2013；李雪等，2016；李晶晶等，2017）等进行了大量研究。于爱芝等（2001）认为，黄淮海区除了北京和陕西之外，玉米生产具有比较优势；西北区玉米生产比较优势明显；长江中下游区玉米生产绝对不具优势；华南区、西南区玉米生产不具备优势；青藏区粮食生产的比较优势系数较低。郭志超（2009）认为，处于"玉米黄金带"的黑龙江、吉林、辽宁和内蒙古的技术效率高于全国平均水平，吉林和内蒙古的效率损失相对较多。杨国庆（2013）认为，我国玉米生产效率水平主要取决于技术进步水平，黑龙江、新疆、甘肃、山西、内蒙古玉米生产效率排名最高，而生产效率最低的三个省为河南、云南、四川。

  上述研究从理论上分析了我国玉米生产和消费存在地区差异，从实证上研究了我国玉米生产效率的地区差异。但从玉米消费的四大用途[①]分析玉米生产的匹配性问题还未涉及。而且学者在运用数据包络分析法评价玉米生产效率时选择的投入指标不同，实证的结果也存在差异。对于每亩人工投入指标的选择上，杨国庆（2013）和李晶晶等（2017）选择每亩用工量，李雪等（2016）选择每亩人工成本；对于每亩土地投入指标的选择上，李雪等（2016）选择每亩土地成本，

---

① 玉米消费四大用途：口粮消费、工业消费、饲料消费、种用消费。

杨国庆（2013）和李晶晶等（2017）均未选择每亩土地投入指标。根据资源禀赋及区域优势，在已有研究的基础上，重点从玉米消费的四大用途方面分析比较我国不同地区玉米供需结构，并运用数据包络分析法分别选取每亩用工量、每亩物质服务费用、每亩土地成本作为投入指标评价不同地区的玉米生产效率，在此基础上提出玉米在供给侧结构性改革中应考虑的地区因素。

（一）研究方法与数据来源

1. 研究方法

主要采用描述性统计方法、归纳法和数据包络分析法（DEA）。通过整理历史数据，描述和归纳出我国各个区域玉米供需结构的变化规律。

数据包络分析法（Data Envelopment Analysis，DEA）是由著名的运筹学家Charnes、Cooper和Rhodes于1978年提出的，它以相对效率概念为基础，以凸分析和线性规划为工具，计算比较具有相同类型的决策单元（Decision Making Unit，DMU）之间的相对效率，依次作出评价。经典的DEA模型主要有CCR模式和BCC模式两种。

DEA方法的基本原理是：设有n个决策单元（1，2，…，n），DMU_j（j=1，2，…，n），它们的投入、产出向量分别为：

$X_j = (x_{1j}, x_{2j}, \cdots, x_{mj})^T > 0, j = 1, \cdots, n$

$Y_j = (y_{1j}, y_{2j}, \cdots, y_{sj})^T > 0, j = 1, \cdots, n$

由于在生产过程中各种投入和产出的地位与作用各不相同，因此，要对DMU进行评价，必须对它的投入和产出进行综合，即把它们看作只有一个投入总体和一个产出总体的生产过程，这样就需要赋予每个投入和产出恰当的权重。

给出被评价决策单元DMU_0（$0 \in \{1, 2, \cdots, n\}$）有效性的CCR模式可以表示为：

$$\text{Minimize} \theta_0 - \varepsilon(\sum_{i=1}^{m} s_i^- + \sum_{r=1}^{s} s_r^+)$$

$$\text{Subject to} \sum_{j=1}^{n} x_{ij}\lambda_j + s_i^- = \theta_0 x_{i0}, i = 1, \cdots, m$$

$$\sum_{j=1}^{n} y_{rj}\lambda_j - s_r^- = y_{r0}, r = 1, \cdots, s$$

$$\lambda_j, s_i^-, s_r^+ \geq 0, \forall i, j, r$$

其中，ε为非阿基米德无穷小量。该模型的意义是：

（1）若$\theta_0^* = 1$，则DMU_0为弱DEA有效；

（2）若$\theta_0^* = 1$，且有$s_i^- = 0$，$s_r^+ = 0$成立，则DMU_0为DEA有效；

（3）若$\theta_0^* < 1$，则DMU_0为非DEA有效。

CCR模型假设生产过程属于固定规模收益，即当投入量以等比例增加时，产出量应以等比例增加。然而实际的生产过程亦可能属于规模报酬递增或者规模报酬递减的状态。为了分析决策单元的规模报酬变化情况，提出一个可变规模收益模型——BCC 模型，如下：

$$\text{Maximize} \sum_{r=1}^{s} u_r y_{ro} - u_0$$

$$\text{Subject to} \sum_{i=1}^{m} w_i x_{i0} = 1$$

$$\sum_{r=1}^{s} y_{rj} u_r - \sum_{i=1}^{m} w_i x_{ij} - u_0 \leq 0, \ j = 1, \cdots, n$$

$$u_r, w_i \geq 0, \ r = 1, \cdots, m$$

（1）当且仅当存在最优解 $u_0^* = 0$ 时，产出组合规模收益不变；

（2）当且仅当存在最优解 $u_0^* < 0$ 时，产出组合规模收益递减；

（3）当且仅当存在最优解 $u_0^* > 0$ 时，产出组合规模收益递增。

2. 数据来源

我国玉米供需结构的地区差异分析数据主要来源于国家统计局、布瑞克农业数据库、EPS 全球统计数据库。从布瑞克农业数据库产业链——谷物及畜牧饲料行业—谷物及饲料原料中选择 1998[①]~2015 年我国玉米分地区产量、播种面积、单位面积产量数据；1998~2011[②] 年我国玉米分地区总消费量、口粮消费量、工业消费量、饲料消费量、种用消费量数据。从国家统计局选择我国各省市常住人口数据。从 EPS 全球统计数据库中中国农林数据库（分地区）选择1998~2011 年肉类人均占有量、禽蛋人均占有量、奶类人均占有量数据。

我国玉米生产效率评价数据来自《全国农产品成本收益资料汇编2016》，从 2015 年各地区玉米成本收益情况表中选择每亩玉米产量、每亩用工数量、每亩物质与服务费用和土地成本数据。

（二）我国玉米供需结构的地区差异

1. 我国玉米分区域供需比较

（1）产量。玉米是我国重要的粮食和饲料作物，由于其广泛的适应性，种植范围十分广泛。1998 年我国玉米产量仅为 13300 万吨，到 2016 年为 21955.4 万吨，增加了 0.65 倍，年均增长率为 2.82%。玉米产量增加的原因主要在于播种面积和单产的变动。在播种面积方面，1998 年为 37858.5 万亩，到 2016 年增

[①] 布瑞克农业数据库分区域消费数据起始于 1998 年，为了便于生产和消费数据进行比较，故玉米分地区生产数据选择起始于 1998 年。

[②] 布瑞克农业数据库分区域消费数据截止到 2011 年，故对玉米消费用途结构的分析数据截止到 2011 年。从历史年份玉米消费需求用途结构的变化趋势来看，数据截止到 2011 年并不会影响研究结论。

加到55139.55万亩，18年间增加了近一半。单产方面，1998年为351.19千克/亩，2016年为398.18千克/亩，增长了13.38%，但期间经历了频繁大幅度波动。18年间，单产有12年增产，6年减产，其中2000年减产幅度最大，为-7.02%，主要原因在于东北地区发生严重旱情导致玉米减产；2008年增产幅度最大，为7.55%。

分地区来看①，我国玉米种植地域空间分布总体呈现"V"字形格局，2015年全国玉米产量排名前10位的分别是黑龙江、吉林、内蒙古、山东、河南、河北、辽宁、山西、四川、云南，其中，吉林玉米产量从1998年的第一位下降到2015年的第二位，黑龙江则从第三位上升到第一位，产量翻了1.95番，是31个地区中年均增速最快的省份，达到6.2%。2015年内蒙古、辽宁、吉林、黑龙江四省区的总产量达到10004.1万吨，占全国玉米总产量的44.53%，几乎占据了半壁江山；安徽、甘肃、宁夏、新疆四省区的玉米产量排名10位以后，但增速较快，产量均增加了1倍以上。总体来看，我国玉米生产的区域格局已发生了重要变化，尤其是非主产区的玉米产量快速增加，总体上形成了以北方为主的生产格局（见表3-10）。

（2）消费量。改革开放40年来，我国经济快速发展，居民消费水平不断提高，膳食结构发生了根本性变化，肉禽蛋奶等食品消费数量的增加极大地拉动了玉米的饲料消费。1998年我国玉米消费量仅为10172.55万吨，2016年增长到21550万吨，增长1.12倍，年均增长率为4.25%，比玉米产量年均增长率高出1.43个百分点。

分地区来看，2011年全国排名前10位的山东、吉林、广东、河北、河南、辽宁、黑龙江、四川、湖南、安徽玉米消费量，存在玉米消费和生产的地区错配现象。其中，吉林玉米消费量从1998年的第六位上升到2011年的第二位，四川则从第五位下降到第八位。1998年，只有山东、广东两个省玉米消费量超过1000万吨，占全国总消费量的24.13%。但2011年玉米消费量超过1000万吨的省份增加到6个，分别是河北、辽宁、吉林、山东、河南、广东，消费量合计为9840.44万吨，占全国总消费量的一半以上，达到54.7%，说明我国玉米消费区域有所分化但相对集中（见表3-10）。

（3）供需差。1998年，我国玉米供需差为3127.45万吨，2011年减少到1287.43万吨，减少了58.83%，玉米消费增长速度快于产量增长速度。分地区来看，1998~2011年，吉林省玉米供需差从1411.99万吨下降到600.04万吨，排名从第一位下降到第四位，主要原因在于玉米消费增长速度快，年均消费增长

---

① 只包括中国大陆的31个省（市、自治区），不包括港澳台地区。

表 3-10 1998~2011 年我国 31 个省（市、自治区）玉米产量、消费量、供需差比较

单位：万吨

省份	产量 1998年	排序	2011年	排序	2015年	排序	消费量 1998年	排序	2011年	排序	供需差 1998年	排序	2011年	排序
北京	123.00	20	90.34	23	49.40	24	251.39	14	150.47	25	-128.39	22	-60.13	18
天津	76.00	23	94.38	22	107.30	22	217.58	17	273.05	20	-141.58	24	-178.67	21
河北	1187.00	4	1639.64	5	1670.40	6	895.79	3	1538.05	4	291.21	8	101.59	12
山西	476.00	10	854.60	8	862.70	8	207.53	18	289.58	19	268.47	9	565.02	5
内蒙古	840.00	7	1632.13	6	2250.80	3	105.81	27	296.17	18	734.19	3	1335.96	2
辽宁	1121.00	5	1360.30	7	1403.50	7	390.84	8	1025.20	6	730.16	4	335.10	8
吉林	1925.00	1	2339.00	2	2805.70	2	513.01	6	1738.96	2	1411.99	1	600.04	4
黑龙江	1200.00	3	2675.78	1	3544.10	1	389.97	9	875.14	7	810.03	2	1800.64	1
上海	5.00	28	2.78	30	2.10	29	146.20	22	122.77	27	-141.20	23	-119.99	19
江苏	286.00	13	226.17	19	252.20	19	349.19	11	519.57	12	-63.19	21	-293.40	25
浙江	15.00	25	14.59	27	31.10	25	444.61	7	524.68	11	-429.61	30	-510.09	29
安徽	227.00	16	362.58	14	496.30	14	281.25	13	595.06	10	-54.25	20	-232.48	23
福建	10.00	26	16.62	25	21.50	26	185.39	20	264.49	21	-175.39	26	-247.87	24
江西	9.00	27	10.49	28	12.80	28	224.78	16	321.95	15	-215.78	27	-311.46	27
山东	1554.00	2	1978.67	3	2050.90	4	1205.09	2	2893.91	1	348.91	6	-915.24	30
河南	1096.00	6	1696.50	4	1853.70	5	575.31	4	1075.28	5	520.69	5	621.22	3
湖北	187.00	18	276.20	15	332.90	15	328.83	12	447.37	13	-141.83	25	-171.17	20

续表

省份	产量 1998年	排序	2011年	排序	2015年	排序	消费量 1998年	排序	2011年	排序	供需差 1998年	排序	2011年	排序
湖南	82.00	22	188.50	20	188.80	21	379.88	10	681.56	9	-297.88	29	-493.06	28
广东	60.00	24	78.94	24	77.90	23	1249.76	1	1569.04	3	-1189.76	31	-1490.10	31
广西	156.00	19	244.72	17	280.70	17	205.77	19	430.77	14	-49.77	19	-186.05	22
海南	5.00	29	10.30	29	—	31	248.67	15	309.52	17	-243.67	28	-299.22	26
重庆	191.00	17	257.00	16	259.70	18	115.15	26	239.43	22	75.85	15	17.57	13
四川	623.00	8	701.60	9	765.70	9	545.48	5	717.61	8	77.52	14	-16.01	15
贵州	309.00	12	243.71	18	324.10	16	46.33	29	57.13	29	262.67	10	186.58	11
云南	418.00	11	598.22	10	747.30	10	162.26	21	219.89	23	255.74	11	378.33	7
西藏	1.00	31	2.75	31	0.80	30	10.76	31	17.50	31	-9.76	16	-14.75	14
陕西	481.00	9	550.70	11	543.10	13	144.93	23	313.19	16	336.07	7	237.51	10
甘肃	258.00	15	425.60	13	577.20	12	129.01	25	136.54	26	128.99	13	289.06	9
青海	2.00	30	15.19	26	18.60	27	21.19	30	35.28	30	-19.19	17	-20.09	16
宁夏	100.00	21	172.43	21	226.90	20	144.11	24	207.82	24	-44.11	18	-35.39	17
新疆	275.00	14	517.67	12	705.10	11	56.72	28	103.69	28	218.28	12	413.98	6
全国	13300.00	—	19278.10	—	22463.20	—	10172.55	—	17990.67	—	3127.45	—	1287.43	—

注："玉米供需差" = 玉米产量 - 玉米消费量。
资料来源：布瑞克农业数据库。

速度高出产量增长速度 7.73 个百分点。2011 年，有 18 个省（市、自治区）的玉米消费量大于产量，出现供不应求现象，比 1998 年增加了 2 个。山东和四川从 1998 年的供过于求转变为 2011 年的供不应求，山东成为玉米消费第一大省。13 个省（市、自治区）产量大于消费量，出现供过于求，其中，黑龙江、内蒙古、河南供需差最大。总体来看，我国玉米生产与消费的区域格局发生了根本性变化，虽然供需差有所缩小，但供需的区域非均衡性日益明显。

2. 我国玉米分区域消费的用途结构比较

从表 3-10 可以发现，我国玉米消费主要集中在人口数量多、经济和加工业发达地区，主要原因在于随着我国经济发展和人均居民消费水平的提高，带来畜牧业和玉米深加工业的快速发展，玉米消费量相应持续增加。但是，由于目前存在玉米供需的区域错配现象，深入分析玉米消费用途结构的区域差异，有利于调配玉米区域供需结构和玉米产业的发展。我国玉米消费需求用途主要有口粮消费、工业消费、饲料消费、种用消费[①]。

（1）口粮消费总体变化小但地区间变动大。从玉米引进我国开始，便作为口粮直接食用至今。玉米含有丰富的营养，在经济困难时期，玉米凭借高产特性，解决了许多人的温饱问题。1998～2011 年，我国玉米口粮消费量从 900 万吨增加到 978 万吨，人均口粮消费从 7.21 千克/人增加到 7.26 千克/人，增长幅度不大。分区域来看，北京、天津、上海的玉米口粮人均消费减少幅度最大，分别减少了 32.93%、27.37%、39.52%，说明随着经济水平的提高，人们的膳食结构发生改变，对于"粗粮"——玉米的口粮消费量逐步减少，而肉蛋奶的需求量相应增加。2011 年内蒙古、辽宁、吉林、黑龙江人均玉米口粮消费量大，平均达到 8.75 千克/人；广西、海南两个省区由于饮食习惯以及玉米生产情况，口粮消费量处于全国最低（见表 3-11）。

（2）工业消费需求旺盛且区域相对集中。我国玉米深加工产品主要有玉米淀粉、酒精及其副产品等，2003 年以前发展较为缓慢。2003 年以后，随着国内外对生物燃料的需求，玉米深加工企业快速发展，拉动了工业消费量的大量增加。1998 年我国玉米工业消费量只有 960 万吨，占消费总量的 9.44%，2011 年增加到 5300 万吨，增加了 4.52 倍，占消费总量的 29.46%。2011 年，吉林、山东两省的工业消费量合计为 2897.3 万吨，占全国玉米工业消费量的 54.66%，成为当地玉米自我消化的主要途径。1998～2011 年，陕西、黑龙江、河南、四川、内蒙古五省区虽然工业消费量不大，但是增长速度最快，分别是 7.03 倍、6.99 倍、6.86 倍、6.66 倍、6.01 倍，说明全国各地玉米工业消费需

---

① 玉米消费需求用途结构中的损耗量不在此次研究范围。

旺盛(见表3-11)。

表3-11 1998~2011年我国31个省(市、自治区)玉米口粮、工业、饲料、种用消费比较

省份	人均口粮消费(千克/人)		工业消费(万吨)		饲料消费(万吨)		种用消费(万吨)	
	1998年	2011年	1998年	2011年	1998年	2011年	1998年	2011年
北京	11.27	7.56	0.24	0.50	236.24	133.96	0.87	0.75
天津	9.65	7.01	18.62	71.11	189.55	191.61	0.68	0.84
河北	7.80	7.69	109.04	539.55	724.70	927.93	10.84	14.92
山西	7.58	7.27	3.86	13.25	175.92	242.89	3.72	7.33
内蒙古	7.64	7.84	25.08	175.81	56.64	88.51	6.18	12.39
辽宁	7.19	7.30	72.05	421.47	282.48	561.80	6.88	9.95
吉林	11.24	11.56	299.40	1480.79	174.19	211.46	10.17	14.93
黑龙江	7.78	8.32	71.95	574.94	278.23	248.07	10.45	20.25
上海	11.85	7.17	—	—	130.69	105.93	0.03	0.02
江苏	7.48	7.39	4.80	15.43	288.67	443.73	1.99	2.02
浙江	8.20	7.27	1.15	4.52	406.74	480.31	0.18	0.14
安徽	6.50	7.28	41.03	237.38	197.86	310.55	2.40	3.71
福建	7.50	7.23	1.65	7.79	158.84	229.61	0.15	0.19
江西	7.15	7.26	0.07	0.17	194.60	289.13	0.14	0.08
山东	7.28	7.26	211.17	1416.51	917.89	1392.74	11.68	14.73
河南	6.78	7.31	44.53	350.06	458.56	641.92	9.04	14.64
湖北	6.51	7.25	3.20	10.90	285.35	392.15	1.85	2.56
湖南	6.78	7.27	0.59	1.17	334.26	631.05	0.93	1.42
广东	8.77	7.25	2.08	9.06	1176.91	1482.95	0.66	0.84
广西	0.07	0.07	0.25	1.00	202.74	426.73	2.47	2.70
海南	0.08	0.07	—	—	248.53	309.37	0.08	0.09
重庆	7.37	7.87	0.15	0.33	91.64	213.80	2.21	2.32
四川	7.03	7.90	5.75	44.06	475.50	603.24	5.73	6.74
贵州	6.37	7.30	0.21	0.84	19.75	27.16	3.06	3.80
云南	8.32	8.09	—	—	123.19	175.59	4.60	6.84
西藏	7.87	7.09	—	—	8.77	15.33	0.01	0.02
陕西	7.48	7.81	20.64	165.77	92.91	112.30	4.47	5.88
甘肃	8.57	9.15	5.34	21.13	99.92	88.62	2.15	3.32

续表

省份	人均口粮消费（千克/人）		工业消费（万吨）		饲料消费（万吨）		种用消费（万吨）	
	1998年	2011年	1998年	2011年	1998年	2011年	1998年	2011年
青海	9.31	8.96	—	—	16.50	30.16	0.01	0.03
宁夏	9.56	8.71	16.13	109.80	122.25	91.36	0.60	1.09
新疆	9.94	8.55	1.02	5.20	36.53	76.68	1.80	2.93
全国	7.21	7.26	960.00	5300.00	8206.55	11200.00	106.00	157.49

注："人均口粮消费"＝各地区口粮消费量/各地区常住人口数量。
资料来源：消费量数据来自布瑞克农业数据库，各地区常住人口数据来自EPS全球统计数据库。

（3）饲料消费集中于人口密集的广东、山东地区。目前，玉米是我国生产和消费的第一大粮食作物，70%以上作为饲料粮。1998~2011年，我国肉类、禽蛋、奶类人均占有量分别从46.09千克、16.2千克、6.1千克增加到59.2千克、20.9千克、38.11千克。肉禽蛋奶消费的增加，进一步带动了玉米饲料消费的增加。1998年我国玉米饲料消费量为8206.55万吨，占总消费量的80.67%，2011年饲料消费量为11200万吨，增加了36.48%，占总消费量的62.25%。我国玉米饲料消费绝对量仍在增加，但是工业消费的快速增长拉低了饲料消费占比。

分地区来看，2011年广东、山东的玉米饲料消费量最高，合计达到2875.69万吨，占全国消费量的25.68%。广东的玉米饲料消费量高的主要原因在于广东常住人口众多，2011年达到10505万人，位居全国第一。但是广东人均肉禽蛋奶占有量均低于全国平均水平，2011年人均肉类、禽蛋、奶类占有量分别为41.5千克、3.3千克、14.5千克，说明广东玉米饲料消费的增长空间巨大。贵州、西藏、青海三个省区虽然肉蛋奶人均占有量高，但是人口稀少，玉米饲料消费量也最少。1998~2011年，广西、重庆、新疆三个地区人均肉蛋奶占有量的提高也带动了饲料消费，增长幅度都超过1倍（见表3-11）。

（4）种用消费地区与生产地区匹配。1998~2011年，由于玉米播种面积的扩大，我国玉米种用消费量从106万吨增加到157.49万吨，增加了48.58%（见表3-11）。其中北京、上海、浙江、江西四个省市由于玉米播种面积减少而种用消费量下降。2011年玉米种用消费排名前10位的分别是黑龙江、吉林、河北、山东、河南、内蒙古、辽宁、山西、云南、四川，同玉米生产量排序基本一致。另外，1998~2011年，我国玉米每亩种用消费从2.8千克/亩增加到3.13千克/亩，增长了11.7%。反映出玉米种用消费的增长同播种面积的增长不成比例，存在种子投入与产出配置不合理问题。

（三）我国玉米生产效率评价

近几年，国内玉米价格持续上涨，国内外价格倒挂，导致玉米及其替代品进口量增加，国内玉米库存满仓。随着城镇化和工业化进程的加快以及人民生活水平的提高，玉米生产所需的种子、化肥、农药、土地租金、劳动力价格等都在不断上涨。一方面，玉米价格的上涨使种植农户增加经营性收入，解决农民增收问题；另一方面，玉米生产成本的攀升又大大降低了农户的收入，使农户增收效果远远低于心理预期。而且，玉米生产成本的增加，使处于价值链中下游的玉米深加工企业陷入盈利危机。从成本收益角度来说，降低玉米生产成本相当于增加种植玉米收入，而不是单纯通过增加播种面积提高产量获得额外收益（韩长赋，2012）。因此，我国玉米供给侧结构性改革中应考虑提高玉米生产效率、降低生产成本。

我国玉米种植范围十分广泛，提高玉米生产效率、降低生产成本应结合不同地区的实际生产效率。我国最适宜的玉米种植区主要有北方春玉米区、黄淮海夏玉米区、西南山地玉米区、西北旱地玉米区（韩长赋，2012）。2016年和2017年中央一号文件中均指出，调减非优势区玉米种植。但是，优势区玉米的生产效率是否有待提高，各个省区具体生产效率如何是值得探讨的问题。对各个省（市、区）的玉米生产效率进行评价，对我国玉米因地制宜提高生产效率、降低生产成本具有重要意义。

本书选择非参数效率评价方法——DEA模型对我国20个省（市、区）[①] 2015年的玉米生产效率进行评价，选取《全国农产品成本收益资料汇编2016》中每亩玉米产量作为产出指标，每亩用工数量、每亩物质与服务费用和土地成本作为投入指标。李雪等（2016）选择每亩人工成本作为投入指标之一，考虑各个地区人工成本存在差异，会影响实证结果，故本书选择每亩用工数量替代每亩用工成本。土地成本包括流转地租金和自营地折租，各个地区流转地租金也存在差异，但是目前还未找到理想的替代变量，故仍然选择每亩土地成本作为投入指标之一，此点在以后的研究中值得改进。

根据DEA模型原理，考虑规模报酬可变情况，选择deap2.1软件评价2015年我国20个省（市、区）的三种效率值：综合技术效率、纯技术效率值、规模效率值。纯技术效率能够反映生产过程中投入的要素是否被有效使用，纯技术效率值越高，表示投入要素的使用越有效率，纯技术效率等于1，表示在目前的技术水平下，其投入资源的使用是有效率的。规模效率反映的是产出要素与投入要素的比例是否合适、产出水平是否最佳；规模效率值越高，表明要素投入的规模和产出水平越接近最佳状态（吉星星等，2016）。综合技术效率＝纯技术效率×

[①] 20个省（市、区）包括：河北、山西、内蒙古、辽宁、吉林、黑龙江、江苏、安徽、山东、河南、湖北、广西、重庆、四川、贵州、云南、陕西、甘肃、宁夏、新疆。其他省区因玉米产量相对较低，研究意义不大，故选择该20个省（市、区）。

规模效率，如果综合技术效率等于1，表明企业处于生产前沿的条件下，是技术有效的。实证结果如表3-12所示。

表3-12 我国20个省（市、区）玉米生产效率计算结果

类别 省份	综合效率	纯技术效率	规模效率	规模报酬
河北	0.915	0.944	0.969	递增
山西	1	1	1	不变
内蒙古	0.979	1	0.979	递增
辽宁	0.738	0.871	0.848	递增
吉林	0.809	0.813	0.996	递增
黑龙江	1	1	1	不变
江苏	1	1	1	不变
安徽	1	1	1	不变
山东	1	1	1	不变
河南	1	1	1	不变
湖北	0.829	0.983	0.844	递增
广西	0.644	0.948	0.68	递增
重庆	1	1	1	不变
四川	0.969	1	0.969	递增
贵州	0.826	0.911	0.907	递增
云南	0.753	0.789	0.955	递增
陕西	1	1	1	不变
甘肃	0.787	1	0.787	递减
宁夏	0.907	0.924	0.982	递减
新疆	1	1	1	不变
全国平均	0.833	0.845	0.986	—

资料来源：《全国农产品成本收益资料汇编2016》。

从综合效率来看，山西、黑龙江、江苏、安徽、山东、河南、重庆、陕西、新疆综合效率为1，说明决策单位为DEA有效，9个省区的玉米生产投入结构和产出结构配置合理。同李雪等（2016）的实证结果相比，2015年河南、安徽玉米综合技术效率提高，内蒙古玉米综合效率降低。首先，作为非玉米主产地的江苏、重庆和新疆，玉米生产的投入和产出结构配置却合理。其次，作为我国玉米

主产地的吉林和辽宁，玉米生产综合效率低于全国平均水平。究其原因主要在于吉林的纯技术效率低于全国平均水平，导致综合效率低，说明吉林玉米生产的管理和技术水平还有待提高；而辽宁的规模效率远远低于全国平均水平，导致综合效率低，说明在当前的技术水平之下，辽宁玉米生产的规模增加可获得更多的收益。

从纯技术效率来看，山西、内蒙古、黑龙江、江苏、安徽、山东、河南、重庆、四川、陕西、甘肃、新疆玉米生产的纯技术效率为1，说明上述省区的玉米生产管理和技术水平达到最佳状态。云南的纯技术效率最低，说明云南的玉米生产管理和技术水平有待提高（杨国庆，2013；李雪等，2016）。内蒙古、四川、甘肃3个省区的玉米生产技术水平较高，但是规模效率低，导致综合效率较低，因此，在玉米生产过程中除了注重提高管理和技术水平之外，还应考虑种植规模的合理性。

从规模效率来看，山西、黑龙江、江苏、安徽、山东、河南、重庆、陕西、新疆的玉米生产的规模效率为1，说明上述省区的玉米生产规模达到了最优。广西的规模效率远远低于全国平均水平，但纯技术效率高于全国平均水平，说明在现有玉米生产管理和技术水平之下，广西可以增加玉米种植规模获得更多收益。

为了进一步分析我国各省区玉米生产效率差异的显著性，运用单因素方差分析法对20个省（市、区）玉米生产综合效率、纯技术效率和规模效率进行分析。结果如表3-13所示，单因素方差分析的F值为1.8492，在5%显著性水平下不显著，说明我国20个省（市、区）玉米生产效率不存在显著的差异。

表3-13 我国20个地区玉米生产综合效率、纯技术效率和规模效率单因素方差分析结果

差异源	平方和	自由度	均方	F	显著性
组间	0.0306	2	0.0153	1.8492	0.1662
组内	0.4967	60	0.0083	—	—
总计	0.5273	62	—	—	—

（四）结论与政策建议

综合分析1998~2015年我国各个省区玉米生产和1998~2011年我国各个省区玉米消费数据，发现目前我国玉米生产主要分布在黑龙江、吉林、内蒙古、山东、河南、河北、辽宁、山西、四川、云南；玉米消费主要集中在山东、吉林、广东、河北、河南、辽宁、黑龙江、四川、湖南、安徽；2011年江苏、安徽、山东、湖北、广西、四川、宁夏7个省区玉米消费量大于生产量，黑龙江、内蒙古两个省区的供需差大；2011年内蒙古、辽宁、吉林、黑龙江人均玉米口粮消

费量大，广西、海南口粮消费量处于全国最低；工业消费主要集中于吉林、山东，全国各地工业需求旺盛；饲料消费集中于人口密集的广东、山东；种用消费地区与生产地区匹配。

再运用 DEA 评价我国 20 个省区的玉米生产效率，发现我国玉米生产效率的区域差异较大，山西、黑龙江、江苏、安徽、山东、河南、重庆、陕西、新疆的玉米生产投入结构和产出结构配置合理，作为我国玉米主产地的吉林和辽宁，玉米生产综合效率低于全国平均水平，吉林玉米生产的管理和技术水平还有待提高，辽宁在当前的技术水平之下，增加规模可获得更多的收益。

当前我国玉米供给侧结构性改革是国家农业供给侧改革的关键，关乎农民增收问题，关乎国家粮食安全问题。根据本书的研究结论，为我国玉米供给侧结构性改革提出三点建议。

（1）玉米供给侧结构性改革应考虑供需结构。首先，江苏、安徽、山东、湖北、湖南、广西、四川 7 个省区玉米生产和消费结构合理，自身内部能消化玉米生产量，这些省区玉米种植应在保持现有规模基础上提高生产效率，特别是广西的规模效益有待提高。其次，工业消费是解决玉米库存压力的有利途径，我国玉米工业消费主要集中在玉米主产区，因此玉米主产区应大力发展玉米加工业，就近消化玉米产量。最后，玉米生产和玉米饲料消费地区不匹配问题需要通过进一步完善交通运输系统，加强流通体系建设从而确保玉米供需区域性调配。虽然广东省的玉米饲料和口粮消费需求大，但受经济和地形因素影响，该地区玉米播种面积小、单位产量低，不适合大力发展玉米饲料种植，因此，广东应以发展鲜食玉米为主，满足市场需求，增加鲜食玉米品种、口感，提高种植收益。新疆的玉米生产效率高，但是消费量小，因此在此区域应发展青贮专用和青贮兼用玉米。

（2）稳定生产效率高的地区玉米产量，调减生产效率低且需求量少的地区玉米产量。玉米种植面积和产量已然成为我国粮食作物之首，玉米产业也因为临时收储政策不当，出现产量高、价格高和成本高"三高"的奇特现象。根据目前玉米市场出现的阶段性供过于求，如果盲目调整生产，减少供给，短期内可能有利于玉米价格回升。但是，长期内必将影响市场调配机制，出现供不应求的混乱。黑龙江、河南、山东玉米生产效率高，而且是我国玉米生产和消费大省，应稳定玉米生产规模。内蒙古的玉米产量高，但是相对生产效率低、需求量少，故国家供给侧调减玉米播种面积应考虑此地区。

（3）依靠科技力量，提高玉米生产效率，降低生产成本。目前，我国玉米主产区内依然存在生产效率不高的省份，例如辽宁、吉林玉米产量大，但是综合效率低于全国平均值。传统玉米生产主要单纯依靠要素投入提高单产，这种增长方式在经济发展初期取得了很大成果，但是这种发展方式是不可持续的。随着中国城镇化进程的不断加快，大量的农村劳动力转移到城镇，原本我国农业发展劳动力充足的优势将逐渐减弱，当原始投入解决不了农业发展的问题时，只能转而依靠提高生产效率。农业生产效率可以弥补农村劳动力转移所造成的农业生产的劳动投入总量下降的问题。供给侧结构性改革就应改变传统的种植模式，培育新型农业经营主体，通过专业化种植提高生产效率。增加种业研发投入，开发适合多种地形生产的农机设备，降低玉米生产的种子成本和用工成本。

下 篇

第四章 四川省粮食供需结构变化分析与政策研究

"民以食为天"是人类生存与发展面临的首要问题。四川省是中国西南地区唯一的粮食主产省，对保障中国粮食安全起着不可替代的作用。然而，近年来，四川省的粮食安全形势发生了根本性逆转，粮食产不足需，结构性矛盾突出，水土与劳动力资源约束增强，每年需要大量外购才能满足居民生活和企业的用粮需求。四川省作为国家全面创新改革试验区和一个拥有8000多万人口的人口大省以及饲养和粮食加工大省，"十三五"乃至今后相当长一段时期，保障粮食安全、保持粮食市场稳定，将面临更加复杂的形势和更加严峻的挑战。为了持续挖掘粮食生产潜力，再造粮食新一轮增长势，从根本上保障粮食安全，维护经济社会发展大局，四川省政府发布了《四川省粮食生产能力提升工程建设规划纲要（2014~2020年）》（以下简称"纲要"），提出到2020年四川省粮食综合生产能力达到800亿斤以上，并划定了90个重点县（市、区）为粮食生产能力布局规划核心区。自"纲要"实施以来，四川省粮食产量有所增长，但增幅不大，供需结构性矛盾仍然十分突出。

第一，随着工业化、城镇化进程的加快以及居民膳食结构升级，耕地面积刚性减少，粮食消费量刚性增加，今后依靠扩大播种面积来增加粮食产量的可能性不大，必须依靠粮食生产条件的改善、科技进步和粮食生产技术推广服务体系的建立来提高粮食单产水平，进而提高四川省粮食综合生产能力。

第二，作为全国13个传统粮食主产区之一，四川省既是人口大省，又是粮食生产和消费大省。然而，近年来四川省的粮食生产格局已发生了重大变化，粮食总产量从1996年以前的全国首位下降至2016年的第五位，并且从粮食剩余区变成了粮食短缺区；粮食单产水平自2006年以后已连续多年低于全国平均水平。2016年粮食贡献指数位列13个粮食主产区最末。在四川省粮食生产条件不断改善的前提下，单产水平不高体现了粮食生产基础设施的薄弱和科技支撑乏力。

第三，四川省是劳务输出大省，农民种粮队伍老龄化趋势明显且接受新技术的能力有限,致使四川省面临严峻的"谁来种粮"的困局;四川省人均耕地面积低于全国平均水平,土地流转和适度规模经营难度大;农村面源污染严重。要素投入和环境恶化已经成为粮食增产的硬约束。

第四,近年来四川省粮食失衡特征十分明显,主要表现为粮食产不足需和结构性失衡。虽然2007~2013年四川实现了粮食"七连增",但增速低于全国平均水平,2014年粮食总产量较2013年减少0.4%。2014~2016年虽略有增长,但增幅不大。随着饲料与工业用粮的大幅度增长,玉米的缺口较大,每年需要大量外调。

基于以上现实问题,加快粮食供给侧结构性改革,进一步提升粮食综合生产能力,再造四川省新一轮粮食增长势,是满足居民消费结构升级和保障粮食安全的必然要求,也是落实经济稳中求进总基调和经济高质量发展的基础性工作。

第一节 四川省粮食生产结构变化及特征

一、粮食总产量变化情况

2000~2016年,四川省粮食产量总体呈现增长态势,但增长缓慢。这16年的粮食产量变化大致可分为两个阶段(见图4-1)。

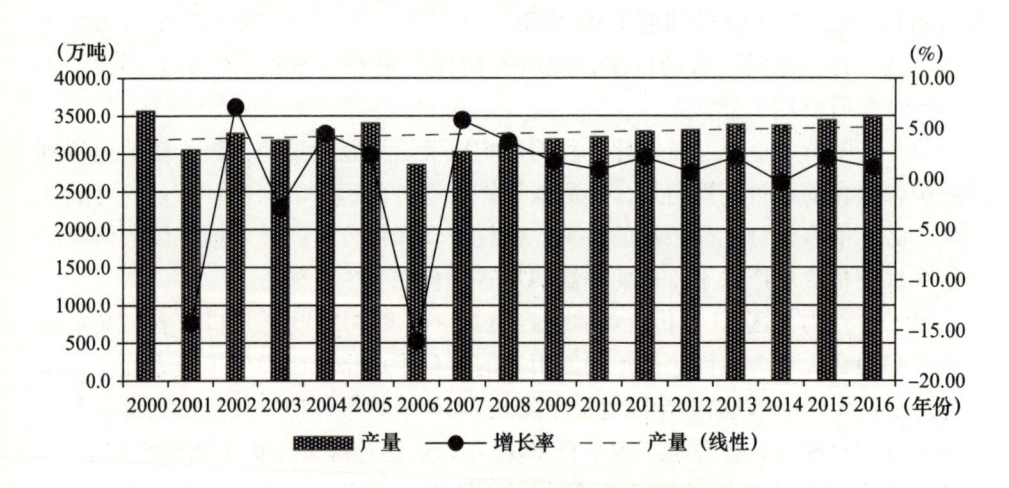

图4-1 2000~2016年四川省粮食产量变化及趋势

资料来源:2000~2015年数据来源于历年《四川统计年鉴》,2016年数据来源于国家统计局《关于2016年粮食产量的公告》。

1. 第一阶段（2000~2006年）：粮食产量大幅波动

2000年，粮食产量为3568.5万吨，2006年下降到2859.8万吨，跌破了3000万吨关口，减产19.86%。这一时期粮食产量的波动基本上是粮食播种面积和单产的波动共同造成的，当然，2001年和2006年历史罕见的严重旱灾对粮食产量也造成了严重影响。2000年粮食播种面积为685.4万公顷，2006年减少到644.9万公顷，减幅5.9%；粮食单产由2000年的5206.4公斤/公顷减少到2006年的4434.6公斤/公顷，减少14.8%。

分品种来看，稻谷始终是四川省第一大粮食作物，产量远高于其他粮食品种，在粮食总产量中的占比在40%以上（见图4-2和图4-3）。2000~2006年，减产最多的是稻谷，减产占粮食总量的50%，但由于基数大，减幅为20.99%，仅次于小麦；小麦、玉米、豆类、薯类减幅分别为30.54%、10.53%、6.56%和16.18%（见表4-1）。

2. 第二阶段（2006~2016年）粮食产量稳定增长（2014年略有下降），除小麦减产外，其他粮食品种同步增产

这一时期播种面积变化不大，单产水平的提高对粮食增产起到了极大的促进作用。粮食产量从2006年的2859.8万吨增加到2016年的3483.5万吨，增产21.8%；粮食播种面积从644.9万公顷增加到645.4万公顷，仅增加0.07%；粮食单产从4434.6公斤/公顷增加到5397.5公斤/公顷，增加21.81%。

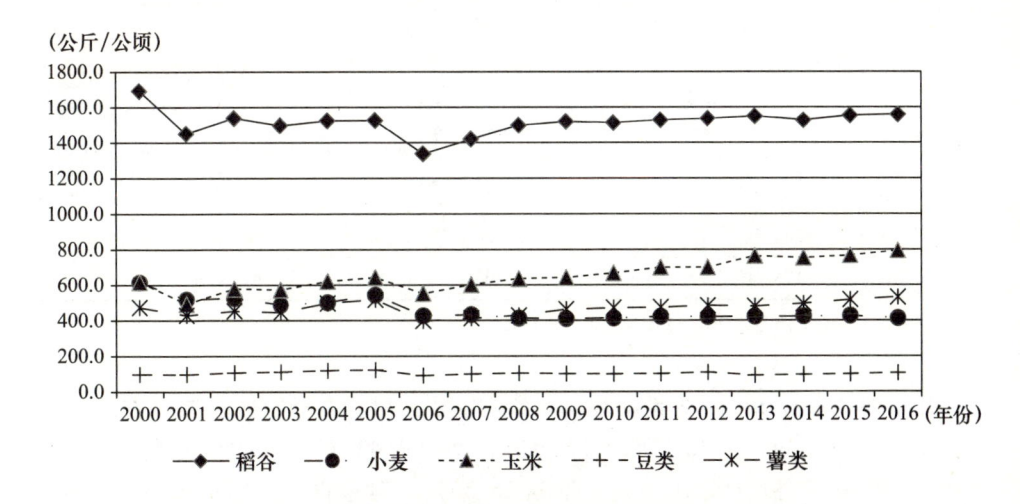

图4-2 2000~2016年四川省粮食产量品种结构的变化

资料来源：2000~2015年数据来源于历年《四川统计年鉴》，2016年数据来源于国家统计局《关于2016年粮食产量的公告》。

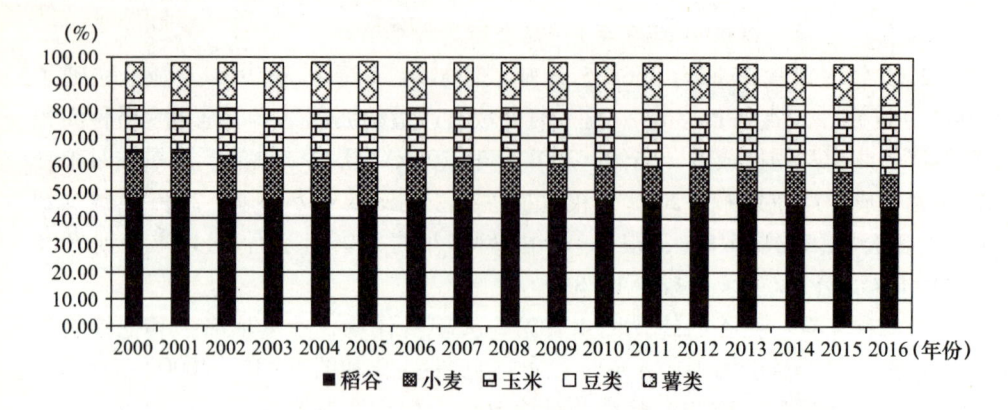

图 4-3　2000~2016 年四川省主要粮食品种占粮食产量比重的变化

资料来源：2000~2015 年数据来源于历年《四川统计年鉴》，2016 年数据来源于国家统计局《关于 2016 年粮食产量的公告》。

表 4-1　不同阶段四川省粮食增（减）产的品种构成

单位：万吨，%

时期	粮食 增（减）产	粮食 增（减）幅	稻谷 增（减）产	稻谷 增（减）幅	小麦 增（减）产	小麦 增（减）幅
2000~2006 年	-708.70	-19.86	-355.30	-20.99	-187.60	-30.54
2006~2016 年	623.70	21.81	221.00	16.53	-13.30	-3.12
2000~2016 年	-85.00	-2.38	-134.30	-7.94	-200.90	-32.70

时期	玉米 增（减）产	玉米 增（减）幅	豆类 增（减）产	豆类 增（减）幅	薯类 增（减）产	薯类 增（减）幅
2000~2006 年	-64.90	-10.53	-6.40	-6.56	-76.70	-16.18
2006~2016 年	241.50	43.77	14.20	15.54	134.00	33.73
2000~2016 年	176.60	28.64	7.80	7.96	57.30	12.09

资料来源：根据四川省历年粮食及各品种产量计算。

分品种来看，玉米成为推动粮食增产的主要力量，并稳定成为四川省第二大粮食作物。10 年间，玉米增产 241.5 万吨，增幅为 43.77%，对粮食增产的贡献达到 38.7%；稻谷增产 221 万吨，增幅 16.53%，对粮食增产的贡献为 35.4%；薯类增产 134 万吨，增幅 33.73%，对粮食增产的贡献为 21.5%；豆类增产 14.2 万吨，增幅 15.54%，对粮食增产贡献为 2.3%；小麦减产 13.3 万吨，减幅 3.12%（见表 4-1）。

总体来看，2000~2016 年这 16 年，四川省粮食产量虽然呈现增长态势，但

第四章 四川省粮食供需结构变化分析与政策研究

是占全国粮食产量的比重从7.72%下降到5.65%（见图4-4），位次也从全国第二位下降到第五位[1]。但是，2016年四川省粮食产量仍然没有回归到2000年的产量水平，共减产85万吨，减幅为2.38%。玉米增产明显，主要得益于播种面积的扩大和单产水平的提高，16年共增产176.6万吨，增幅为28.64%，年均增长1.8%；薯类和豆类也有一定程度上的增长；小麦和稻谷减产，其中小麦减产最大，为200.9万吨，减幅32.7%；稻谷减产134.3万吨，减幅7.94%。回顾2006年的产量2859.8万吨，为16年来最低。在粮食播种面积略有减少[2]、粮食价格上涨[3]的前提下，粮食总产量比2005年减少16.1%、单产减少15.4%，如果说特大干旱是导致2006年粮食减产的原因[4]，那么之后几年如果在无自然灾害[5]的情况下粮食产量应很快回归到2005年的水平，但是一直到2015年才得以回归，那么2006年的大幅度减产并非仅仅是自然灾害的原因，一定还有其他因素的影响，至于到底是什么因素？有待于进一步深入研究。

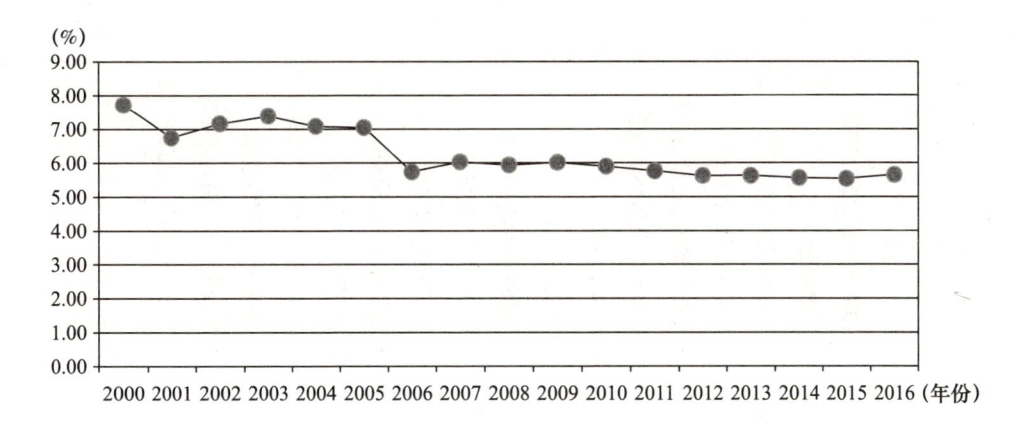

图4-4　2000~2016年四川省粮食产量占全国的比重

资料来源：2000~2015年数据来源于历年《四川统计年鉴》和《中国统计年鉴》，2016年数据来源于国家统计局《关于2016年粮食产量的公告》。

---

[1] 2000年山东省粮食产量为3837.7万吨，排名全国第一位，四川省粮食产量为3372万吨，排名第二位；2016年黑龙江省、河南省、山东省、吉林省、四川省粮食产量分列全国前五位。

[2] 2006年粮食播种面积比2005年减少5.3万公顷，减少0.08%。

[3] 2006年稻谷、小麦、玉米三种粮食每50公斤主产品平均出售价格比2005年上涨4.63元，涨幅6.87%。见《2007年全国农产品成本收益资料汇编》。

[4] 2006年受灾面积和成灾面积分别为156.6万公顷和21.6万公顷，分别为2005年的53.2%和18%。

[5] 实际上2008年汶川特大地震，当年四川省粮食总产与单产仍然比2007年增长3.7%和4.0%；2013年芦山地震，当年四川省粮食总产与单产仍然比2012年增长2.2%和2.1%。

二、粮食单产变化情况

与粮食总产量的变化趋势相同，2000～2016年，粮食单产的变化也可分为两个阶段：第一阶段为2000～2006年，除2001年和2006年粮食单产有较大幅度下降之外，其余年份粮食单产缓慢增长，但增幅不大。2006年粮食单产比2000年减少488.39公斤/公顷，减幅为9.38%。这一时期粮食单产增长率大幅波动，上下震荡幅度甚至超过20%。第二阶段为2006～2016年，粮食单产基本上呈现缓慢且稳定上升态势（2007年和2014年略有减产）。2016年粮食单产比2006年增加679.44公斤/公顷，增幅为14.4%，年均增长1.35%。粮食单产增长率小幅波动，但波动幅度已明显收窄（见图4-5）。16年来，有11年粮食单产增长，5年减产，增产与减产的年份分别占整个时期的68.8%和31.3%。

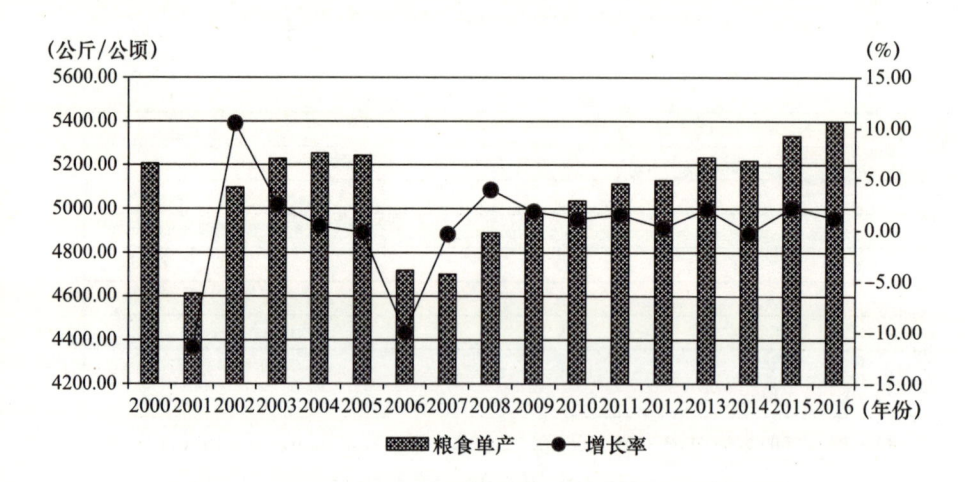

图4-5　2000～2016年四川省粮食单产及增长率变动趋势

资料来源：2000～2015年数据来源于历年《四川统计年鉴》，2016年数据来源于国家统计局《关于2016年粮食产量的公告》。

2006年以前，四川省粮食单产一直高于全国平均水平，但2006年以后，除2009年和2010年外，其余年份均低于全国平均水平（见图4-6）。一方面，说明四川省粮食生产能力还没有从灾后重建中完全恢复过来；另一方面，说明四川省粮食生产仍然有较大的增产潜力。

分品种来看，玉米成为四川省粮食单产水平提高的重要推动力量，2000～2016年，玉米单产增加677.1公斤/公顷，增幅13.56%；薯类单产增加210.9公斤/公顷，增幅5.37%；稻谷、小麦、豆类减产，减幅分别为3.61%、0.73%和7.79%（见表4-2和图4-7）。

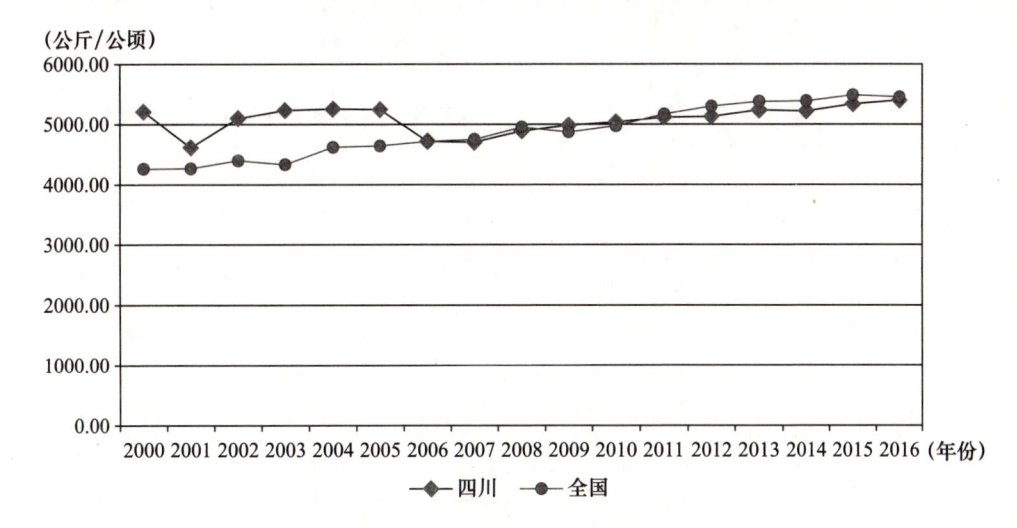

图 4-6 2000~2016 年四川省粮食单产与全国平均水平的比较

资料来源：2000~2015 年数据来源于历年《四川统计年鉴》和《中国统计年鉴》，2016 年数据来源于国家统计局《关于 2016 年粮食产量的公告》。

表 4-2 不同阶段四川省粮食单产增（减）产的品种构成

单位：公斤/公顷，%

时期	粮食		稻谷		小麦	
	增（减）产	增（减）幅	增（减）产	增（减）幅	增（减）产	增（减）幅
2000~2006 年	-771.8	-14.80	-1442.80	-18.10	-371.2	-9.70
2006~2016 年	962.9	21.70	1304.5	19.99	343.4	9.94
2000~2016 年	191.1	3.67	-138.3	-3.61	-27.8	-0.73

时期	玉米		豆类		薯类	
	增（减）产	增（减）幅	增（减）产	增（减）幅	增（减）产	增（减）幅
2000~2006 年	-715.4	-14.33	-174.8	-7.94	-721.2	-18.37
2006~2016 年	1392.5	32.56	3.3	0.16	932.1	29.09
2000~2016 年	677.1	13.56	-171.5	-7.79	210.9	5.37

资料来源：根据四川省历年粮食及各品种单产计算。

综合分析，四川省粮食产量的变化主要表现出如下特点：

（1）单产水平的提高已经成为支撑四川省粮食增产的主要因素。2000~2016 年，四川省粮食共减产 85 万吨，其中播种面积减少的作用为 -245.4%；单产增加的贡献为 154.2%（见表 4-3）。

(公斤/公顷)

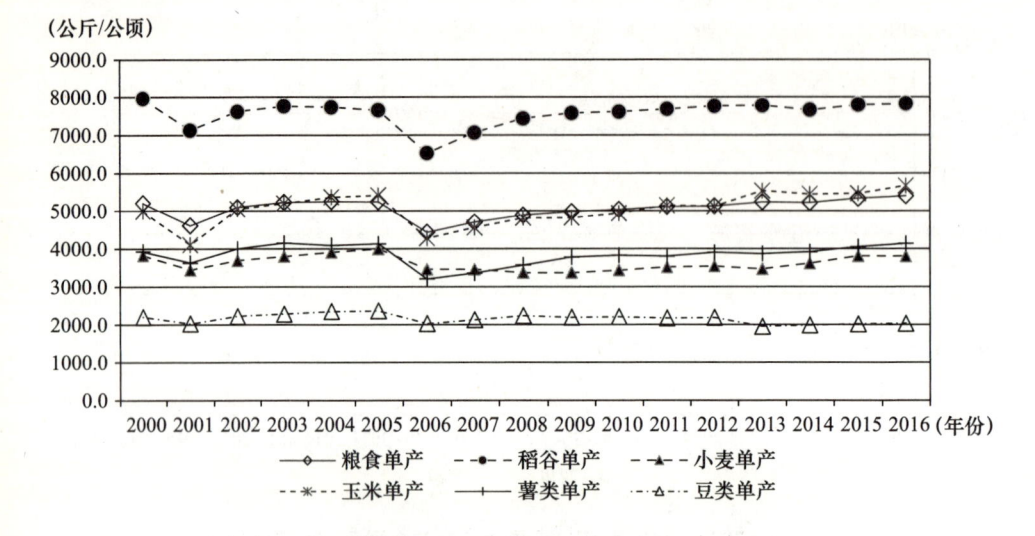

图4-7 2000~2016年四川省主要粮食品种单产变化

资料来源：2000~2015年数据根据历年《四川统计年鉴》粮食总产量和粮食播种面积计算，2016年数据根据国家统计局《关于2016年粮食产量的公告》数据计算。

表4-3 2000~2016年四川省粮食产量、播种面积和单产的变化

时期	年末实有耕地面积 增长量（万公顷）	增长率（％）	粮食播种面积 增长量（万公顷）	增长率（％）	粮食单产 增长量（公斤/公顷）	增长率（％）	粮食产量 增长量（万吨）	增长率（％）
2000~2006年	-48.76	-7.58	-40.5	-5.91	-771.8	-14.80	-708.7	-19.86
2006~2016年	78.83	13.26	0.5	0.08	962.9	21.70	623.7	21.81
2000~2016年	30.07	4.67	-40	-5.84	191.1	3.67	-85	-2.38

资料来源：根据四川省历年粮食产量、播种面积和粮食单产数据计算。

（2）化肥施用量和其他物质投入的增加，对于单产水平的提高发挥了重要作用。通常化肥施用量越多，单位面积产量就越高（见表4-4）。

（3）尽管玉米已经超过稻谷成为支撑四川省粮食增产的主要品种，但由于稻谷产量的基数大，单产水平也远高于其他品种，因此稻谷却更可能成为导致粮食减产的主要品种。

（4）粮食增产已经越来越多地取决于科技进步和基础设施建设。

（5）经营效益和比较利益对粮食生产投入或粮食增产的决定作用显著增强。

表4-4 2000~2015年四川省化肥施用量、农机动力、有效灌溉面积和农村用电量的变化

时期	化肥施用量 增长量（万吨）	化肥施用量 增长率（%）	农业机械总动力 增长量（万千瓦时）	农业机械总动力 增长率（%）	有效灌溉面积 增长量（万公顷）	有效灌溉面积 增长率（%）	农村用电量 增长量（亿千瓦时）	农村用电量 增长率（%）
2000~2006年	15.6	7.34	665.22	39.60	1.8	0.73	34.9	5.92
2006~2015年	21.6	9.46	2059.63	87.83	24.81	9.98	57.1	48.51
2000~2015年	37.2	17.50	2724.85	162.23	26.61	10.78	92	111.11

注：由于2016年上述指标还未见公布，故数据截止到2015年。
资料来源：根据四川省历年数据计算。

粮食综合生产能力最终通过粮食播种面积和粮食单产表现出来，尽管粮食的实际产量与粮食生产能力的含义有所不同，但粮食的实际产量能够在一定程度上反映出粮食综合生产能力的高低。四川省粮食播种面积的减少主要原因是农民种粮的积极性不高，进一步表现为粮食生产成本上升，种粮利润减少。2016年，三种粮食生产的平均总成本为1082.36元/亩[①]，比2009年提高了532.3元/亩，增幅为96.8%。粮食生产成本上升的主要原因是物质和服务费用、人工成本上升和土地成本增加所致；粮食生产成本的快速上升导致粮食生产的净利润急剧下降，三种粮食生产的净利润为-346.28元/亩，比2009年减少了455.28元/亩（见图4-7）。粮食单产主要受自然资源、物质投入、气候条件、技术应用、经营管理等各方面因素的影响。自然资源包括农田土壤、水资源及利用情况；物质投入主要包括化肥、农药、农机、水利设施投入等；气候条件主要表现为粮食生产过程中受到的旱灾、水灾、风雹和霜冻等极端气候的影响；技术应用主要包括良种技术、栽培技术的推广和应用；经营管理主要表现为粮食生产的组织模式、田间管理以及人力资本的投入等。从粮食生产的未来发展趋势来看，随着城镇化和工业化的快速推进，在粮食播种面积和复种指数难以提高的前提下，政策的着力点应该主要放在粮食生产成本的降低以及粮食单产水平的提高上。上述影响粮食生产成本以及粮食单产水平的各因素中除了气候条件外，其他因素均是可控的。

[①] 《四川省2016年主要农产品成本收益情况报告》。

第二节 四川省粮食消费结构变化及特征

一、四川省粮食消费结构概况

四川省作为一个人口大省、白酒酿造大省、生猪产量大省，其粮食消费中的口粮消费、工业用粮消费、饲料用粮消费在全国位于前列。2003~2015年，四川省粮食总消费量在波动中不断上升，共增加了31.7%，其中2012年粮食消费激增，是近几年粮食消费量增速最快的年份。[①]

虽然四川省是全国13个粮食主产省之一，也是西部地区最大的粮食生产省，但由于人多地少、耕地资源紧缺、自然灾害频繁等因素影响，导致四川省粮食产量波动较大。2000年四川省粮食产量为3568.5万吨，但2006年仅为2859.8万吨，相差708.7万吨。近十多年来，四川省粮食产需难以平衡，粮食产需比率波动明显，产需缺口明显扩大（见图4-8）。粮食产需比除2005年达到97.10%之外，其余年份均在90%以下，2012年甚至仅为69.22%。

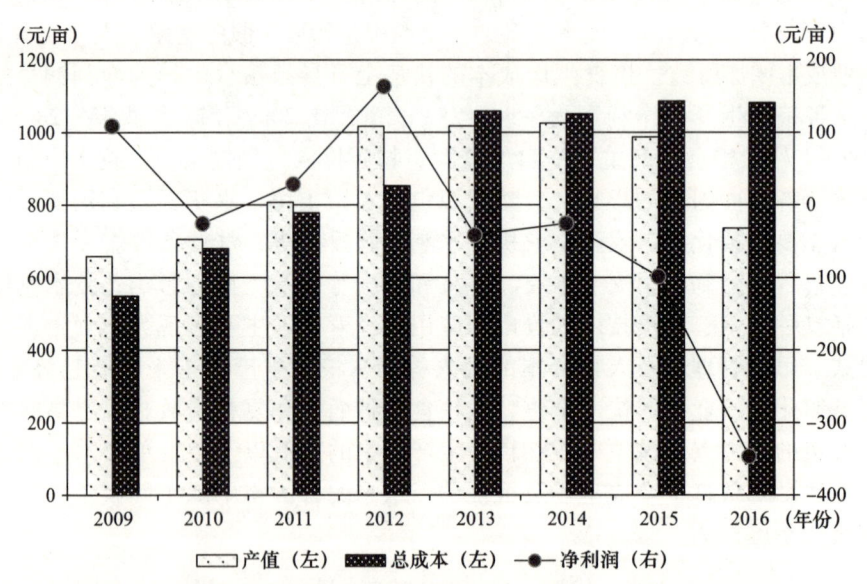

图4-8 2009~2016年四川省三种粮食生产的产值、成本与利润变化

资料来源：历年《四川省主要农产品成本收益情况报告》。

---

① 因数据涉及保密，不详细列出。

二、粮食消费需求的用途结构特点

按用途结构划分的口粮、饲料用粮、工业用粮、种子用粮等四川省粮食需求消费数量以及所占比例如图4-9和图4-10所示。

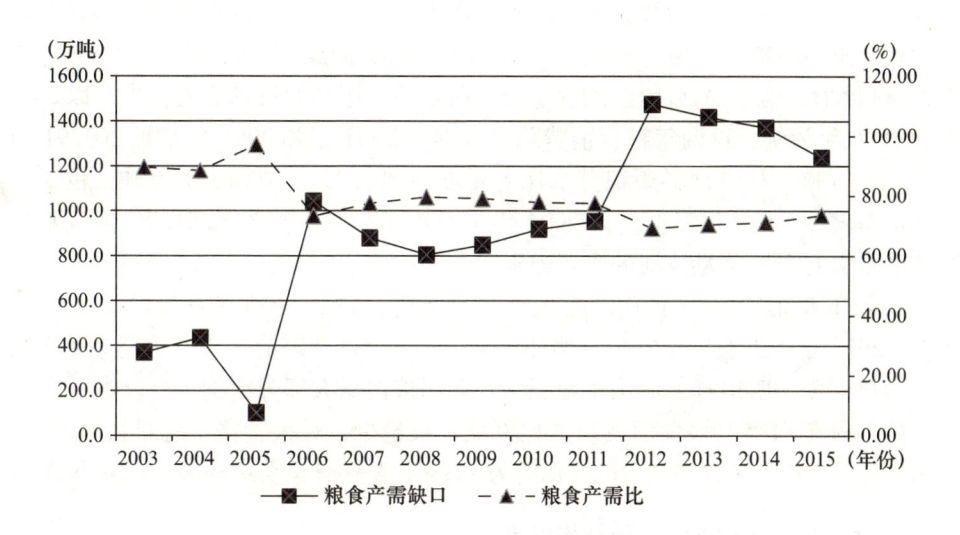

图4-9 四川省粮食产需情况

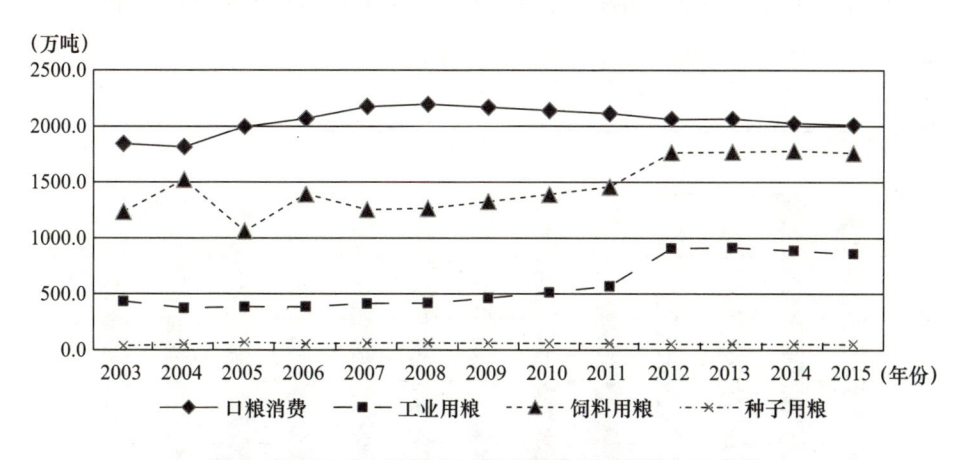

图4-10 2003~2015年四川省粮食消费量的用途结构

四川省粮食消费用途结构表现出如下特点：

（1）口粮消费占需求总量的比例先升后降，占粮食消费总量的4~5成。这主要与人口数量变化、膳食结构变化有关。四川省年底常住人口数量由2003年的8234.8万波动变化至2015年的8204.0万，变化趋势基本与口粮消费数量和比例变化相似。2008年以后，口粮消费量逐步下降，占比从2008年的55.70%下降至2015年的42.93%，下降了12.77个百分点。

（2）饲料用粮波动上升，占需求总量的3~4成，是引起需求总量波动的主要因素。随着经济水平的快速发展及收入水平的提高，人们饮食结构中肉禽蛋奶的消费比重不断提高，但这些高耗粮消费品的消费量受价格波动影响相对较大亦即价格弹性大，随之饲料用粮的数量较口粮及种子用粮的波动更为剧烈。以2004年和2006年为例，这两年粮食消费总量分别较2003年和2005年增加207.91万吨和391万吨，其中饲料用粮分别比上年增加286.21万吨和331万吨，占当年粮食消费增加量的137.7%（因2004年工业用粮数量下降）和84.7%。饲料用粮波动是引起需求总量波动的主要因素。

（3）工业用粮平稳上升，近几年略有下降，占粮食消费总量的1~2成。2003~2013年，工业用粮的数量增加了1倍多，近两年略有下降，这与近两年的经济形势有关。四川省工业用粮中制酒行业用粮占据大部分比例。

（4）种子用粮占粮食消费量的比例低，数量少，对粮食需求总量影响甚小。四川省种子用粮占粮食消费量的比例约为1.3%，是粮食消费结构中占比最小的。

三、粮食消费需求的品种结构特点

四川省近几年主要粮食品种（小麦、稻谷、玉米）消费数量及比例如图4-11和图4-12所示。

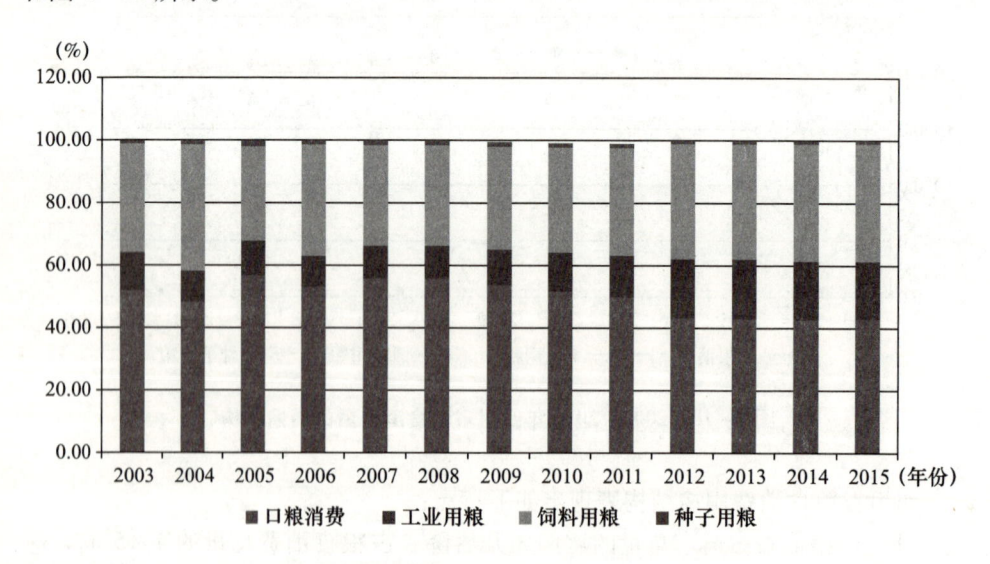

图4-11 2003~2015年四川省粮食消费用途结构占比

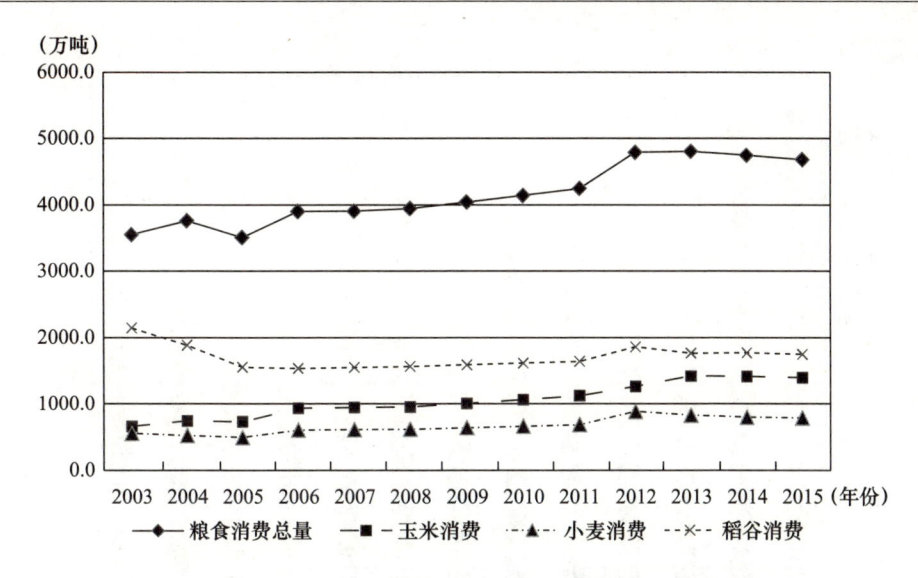

图 4-12 2003~2015 年四川省粮食消费量的品种结构

由图 4-11 和图 4-12 可以看出，主要粮食品种消费呈现如下特点：

（1）从三大粮食品种占消费总量的比重看，稻谷占粮食消费总量的比重最大，玉米次之，小麦比例最小。表明稻谷是四川省粮食消费的主要品种，这主要是由四川省居民的消费习惯决定的，稻谷是口粮的主要消费品种，而口粮又占据了粮食消费量的很大比重。

（2）从三大粮食品种比重的发展趋势来看，稻谷消费所占比重下降趋势明显，玉米消费比重显著上升，小麦消费占粮食消费总量的比重稳定略升。2003~2015 年，稻谷消费的比重由 60.38% 降至 37.35%，而玉米消费的比重由 18.57% 升至 29.77%，小麦消费的比重在 15%~17% 徘徊。

（3）从各粮食品种消费数量来看，稻谷消费量下降趋势明显，玉米消费量逐年上升，小麦有所上升。2003~2015 年，稻谷消费量下降幅度达 18.5%，每年消费量占粮食总消费量的 37% 左右；玉米消费量增加了 111%，每年的消费量约占粮食总消费量的 30%；小麦消费量增加了 41.5%，每年消费量约占粮食总消费量的 17%（见图 4-13）。

结合粮食生产状况进行分析，近年来，四川省粮食产需缺口每年都在 1400 万吨以上，首先缺口最大的是玉米，近年来每年缺口在 600 万吨以上；其次是小麦，但缺口量逐年减少；最后是稻谷，缺口约 200 万吨。由此来看，四川省粮食生产结构与消费结构不匹配的矛盾十分突出。

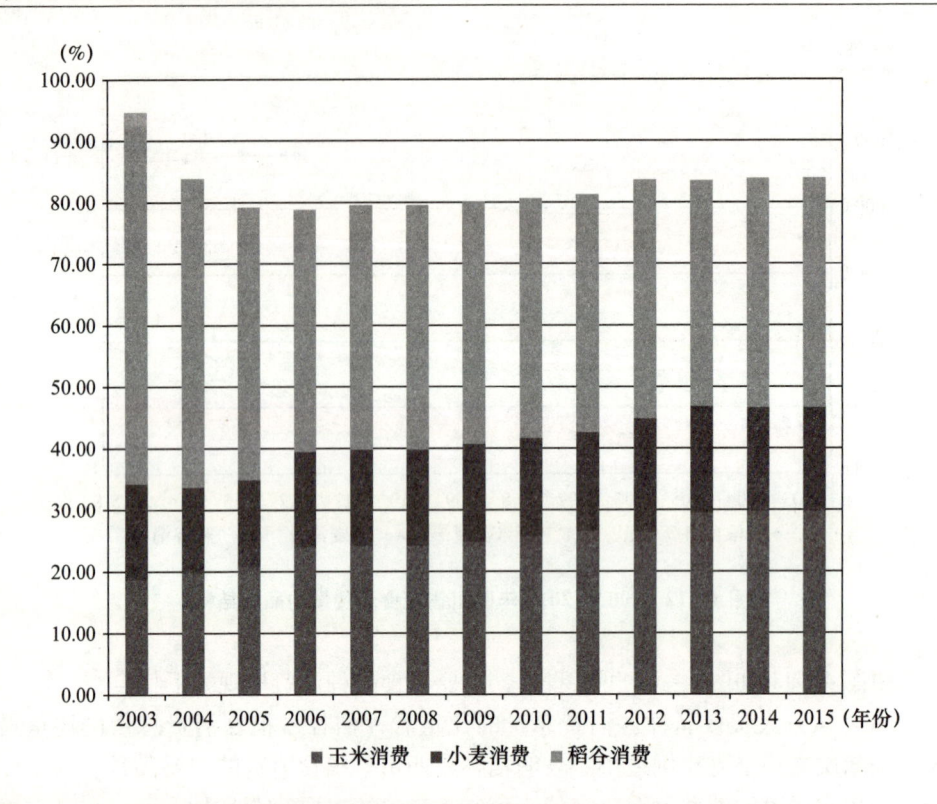

图4-13 2003~2015年四川省粮食消费量的品种结构占比

第三节 四川省粮食综合生产能力提升的扶持政策及绩效

一、资源保障政策

耕地和水资源是粮食生产的基本组成要素，是制约粮食综合生产提升的基本资源。随着经济社会发展、工业化和城镇化的快速推进，耕地和水资源的短缺对提高粮食综合生产能力提出了越来越严峻的挑战。鉴于我国耕地与水资源极为稀缺的基本国情，国家为保护耕地和水资源付出了不懈努力。

1. 耕地资源保护方面

（1）长期坚持将耕地资源保护作为一项基本国策，在《宪法》《土地管理法》《基本农田保护条例》和《农村土地承包法》等一系列法律法规中对保护耕地提出了明确要求。四川省落实最严格的耕地保护制度，先后出台了《四川省土地管理实施办法》《四川省耕地质量管理办法》《四川省基本农田保护细则》《四川省耕地保护与质量提升项目实施方案》等政策性文件，为确保四川省耕地数量不减少、质量不降低付出了巨大努力。2000～2016年，四川省耕地面积从643.47万公顷增加到673.54万公顷，净增30.07万公顷，平均每年净增1.88万公顷。人均耕地面积从1.17亩增加到1.22亩（见图4-14）。

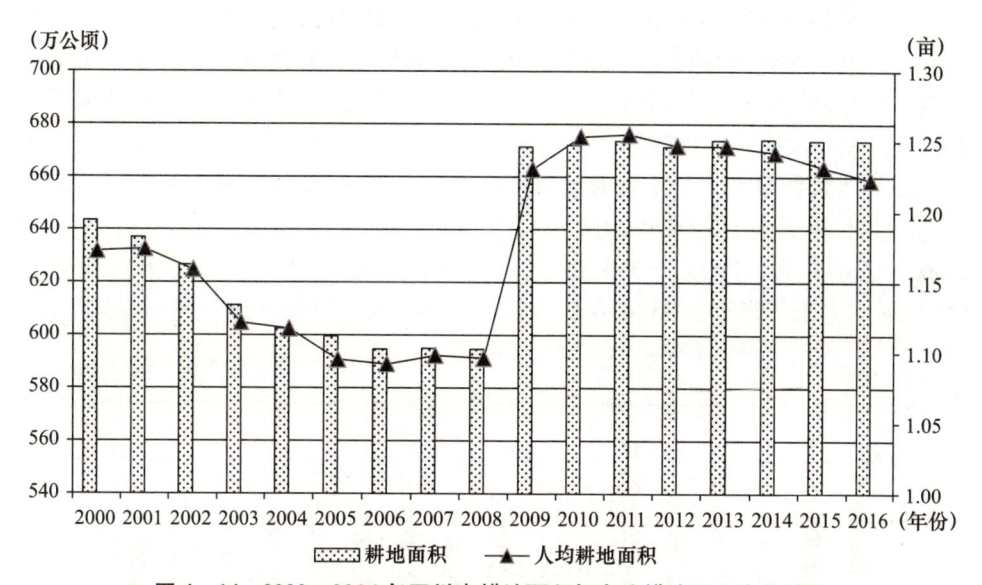

图4-14 2000～2016年四川省耕地面积与人均耕地面积变化情况

资料来源：2000～2008年的耕地面积采用国控变更数据；2009年数据采用四川省第二次土地调查数据；2010～2016年数据来自四川省国土资源厅《四川省国土资源公报》。

（2）加强基本农田建设，划定了基本农田保护区，明确了基本保护区划定制度、占补平衡制度、禁止破坏和荒芜基本制度、行政首长负责制度、监督检查制度、培肥地力和环境保护制度，切实保护耕地资源。划定永久基本农田是保障国家粮食安全的战略基石。2010年四川省启动了永久基本农田划定工作，截至2016年底，全省已划定永久基本农田519.53万公顷，占全省耕地面积的77.13%。

（3）加强耕地质量建设，组织实施"金土地工程"，努力培肥地力，保护和提高耕地质量。对拥有耕地承包权、做到耕地不撂荒、地力不降低的种地农户，实行耕地地力保护补贴，补贴面积以土地承包或土地确权面积为基础，按排除法进行调整。2016年全成都市统一补贴标准为每亩93.4元。

2. 水资源保护利用方面

出台了《关于实行最严格水资源管理制度的实施意见》、《四川省饮用水水源保护管理条例》、《关于深化水价改革加强节水工作的实施意见》等政策性文件，推广农业节水技术，提高水资源使用效率。通过落实最严格的耕地和水资源保护政策，虽然成效显著，但从粮食生产能力提升的角度来看，仍然面临着诸多困难：

（1）人均耕地面积少，低于人均1.4亩的全国平均水平，推行粮食适度规模经营的难度大。

（2）耕地质量不容乐观，主要表现为中低产田面积大且耕地污染严重，对粮食单产水平的提高有明显的制约作用。据2005年全省耕地质量调查，中低产耕地占全省耕地面积的70.6%，中低产田土的产量水平仅为高产田土的60%左右，且产量年度间稳定性较差。[①]

（3）水资源量和人均水资源量明显减少（见图4-15），对农业的可持续发展会产生不利影响。2000~2016年，水资源总量从2654.03亿立方米下降到2340.9亿立方米，净减少313.13亿立方米，减幅11.8%；人均水资源量从3222.94立方米下降到2833立方米，净减少389.94立方米，减幅12.1%。

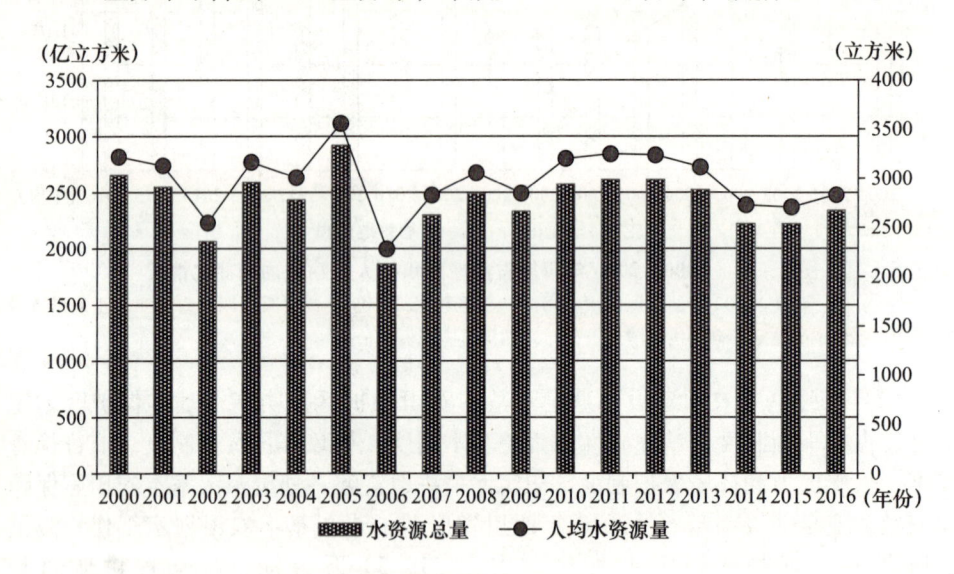

图4-15　2000~2016年四川省水资源总量与人均水资源量变化

资料来源：历年《四川省水资源公报》。

二、物质装备政策

农田基础设施和物质装备水平是提高粮食综合生产能力的保障条件。目前，

---

① 资料来源于四川省人民政府《四川省土地总体规划（2006~2020年）》说明，2009年11月。

农田基础设施薄弱,农业投入品利用效率不高,农业机械化水平较低的问题比较突出。改善粮食生产的物质装备条件,是近年来粮食综合生产能力建设政策的重点之一。

自2004年以来,中央连续多个一号文件都把加强农业基础设施建设,提高物质装备水平作为增强粮食和农业综合生产能力的重要内容,提出明确要求并采取了有力措施。四川省也多方面着力提升粮食综合生产能力。

(1) 组织实施优质粮食产业工程。2014年四川省发布了《四川省粮食生产能力提升工程建设规划纲要(2014~2020年)》,提出到2020年粮食综合生产能力达到800亿斤以上,并划定18个市(州)的90个重点县(市、区)为粮食生产能力布局规划核心区,主要突出水稻、玉米、小麦和马铃薯四大重点作物。90个重点县(市、区)和四大重点作物均占粮食综合产能的85%左右,成为全省粮食生产的"生力军"。

(2) 加强农田水利和高标准基本农田建设。以农田水利和高标准基本农田建设为重点,加快中小型水利设施建设,扩大农田有效灌溉面积,提高排涝和抗旱能力,粮食生产条件明显改善。2011~2015年累计建成高标准农田4亿多亩,项目区农田生产条件明显改善,农田抗灾减灾能力显著增强,形成了一批田成方、渠相连、旱能灌、涝能排的粮食生产基地。2000~2016年,农田有效灌溉面积从246.9万公顷增长到281.33万公顷,增长13.94%,占耕地面积的比重从38.37%提高到41.77%,提高了3.4个百分点。尤其是2009年以后,有效灌溉面积增长较快(见图4-16)。

(3) 提高农业投入品利用效率。开展"测土配方施肥普及行动"和"测土配方施肥百千万"示范活动,推广测土配方施肥先进技术,狠抓配方肥到田、推进技术入户,选定配方肥定点生产企业,加强配方肥质量监管。测土配方施肥技术的推广使用,在一定程度上抑制了化肥施用量的增长,2015年化肥施用量仅比2000年增加37.2万吨,年均增长1.08%,近年来基本实现了化肥施用量的负增长,农药使用量也基本如此(见图4-17)。

(4) 加快农业机械化发展。从2004年开始,由财政出资,对农民个人、农机专业户和直接从事农业生产的农机服务组织购置和更新大型农机具给予一定补贴。2000~2016年,农业机械总动力从1679.65万千瓦增加到4450万千瓦,增加了164.9%(见图4-18),机耕、机播、机收面积占农作物播种面积的比重也快速增长(见图4-19),农机化水平不断发展,主要农作物耕种收综合机械化水平达到了55%[①]。上述措施为近几年粮食综合生产能力的恢复和提高发挥了重要作用。

---

① 《2016年四川省农业农村经济基本情况》。

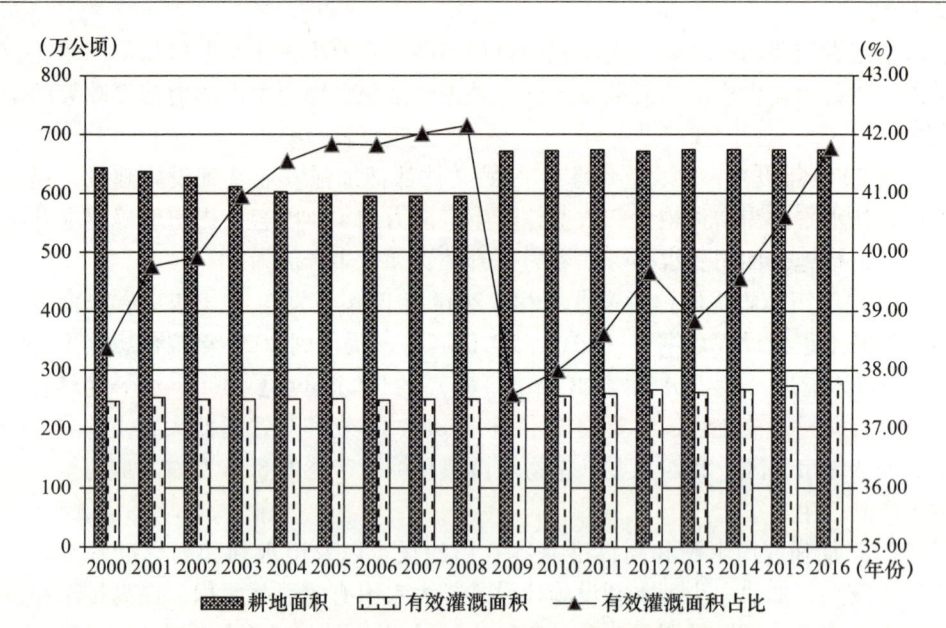

图 4-16 2000~2016 年四川省农田有效灌溉面积变化情况

资料来源：2000~2008 年的耕地面积采用国控变更数据；2009 年数据采用四川省第二次土地调查数据；2010~2016 年数据来自四川省国土资源厅《四川省国土资源公报》。有效灌溉面积来源于历年《四川统计年鉴》。

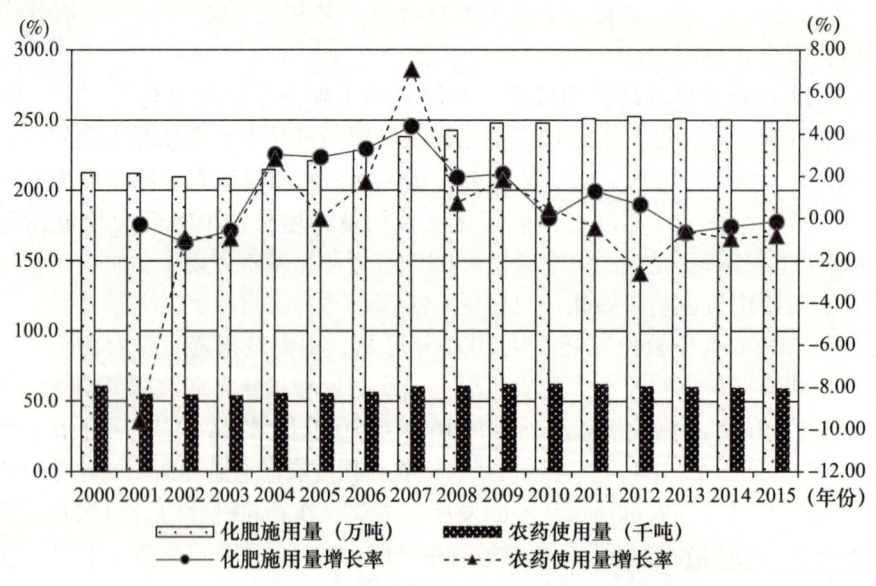

图 4-17 2000~2015 年四川省化肥、农药使用量变化情况

资料来源：化肥施用量来源于历年《四川统计年鉴》，农药使用量来源于《中国农村统计年鉴》。

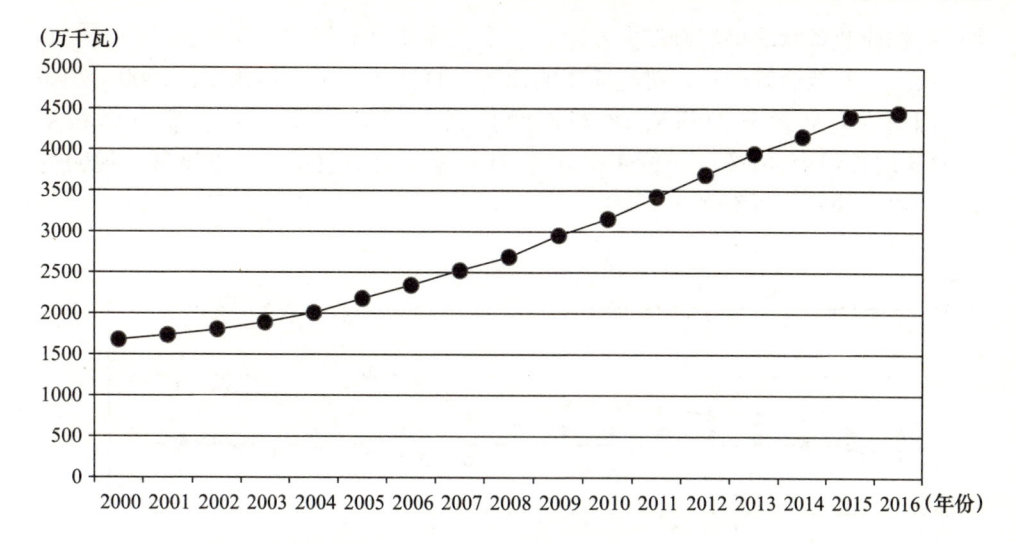

图 4-18　2000~2016 年四川省农业机械总动力变化情况

资料来源：历年《中国农村统计年鉴》。

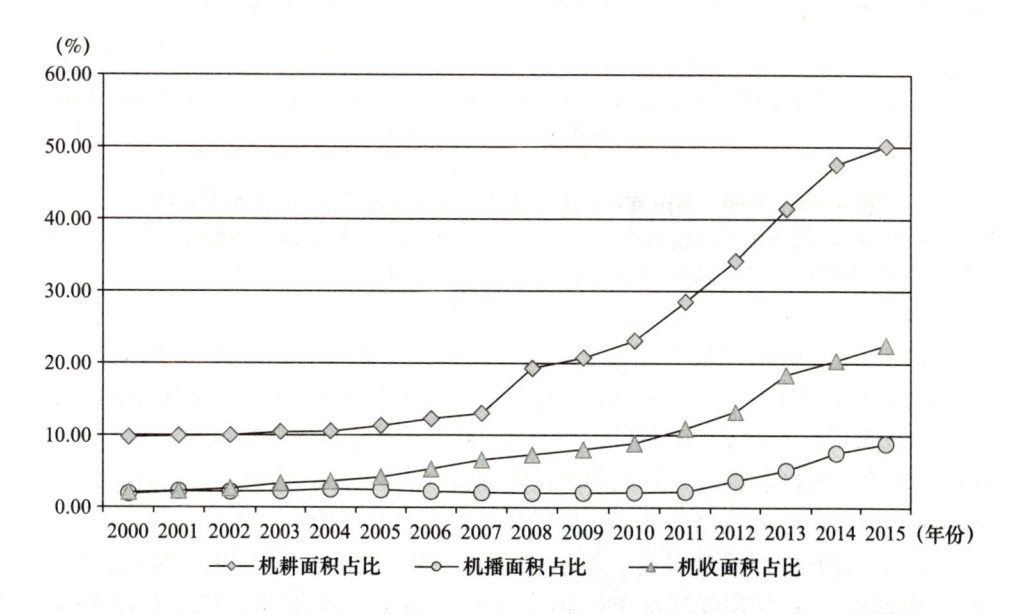

图 4-19　2000~2015 年四川省机耕、机播、机收面积占耕地面积的比重变化情况

资料来源：2000~2013 年机耕、机播、机收面积来源于历年《四川统计年鉴》，2014~2016 年数据来源于《中国农业年鉴》。

纵向来看，四川省粮食生产条件有了明显改善，但是横向对比，四川省粮食生产的物质装备状况仍然有较大差距，主要表现在以下几点：

第一，有效灌溉面积占耕地面积的比重一直低于全国平均水平。2000～2016年，四川省有效灌溉面积从 38.37% 增长到 41.77%，全国有效灌溉面积从 41.97% 增长到 48.81%（见图 4-20）。有效灌溉面积数量少、占比低，说明抗御自然灾害的能力还不强。

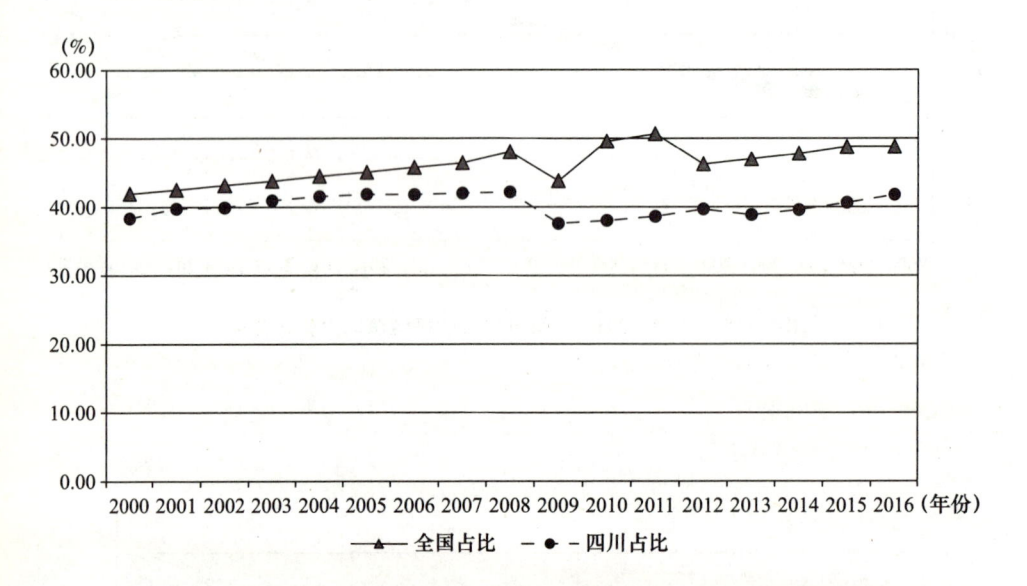

图 4-20 2000～2016 年四川省与全国有效灌溉面积占耕地面积的比重

资料来源：全国耕地面积数据来源于历年《中国国土资源公报》，有效灌溉面积数据来源于历年《中国统计年鉴》；四川省有效灌溉面积数据来源于历年《四川统计年鉴》。

第二，农业机械化水平远低于全国平均水平。2000～2015 年，全国耕种收机械化水平从 28.62% 提高到 60%，提高了 21.38 个百分点；四川省耕种收机械化水平从 5.07% 提高到 29.47%，提高了 24.4 个百分点（见图 4-21）[①]。农业机械化水平的提高能够节约人工劳动，降低粮食生产的人工成本，提高粮食生产效率。四川省农业机械化水平低，需要从政策上大力扶持。

第三，化肥施用强度提高，但粮食产量下降。2000～2015 年，四川省按耕地面积计算的化肥施用强度从 330.40 万吨增长到 370.88 万吨，增加了 12.25%，按播种面积计算的化肥施用强度从 221.25 万吨增加到 257.82 万吨，增加了 16.53%，

---

① 耕种收机械化水平按机耕水平 ×0.4 + 机播水平 ×0.3 + 机收水平 ×0.3 计算。因 2016 年数据未见公布，故数据截止到 2015 年。

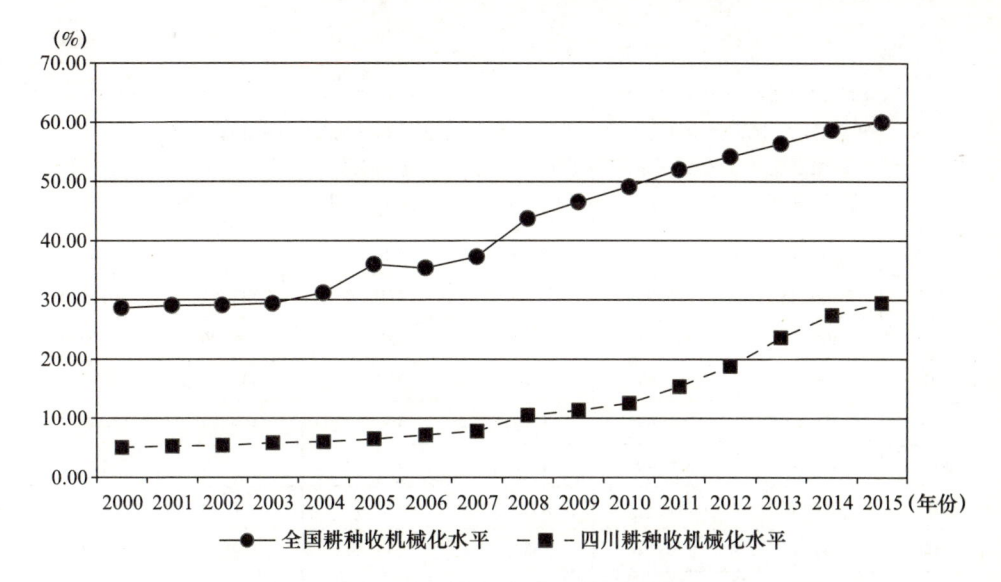

第四章 四川省粮食供需结构变化分析与政策研究

图 4 – 21　2000 ~ 2015 年四川省与全国有效灌溉面积占耕地面积的比重

资料来源：历年《中国农业年鉴》。

但粮食产量下降了 3.52%；全国按耕地面积计算的化肥施用强度从 323.32 万吨增长到 446.12 万吨，增加了 37.98%，按播种面积计算的化肥施用强度从 265.29 万吨增加到 362.06 万吨，增加了 36.48%，粮食产量增长了 34.46%（见表 4 – 5）。化肥施用强度的提高，一方面说明化肥的使用效率降低；另一方面也会对土壤环境造成破坏，危害食品安全。

表 4 – 5　2000 ~ 2015 年四川省与全国化肥施用强度

年份	四川按耕地面积计算的化肥施用强度（公斤/公顷）	四川按播种面积计算的化肥施用强度（公斤/公顷）	四川省粮食产量（万吨）	全国按耕地面积计算的化肥施用强度（公斤/公顷）	全国按播种面积计算的化肥施用强度（公斤/公顷）	全国粮食产量（万吨）
2000	330.40	221.25	3568.5	323.32	265.29	46217.5
2001	332.76	221.49	3056.5	333.33	273.19	45263.7
2002	334.52	219.14	3275.2	344.59	280.62	45705.8
2003	340.95	222.07	3183.3	357.52	289.44	43069.5
2004	356.34	228.71	3326.5	378.67	301.95	46946.9
2005	368.43	233.03	3409.2	390.41	306.53	48402.2

续表

年份	四川按耕地面积计算的化肥施用强度（公斤/公顷）	四川按播种面积计算的化肥施用强度（公斤/公顷）	四川省粮食产量（万吨）	全国按耕地面积计算的化肥施用强度（公斤/公顷）	全国按播种面积计算的化肥施用强度（公斤/公顷）	全国粮食产量（万吨）
2006	383.72	244.28	2859.8	404.65	323.87	49746.9
2007	400.33	256.73	3026.9	419.59	332.84	50160.3
2008	408.31	257.28	3140.3	430.43	335.26	52870.9
2009	369.33	261.67	3194.7	399.19	340.73	53082.0
2010	369.05	261.64	3223.5	456.75	346.15	54647.7
2011	372.92	259.89	3292.3	468.59	351.50	57121.0
2012	376.57	261.81	3315.7	432.00	357.30	58957
2013	372.74	254.14	3387.1	437.39	359.11	60193.5
2014	371.17	258.78	3374.9	443.96	362.41	60709.9
2015	370.88	257.82	3442.8	446.12	362.06	62143.5

资料来源：根据历年《四川统计年鉴》和《中国统计年鉴》提供的数据计算。

三、科技支撑政策

长期以来，农业科研和推广水平的不断提高，有力地推动了粮食综合生产能力的提升。目前已形成产前、产中、产后不同领域，省、地（市）、县、乡镇不同层次，研究、开发、推广、应用不同环节的较为完善的农业科学研究和推广体系。为了提高粮食生产的科技水平，推广实施的粮食综合生产能力科技提升行动、高产优质粮食品种选育工程、农业科技入户工程、测土配方施肥技术等，为全面提高粮食综合生产能力提供了科技支撑。基层农技推广单位通过引进农作物新品种、新技术、新模式、新机制"四新技术"，组装适合不同区域的农业先进生产集成技术，通过开展技术宣传、培训和技术咨询，组织实施集成技术的示范及推广应用，实现了粮食增产和农业增效。在新时期和新阶段，依靠科技提高单产水平是提高粮食综合生产能力的必由之路。

2012年四川省委、四川省人民政府《关于全面加强农业科技创新推广确保农业农村发展迈上新台阶的意见》明确提出，完善农业科技转化推广体系，强化现代农业科技支撑；加大新型农民科技教育培训力度。对未升学的农村高初中毕业生免费提供农业技能培训，对符合条件的农村青年务农创业和农民工返乡创业项目给予补助和贷款支持。

强化科技支撑是近年来粮食恢复增长的重要原因。2010~2016年，已连续7年粮食单产水平维持在5000公斤/公顷以上，2016年粮食单产比2000年增加了191公斤/公顷，仅此一项，就增产粮食12亿公斤以上。

通过科技发展，提高粮食单产水平的潜力巨大。目前，四川省的粮食单产水平还低于全国平均水平，与世界粮食最高单产水平的差距更大。分品种看，稻谷、豆类、薯类单产高于全国平均水平，但差距在不断缩小，小麦和玉米单产低于全国平均水平（见表4-6）。未来通过优质、高产、专用粮食品种的选育，栽培与管理技术水平的提高，对粮食增产的作用将十分明显。

表4-6 2000~2016年四川与全国粮食分品种单产水平

单位：公斤/公顷

年份	稻谷单产 全国	稻谷单产 四川	小麦单产 全国	小麦单产 四川	玉米单产 全国	玉米单产 四川	豆类单产 全国	豆类单产 四川	薯类单产 全国	薯类单产 四川
2000	6271.6	7968.5	3738.2	3827.4	4597.5	4992.7	1655.7	2202.2	3497.0	3925.4
2001	6163.3	7131.8	3806.1	3444.4	4698.4	4105.7	1624.8	2027.1	3487.0	3630.6
2002	6189.0	7623.8	3776.5	3694.7	4924.5	5049.8	1892.9	2226.6	3710.0	4001.8
2003	6060.7	7762.7	3931.8	3797.0	4812.6	5201.6	1652.9	2283.7	3621.0	4150.7
2004	6310.6	7739.3	4251.9	3909.6	5120.2	5365.1	1814.8	2352.2	3762.0	4089.0
2005	6260.2	7655.2	4275.3	3993.5	5287.3	5414.6	1704.5	2364.5	3650.0	4128.4
2006	6232.3	6525.7	4593.4	3456.2	5326.3	4277.3	1620.6	2027.4	3430.0	3204.2
2007	6433.5	7067.4	4607.7	3455.7	5166.7	4561.5	1453.7	2130.3	3474.0	3357.4
2008	6562.5	7439.8	4762.0	3368.6	5555.7	4815.3	1702.6	2236.2	3537.0	3567.2
2009	6585.3	7583.2	4739.1	3366.9	5258.5	4822.5	1630.2	2192.4	3468.7	3780.4
2010	6553.0	7618.4	4748.4	3431.5	5453.7	4940.0	1771.2	2205.9	3559.1	3824.2
2011	6687.3	7686.1	4837.2	3514.2	5747.5	5147.6	1836.3	2171.4	3675.2	3800.8
2012	6776.9	7768.5	4986.2	3538.8	5869.7	5117.2	1819.6	2205.9	3705.6	3899.4
2013	6717.3	7783.7	5055.6	3464.6	6015.9	5532.7	1759.9	1954.2	3714.4	3867.6
2014	6810.7	7663.9	5243.6	3614.2	5817.0	5443.8	1771.1	1986.2	3756.5	3915.9
2015	6892.5	7798.9	5392.7	3809.7	5891.9	5461.5	1794.0	2018.2	3767.1	4052.6
2016	6860.7	7830.2	5327.4	3799.6	5972.5	5669.8	1781.0	2030.7	3775.5	4136.3

资料来源：2000~2015年数据来源于历年《四川统计年鉴》和《中国统计年鉴》，2016年数据来源于国家统计局《关于2016年粮食产量的公告》。

四川省粮食生产的物质装备条件不断改善，但是粮食产量的增长水平仍较低，表明传统农业的精耕细作达到较高水平之后，单纯依靠改善粮食生产条件来提高粮食产量的作用有限，未来应主要以科技进步作为粮食增产的新动力，着力提高粮食单产水平。但是，目前的关键问题在于没有建立起有效的农业技术推广机制，主要表现在：

（1）从推广机构的职能上来看，现有的农业科技推广服务机构除了承担着公益性技术推广（如动植物病虫害监测、预报、对农民的培训等）和带有中介性服务（农产品的质量检测，为农民提供产销信息）职能外，还承担了包括部分执法监督管理（如种子管理、植物检疫、动物检疫等行政执法工作）和经营性服务（如种子、农药、化肥、农机等农业生产资料和兽医兽药销售等商业性经营创收工作）等多种职能。同一农业科技推广机构同时承担不同类型的职能，多项职能交叉，必然造成农业科技推广机构的政、企、事不分，导致农业科技推广力量分散，农技人员没有足够的精力和时间从事农技推广工作，直接影响其技术推广职能的发挥。

（2）从推广机构设置上来看，推广机构设置不合理。首先，现行的推广工作按专业分化，分属于农业、林业、畜牧和水产等部门，各自为政，条块分割，机构重复，缺乏有效的协调和沟通。其次，基层农业科技推广机构的管理归属不统一，存在统一管理和分属管理并存的情况，管理层级混乱。最后，组织管理上具有双重性。由于各级推广机构按行政层级对口设置，每一级都存在严重的行政依附。各级农业推广机构除了接受上级推广机构的业务指导外，还受本级农业行政部门的直接领导，而且本级政府行政部门的直接领导权远大于上级推广机构的业务指导权。

（3）从管理体制来看，目前政府农业部门、农业科研单位、农业高校三大体系条块分割，缺乏内在联系和协调，导致农业科技创新、成果转化、技术推广、人才培训存在脱节现象，造成农业科技成果的转化率低，推广效益低、重复研究和经费浪费的现状，限制了农业科技推广服务变革与发展的动力和潜力。

（4）当前农业科技推广人才队伍面临推广人员素质偏低、推广队伍不稳定、推广人员工作积极性不高等现实问题，严重制约了农业科研成果的转化和应用。由于农村基础条件差，推广人员工作艰苦、待遇差等原因，农业科技人员人心涣散，跳槽或改行现象时有发生。实际上，在乡、镇基层推广机构中，具有大专以上学历的推广人员相当少，还有很大比例的中专以下文化程度的人员在从事农业推广工作。同时由于专业学习和技能培训的机会很少，在职农技人员知识断层、老化，知识更新速度缓慢，这在一定程度上影响了农业新技术的推广应用和效益发挥。

四、生产经营政策

在坚持家庭承包经营的基础上，按照"确权、赋能、搞活"的思路，以明确农村土地权属为手段，以赋权赋能到户为核心，以放活土地经营权为重点，积极推进"三权分置"改革和土地流转，发展粮食适度规模经营，培育新型农业经营主体，不断推进农业经营制度的创新与完善，是目前粮食生产经营政策的着力点。

2013年四川省委、省人民政府《关于创新农业经营体制机制加快发展现代农业促进农民增收的意见》明确提出，着力培育新型农业生产经营主体，加快培养新型职业农民。探索建立新型职业农民培育机制、认证制度、政策扶持体系和投入保障机制。对未能升学的应届农村初中毕业生、高中毕业生提供劳动预备制培训，按规定给予补贴。落实对符合条件的中高等学校毕业生、退役军人、返乡农民工务农创业给予补助和贷款支持的政策。2015年四川省人民政府《关于加快转变农业发展方式的实施意见》和2017年四川省委、省人民政府《关于以绿色发展理念引领农业供给侧结构性改革切实增强农业农村发展新动力的意见》中重申了培育壮大新型农业经营主体，发展适度规模经营，促进一二三产业融合的若干政策意见。

为粮食适度规模经营者提供信贷担保和贷款贴息，对达到一定规模并符合条件的规模化生产者给予一定奖励，对领办、新办的农民合作社、家庭农场和农业企业的经理人进行补贴，对评定的国家级、省级、成都市级农业产业化龙头企业和示范合作社进行奖励等政策措施，有力地推动了新型农业经营主体的发展和粮食适度规模经营。截止到2015年，四川省承包土地流转面积累计达到1619.9万亩，流转比例达到27.7%。共培育新型职业农民4万人，种粮大户15327户，家庭农场2.3万个，农民专业合作社5.8万个，龙头企业8703家。

农业经营制度的创新和完善，为粮食综合生产能力的提高奠定了基础。从稳定提高粮食综合生产能力的要求来看，目前农业生产经营组织制度还有两个方面需要继续完善。一方面，双层经营体制外部存在各种力量分割集体和农户利益的问题，内部存在农户土地所有权不充分的问题；另一方面，粮食生产、加工、销售的产业化程度还不高，受市场波动影响大的问题突出。为使粮食综合生产能力建设有稳定的经营制度基础，必须继续稳定和完善统分结合的双层经营体制，积极推进粮食产业化经营，提高农民的组织化程度。

五、收入支持政策

收入水平是决定农民发展粮食生产积极性最重要的因素。特别是现阶段农业就业比重较高，种粮收入仍是农民主要收入来源之一，保障农民的种粮收入是提高粮食综合生产能力的根本保障。近年来，中国出台的粮食生产扶持政策大多坚持以保障农民收入为导向，其中，影响最大、受益面最广的是农业税减免、对种粮农民直接补贴和农资综合补贴等。

从2004年开始，四川省积极落实国家的各项粮食补贴政策，补贴力度不断加大，对粮食综合生产能力的恢复和提高以及农民收入的增加起到了重要推动作用。从2015年起，四川开展农业补贴制度改革，将农作物良种补贴（含花生和马铃薯良种补贴）、种粮农民直接补贴和农资综合补贴（简称农业"三项补贴"）合并为"农业支持保护补贴"，政策目标调整为支持耕地地力保护和粮食适度规模经营。其中，将20%的农资综合补贴存量资金用于支持粮食适度规模经营；80%的农资综合补贴存量资金，加上种粮农民直接补贴和农作物良种补贴资金用于耕地地力保护。2016年全省落实中央财政农业补贴资金94.72亿元。其中：农业支持保护补贴66.56亿元，农机购置补贴4.03亿元（见表4-7）[①]。

表4-7　2010~2016年粮食生产补贴情况　　　　单位：亿元

年份\类别	粮食直补	综合直补	良种补贴	农机购置补贴	落实中央财政农业补贴
2010	6.5	42.8	9.2	7.09	65.59
2011	6.52	49.69	11.44	7.1	74.75
2012	6.5	61.8	11.6	9.8	89.7
2013	6.5	61.8	10	9.8	88.1
2014	6.53	61.82	9.99	10	88.34
2015		78.57	9.13		87.7
2016		66.56		4.03	94.72

资料来源：2010~2016年《四川省农业农村经济基本情况》。

目前粮食补贴政策存在主要问题是由于农户数量多，经营规模小，政府财力有限，补贴水平不高，加之粮食生产成本的上升，对农民收入的直接影响有限。

六、风险抗御政策

近年来，极端气候灾害多发，农业的抗灾能力不强，每年因灾害损失严重。同时，粮食市场波动起伏较大，农民损失惨重。健全粮食生产的风险抗御政策，

---

① 《2016年四川省农业农村经济基本情况》。

对提高粮食综合生产能力具有重要意义。近年来，在加强农业基础设施建设，增强粮食生产抗御自然风险能力的同时，还重点加强了农业政策性保险。

2007年，四川省人民政府下发了《关于开展政策性农业保险试点工作的通知》，在全省范围内开展中央财政补贴的政策性农业保险工作。在取得初步成效后，2009年又下发了《关于进一步推进我省政策性农业保险工作的意见》，2015年，对农业政策性保险补贴政策进一步完善。主要有以下三个方面：

（1）完善主要粮食作物保险保障体系。从2015年起，将小麦纳入全省性保费补贴品种范围，全省中央财政保费补贴品种增至12个，全面覆盖水稻、玉米、小麦三大粮食作物品种以及主要畜牧业品种。

（2）优化省市县财政保费补贴结构。省财政按种植业、养殖业、林业三大类别统一确定省对市县保费分担政策，并根据可调控财力系数、保费规模、农业产值、民族自治等因素分档确定具体分担比例。

（3）扩大育肥猪价格指数保险试点范围。2015年，国家、省、区、市（县）四级财政对农户参加政策性农业保险给予70%~90%的保费补贴，其中，水稻、玉米、小麦、杂交水稻制种等保费补贴为75%。

为了防范农村土地流转风险，2015年，邛崃市在全国首创农村土地流转履约保证保险机制，并出台了《邛崃市建立农村土地流转风险防范机制的实施意见》，签订了全国首单土地流转履约保证保险保单。2016年出台了《邛崃市全域开展农村土地流转履约保证保险工作方案》，以全市"成新蒲"、邛州大道、西部灾区重建三条产业示范带为轴线，全面铺开集中连片流转区域的参保工作。目前，邛崃市已引入中华联合财产保险、景泰保险等三家公司合作开展农村土地流转履约保证保险工作，完成土地流转履约保证保险参保面积17.4万亩，实现全市规模流转100亩以上的土地流转行为投保率达90%以上。

随着农业政策性保险的推进，农业保险保费收入大幅度提高，参保受益户次也有所增加。2016年，农业保险费收入达到31.2万元，10年共增加了近10倍（见图4-22），2758.8万户次参保农户受益。

总体来看，尽管近年来风险抗御政策取得了一些进展，但农业保险涵盖的范围和领域还有限；承保理赔机制和工作程序有待进一步优化，网点人员培训等需进一步加强，服务质量和理赔工作时效有待进一步提高；基层相关部门和保险公司的沟通协调有待进一步加强。

七、加工转化政策

粮食加工是指对原粮进行工业化处理，制成半成品或成品粮食、粮食食品及其他产品的过程。粮食加工业是粮食再生产过程的重要环节和食品工业的基础性

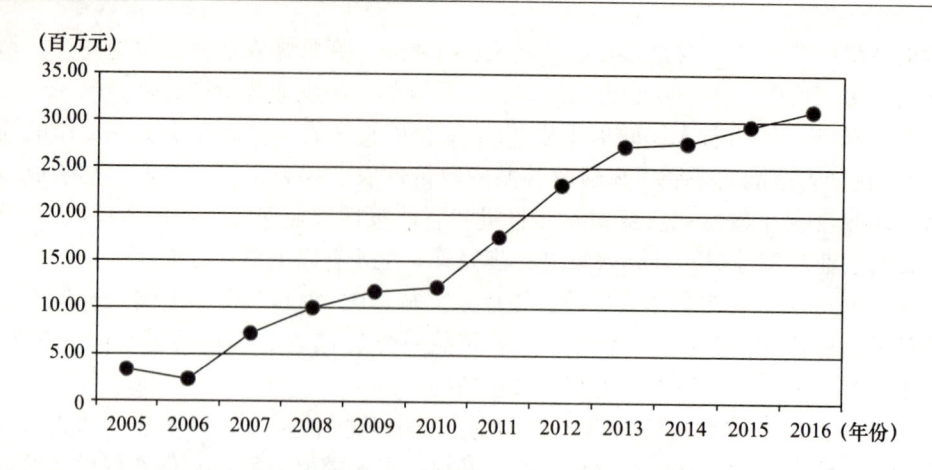

图4-22 2005～2016年四川省农业保险保费收入

资料来源：2005～2014年数据来自《中国保险年鉴》；2015～2016年数据来自《四川省农业农村经济基本情况》。

行业，与人民生活密切相关，对于提高人民生活质量，调整优化粮食生产结构，增强粮食综合生产能力具有重要意义。

2004年中央一号文件明确提出支持主产区进行粮食加工转化。主产区要立足粮食优势促进农民增加收入、发展区域经济，并按照市场需要，把粮食产业做大做强。2007年四川省委、省人民政府在《关于加快发展现代农业扎实推进社会主义新农村建设的意见》中提出要加快发展农产品加工业，扩大加工范围，延伸产业链条，提升加工档次和科技含量，形成品牌优势和规模效益。2015年四川省人民政府在《关于加快转变农业发展方式的实施意见》中进一步提出要加快提升农产品加工和产业化经营水平，进一步扩大农产品初加工补助资金规模，在优势特色农业产业带梯级建设集筛选分级、清理水洗、烘干打蜡、保鲜贮藏、包装储运、质量检测、品牌培育、市场营销等为一体的农产品初加工园区。2017年四川省委一号文件《关于以绿色发展理念引领农业供给侧结构性改革切实增强农业农村发展新动力的意见》以及四川省人民政府办公厅《关于支持农业产业化龙头企业（工商资本）带动脱贫攻坚的意见》和《关于支持返乡下乡人员创业创新促进农村一二三产业融合发展的实施意见》中再一次提出了发展农产品精深加工业，促进农产品加工业提档升级的政策要求。

2017年，结合农业供给侧结构性改革，为了培育壮大"川"字号农产品品牌体系，提升农业核心竞争力，四川省人民政府办公厅出台了《关于加强农产品品牌建设的意见》，四川省粮食局也出台了《深入推进四川省粮食行业供给侧结构性改革行动方案》，提出了"一项改革＋三大行动＋六大工程"行动方案[①]。

邛崃市的农产品品牌认证奖励政策内容是：对新建有机农业生产基地（含产品）200亩以上和标准化绿色食品生产基地（含产品）500亩以上的，在经认证后，分别给予业主15万元、5万元的一次性奖励；对获得出口备案基地认证、GAP（即良好农业规范）认证的业主，给予5万元的一次性奖励；对涉农企业获得ISO22000、HACCP认证的，给予2万元的一次性奖励；获得ISO9000、ISO14000、ISO18000认证的，给予1万元的一次性奖励。对涉农企业、农民专业合作社、家庭农场等新型农业经营主体，按照"统一生产技术规程、统一设施标准、统一病虫害防治、统一投入品供应、统一种苗"等方式开展标准化生产，建立健全生产管理台账，保障农产品优质、安全的，给予经营主体5万元的一次性奖励。对新获得行政认可的"中国驰名商标"、"地理标志证明商标"、"地理标志保护产品"、"农产品地理标志"、国家农业标准化示范项目等国家级品牌的，给予每个产品（项目）10万元的一次性奖励；对新获得行政认可的四川省农业标准化示范项目，"四川名牌"、"四川省著名商标"给予5万元的一次性奖励；对新获得行政认可的"成都市著名商标"给予1万元的一次性奖励。

在政策的大力扶持下，四川省粮食加工业的发展也取得了长足进步。到2015年，规模以上粮油加工企业数量达到1090个，总产值1162.8亿元，产品销售收入1160.9亿元，利润总额45.3亿元（见表4-8）。

表4-8 近年来四川省粮食产业主要经济指标

类别 年份	企业单位数（个）	工业总产值（亿元）	主营业务收入（亿元）	利润总额（亿元）
2008	—	344.17	334.93	6.11
2009	—	335.10	338.10	11.00
2010	—	531.00	517.00	17.50
2011	717	684.20	675.30	19.70
2012	815	834.00	814.00	30.90
2013	796	948.80	894.60	31.90
2014	788	1387.10	1539.30	71.60
2015	1090	1162.80	1160.90	45.30

资料来源：2009~2016年《中国粮食年鉴》。

[①] "一项改革"即按照有利于国有资产保值增值、有利于增强粮食安全保障能力、有利于粮食流通事业长远发展的原则，进一步深化国有粮食企业改革。"三大行动"即"创新发展"行动、"绿色发展"行动和"人才兴粮"行动；"六大工程"即规范开展"川粮产后服务工程"、创新开展"川粮放心粮油工程"、启动"川米优化工程"、启动"川粮品牌提升工程"、开展川粮"三产融合"示范工程、开展川粮"3+2"粮食应急保障能力建设工程。

尽管粮食加工转化取得了较大进展，但与居民生活水平提高的要求相比还有很大差距。存在加工专用品种和优质原料基地缺乏；加工企业数量多、规模小；粮食加工链条短、资源利用率低；标准体系和质量控制体系不健全，产品缺乏国际竞争力；科技投入和技术储备不足，创新能力较差等问题。需要加大贯彻落实已有的各项扶持政策力度，并根据形势的需要，在信贷、税收、投资等方面出台新的扶持措施。

八、市场调控政策

进入新阶段后，国内粮食市场的发展及国际粮食市场的变化对粮食综合生产能力的提高构成了新的影响。针对这种新形势，中国及时推进粮食流通体制改革，实施主要粮食品种的最低收购价和临时收储政策，并对化肥、农药等粮食生产投入品价格的大幅度上涨进行干预，加大了市场调控力度。

2009年，四川省委一号文件《关于2009年抓好重大项目建设促进农业发展农民增收的意见》提出要健全重要农产品储备制度，合理布局建设粮油肉等重要农产品储备体系。加快构建区域性粮食物流中心，搞好粮食物流骨干通道、关键节点、中心粮库和应急网点建设，完善粮食流通体系。同年，四川省人民政府印发了《关于四川省省级储备粮油管理办法的通知》，2012年又出台了《关于完善粮食流通体制改革政策措施的实施意见》。这些政策的出台和实施构成了四川省粮食安全的市场调控体系。

推进粮食流通体制改革，完善粮食市场体系，培育多元的市场主体等措施增强了粮食市场竞争。在最低收购价政策引导下，粮食市场平稳运行。针对近年来出现的玉米暂时性过剩问题，及时提出了玉米的价补分离政策以及粮食供给侧改革措施，未来应沿着目前的思路对有关政策进行健全和完善。

四川省每年1200万~1500万吨的粮食缺口主要是发挥了市场的作用。但需要引起重视的是近年来全国范围内粮食生产形势良好，粮食流通能力较强，所以并没有出现区域性的缺粮问题。但是，一旦出现突发性风险，如地震、泥石流等极端灾害，就有可能出现局部性、暂时性缺粮。历史经验证明，粮食安全突发性风险往往发生在流通环节。即使市场有粮，受流通能力限制，短时间内也无法满足大量的粮食需求。能否将粮食安全危机消灭在萌芽状态，取决于政府是否掌握流通主渠道作用并能利用它来调控流通领域，保障粮食供给。在粮食流通领域，既要不断改革创新，建立充满活力的竞争机制，又必须保持政府强有力的应急干预能力。

第四节 四川省粮食综合生产能力提升的政策改进

一、严格保护和合理利用耕地和水资源

严格保护耕地和水资源,是保护和提高粮食综合生产能力的基础。

土地资源是粮食生产的根本。耕地是粮食综合生产能力的基础要素,耕地的数量和质量决定着粮食综合生产能力的高低。许多国家特别是粮食生产大国都一直特别重视耕地资源的保护,通过制定政策、增加投入等方式,扩大耕地面积、提高耕地质量,保护土地资源的供给能力。

(1) 保证粮食播种面积。认真贯彻和落实《土地管理法》《基本农田保护条例》,通过政策手段进一步保证粮食耕种面积,加大农田保护力度,严格控制各类建设用地对耕地尤其是基本农田的侵占行为,严格耕地审批手续,建立省级耕地保护目标责任制。

(2) 进一步加强地力保护,维护和改善耕地质量。增加投入,加大中低产田改造和高标准基本农田建设力度,但在高标准农田建设过程中需要注意保护农民的土地权益;用补贴的方式引导农民综合运用农艺、生物和工程措施提高耕地质量。

(3) 积极开发和推广先进农业技术,大力发展节地节水农业,通过先进农业技术的应用,保证有限的土地和水资源得到充分有效利用。

(4) 采取有力措施加强农业水资源保护。节约农业用水,防止农业用水污染。改变传统的农业用水方式,提高农业用水利用率。建立科学合理的用水机制,形成政府、集体、企业和个人共同参与农业节水的局面。根据不同地区农业发展特点和需要,合理制定水资源开发和调配方案。积极扶持和引导农民使用农业节水技术和设备。积极推行产权制度改革、承包、租赁等有效措施,加强农业节水工程管护,大力发展节水农业。

二、大力加强粮食生产基础设施建设

基础设施建设是实现粮食生产稳定增长的根本措施。今后应以优质粮食产业工程为重点,增加投资总量,突出投资重点,拓宽投资渠道,提高资金使用效率,着力加强粮食生产基础设施建设,提高粮食生产的物质装备水平。

(1) 做大做强"川粮优化工程"。重点抓好现有 90 个粮食生产重点县的基

础设施建设。增加投资规模，在粮食生产重点县实施优质粮食产业工程。充实工程建设内容，以优质专用粮种繁育、病虫害防控、高标准基本农田建设、现代农机装备推进、促进粮食加工转化等项目为重点，完善配套工程项目建设。

（2）加强农田水利设施建设。增加农田水利设施建设投入，加快以节水改造为中心的灌区续建配套步伐，完善灌排体系，提高农田水利设施服务功能，恢复和扩大有效灌溉面积。搞好病险水库的除险加固、中型水源的开发和中小河流域的治理，控制水资源利用潜力。开展田间排灌、小型灌区和非灌区抗旱水源、丘陵山区雨水集蓄利用等田间水利工程项目建设。鼓励农民投工投劳兴修农田水利和购买田间节水设备，引导产业化经营的龙头企业等社会力量参与农田水利建设。

（3）提高农机装备水平。农业机械是建设现代农业的重要物质装备，发展农业机械化是实施农业现代化的重要手段。按照"立足大农业、发展大农机、服务新农村"的思路，制定和完善科学有效的发展规划和工作细则，进一步研究制定农机化发展的扶持政策，采取切实有效的措施，加快农机化发展。在进一步加大现有国家财政对大中型农机具购置补贴的基础上，加强对《中华人民共和国农业机械化促进法》《四川省农业机械管理条例》《四川省农村机电提灌管理条例》以及中央、省购置补贴政策和法律法规的宣传，充分调动农民参加农业机械化发展的积极性。要因地制宜，科学规划，有计划、有步骤、有重点地引进适合四川省地理环境的新型农机具，分区域建立农业机械示范基地。县级财政应投入部分资金发展农机大户，鼓励有实力的农机经营者和农机专业合作组织建立新型农业机械示范点，通过试点，带动面上农机发展。加大农机技术和操作人员的培训力度，组织开展多种形式的技术技能培训，提高农机操作人员技术水平。鼓励有条件的乡镇争创农业机械示范乡镇。加强农机社会化服务体系建设，加强基层农机队伍建设，配齐和加强乡镇农机专业技术和服务人员，鼓励、扶持发展农机服务组织，支持农机专业大户牵头成立跨区域的农机专业合作社，并对开展新型农机具推广、技术培训、机械维修、信息、中介、跨区作业等社会化服务给予税收、信贷等优惠，提高农机服务标准化、专业化服务能力。扶持发展农机维修业，扶持建设一批功能齐全，服务周到，管理水平高的农机维修中心。

三、不断强化粮食生产的科技支撑

依靠科技进步提高单产，是提高粮食综合生产能力的主攻方向。今后必须全面加强农业科研、成果转化和推广体系建设，积极构建粮食生产科技支撑的长效机制。

（1）加强农业科研的基础研究，建立激励机制推动农业科技创新体系建设。

进一步强化政府对农业科技投入的主体地位，建立以政府为主导、社会力量广泛参与的多元投入保障机制，加强农作物改良中心和重点实验室建设；建立适应市场经济要求的技术成果评价与分配激励机制，组织开展生物技术、信息技术、遗传工程等重大科研项目攻关。强化需求导向，加快优质、高产、专用粮食品种的选育，加强粮食品牌建设，提高"川字号"粮食品牌的知名度。

（2）努力提高农业科技成果转化效率。运用市场机制促进农业科技成果转化。围绕粮食生产目标，确立主推技术、主导品种。通过引入市场机制，加快新品种、新技术等科技成果的集成、转化和提高，以项目带动方式引导资金、人才向重点作物和重点技术倾斜。鼓励农业科研单位、大专院校等应用研究人员投身粮食生产第一线，推进粮食生产科技成果产业化。

（3）深化农技推广体制改革。逐步建设公益性推广机构为主导的多元化农技推广体系，按照公益性职能和经营性业务分开的原则，合理设置基层的农技推广机构，明确公益性推广机构的职责，并加大财政扶持力度；经营性推广机构跻身市场，政府给予一定的优惠政策扶持；鼓励科研单位、大专院校、农民专业合作组织和产业化经营的龙头企业开展多种形式的农技推广服务；组织实施农业科技入户工程，加快新型职业农民的培训，引导农户推广应用新品种和新技术。

四、继续完善粮食生产的组织经营制度

生产经营政策不仅决定着粮食效率，也是影响生产者收益的重要因素。在长期坚持家庭承包经营基本制度的基础上，加快推进"三权分置"制度改革和粮食生产适度规模经营，积极发展多种形式的产业化经营。

（1）加快推进农地"三权分置"制度改革。坚持政府主导，部门推动，金融机构、农业经营主体积极参与，多方联动，推行农村土地承包经营权抵押贷款模式，合力盘活农村资源，实现农村资源变资产，资产变资本。

第一，"土地承包经营权+担保公司"模式。承包土地农户和经营主体以合法取得的经营权，向担保机构提供反担保，金融机构据此向土地经营主体发放贷款。

第二，"土地承包经营权+收益+担保公司"模式。承包土地农户和经营主体以合法取得的经营权和地上所产生的收益，向担保机构提供反担保，担保公司或引入农业企业、融资公司向金融机构提供保证担保，金融机构据此向土地经营主体发放贷款。

第三，"土地承包经营权+收益+地上构筑物"模式。承包土地农户和经营主体以合法取得的土地经营权和地上所产生的收益及地上附属物为抵押物，金融机构按照评估价值向土地经营主体发放贷款。

第四,"土地承包经营权+银行授信"模式。金融机构根据对农业经营主体、承包土地农户的动态评级授信和合法取得的土地经营权,向农业经营主体、承包土地农户发放贷款。

(2)积极探索和推行多元化土地经营模式。打破土地零星分散的传统农业经营格局,积极探索和推行股份合作制、家庭农场制、连片耕种制、农业共管制、委托代耕制、土地寄种制六种农村土地经营模式,实现土地要素集聚和规模连片经营。深入推进农村产权交易市场建设及土地流转规范运行机制,强化网络交易平台,设立农村产权"一站式"服务窗口,扩大交易品种和交易量,助力农村经济发展。

(3)加大新型农业经营主体的培育力度。粮食生产结构的调整优化和综合生产能力的提高不可能依靠日益老龄化的普通农户,应主要依靠种粮大户、家庭农场、农业合作社、涉农龙头企业等新型粮食生产经营主体。但目前由于没有统一的各类新型农业经营主体的认定标准,现实中各主体间交叉存在的现象较为普遍,同时也缺乏扶持和培育对象。因此,要在对各类新型农业经营主体进行明确认定的基础上,有重点和针对性地加大扶持力度,充分发挥各类新型农业经营主体的作用,推进粮食生产适度规模经营。加强农业经营主体的品牌建设工作,指导符合条件的专业合作社和家庭农场积极申报各级示范场社,并给予一定的奖励。

(4)积极发展粮食产业化经营。鼓励国有粮食企业、中介组织等采取订单收购、建立粮油生产基地、建立利益分配机制等手段与农民形成利益共同体,发展多种形式的粮食产业化经营,延长粮食生产的产业链。发展粮食产业化中介组织,对产前、产中、产后各个环节实行全方位的社会化服务。

五、加大对粮食生产主体的收入支持力度

保护和调动种粮农民积极性,关键是保障农民获得稳定的种粮收益。要围绕保障种地农民收入的目标,采取利益平衡手段,调动农民种粮的积极性。

(1)逐步完善种粮农民的收入保障制度。逐步增加对种粮农民的补贴规模,提高补贴标准,完善补贴方式;从源头上改革粮食补贴政策,降低粮食生产成本,稳定粮食生产能力。从目前的补贴政策来看,虽然已投入了大量补贴资金,但是由于粮食生产成本的抬升而抵消了补贴的效果。稻谷、小麦的最低收购价政策和玉米的临时收储政策也已不能适应当前粮食生产的形势,应从源头上改革粮食补贴政策。对种子、化肥、农药等农业生产资料可采取政府采购的方式无偿或低价提供给农户,从源头上补贴生产成本。一方面,可以减少农户在乱象丛生的农资市场上购买到假农资的现象;另一方面,也可以真正起到降低生产成本的作用。针对土地成本增长过快和过高的问题，在政府财政允许的前提下，可对达到一定规模的粮食生产者进行补贴并逐步提高补贴标准。重点加快培育"核心粮农"，增加对"核心粮农"的补贴。

（2）加大对粮食生产重点县的财政扶持力度。逐步增加对粮食生产重点县的财政扶持力度，帮助其解决财政困难问题，以保护其发展粮食生产的积极性。按照四川省优势农产品区域布局规划，在国家财政补贴的基础上，分品种分区域对粮食生产者进行补贴。一方面，可以发挥市场的作用，促进粮食生产按品种向优势产区集中；另一方面，可以使有限的补贴资金真正达到补贴的效果。

六、增强粮食生产的抗御风险能力

防范自然风险和市场内风险是粮食生产稳定持续发展的必然要求，也是保护种粮农民利益的重要内容。要建立健全灾害防控体系，尽可能降低各种灾害对粮食生产的影响；健全和完善粮食市场体系，尽可能减少种粮农民的利益损失。

（1）健全粮食生产灾害防控体系。建立粮食生产的重大自然灾害和病虫害防控应急反应和处理机制，努力提高监测预报水平，做好防灾的各种物质储备，制定各种灾害的防范和救助预案，确保灾害发生时能够及时反应和有效救灾，把灾害损失降到最低水平。

（2）积极探索和建立粮食作物政策性保险的新路子。在开展主要粮食作物品种政策性保险的基础上，逐步建立政府扶持、市场化运作、农民自愿投保、企业积极参与的保险制度，保护种粮农民利益，促进粮食生产持续稳定发展。

（3）总结和推广邛崃模式。针对土地流转风险，尽快总结和推广邛崃市土地流转履约保险的经验，并在全省范围内推广，以便为粮食生产的适度规模经营创造条件。

七、积极促进粮食转化增值

随着居民消费结构的升级，对肉、蛋、奶等高耗能食品的消费刚性增长。通过加工转化、过腹转化等形式改变粮食产品的初级形态，既能延长粮食生产产业链，提高产品附加值，增加后续收益，又能满足居民的消费需求和增加种粮农民收入。要采取财政、税收等综合手段，扶持粮食加工业、畜牧业的发展，推动粮食转化增值。

（1）大力发展粮食加工业。目前由于粮食生产经营者申请进行粮食精深加工的手续繁杂，更多仅限于烘干环节。应加大对粮食生产经营者添置烘干仓储设施以及粮食精深加工企业的扶持力度，大力推进粮食精深加工。对粮食加工转化给予税收优惠。设立专项贷款和中长期贷款项目，通过财政贴息向种粮大户、农民合作组织和粮食加工企业提供优惠的生产投入、基本建设和流动资金贷款，增强粮食加工转化能力。

（2）加大财税政策扶持力度。整合各级财政支农资金和农业综合开发资金，重点支持优势农产品加工业的基础设施建设，加大关键技术研究、引进和推广力度。搭建公共服务平台，并对符合农产品深加工发展方向的重点项目，采取多种方式给予导向性产业扶持。贯彻落实国家制定的涉农优惠政策，对从事种植业、养殖业、农林产品初加工以及研究开发新产品、新技术、新工艺的重点农产品加工龙头企业，依法享受企业所得税优惠政策。

（3）拓宽融资渠道。①争取信贷支持。鼓励商业银行和政策性银行扩大对农产品加工龙头企业的授信额度，及时发放季节性收购农产品所需流动资金贷款，适当放宽固定资产贷款抵押担保条件；②加大信用担保服务，鼓励种类信用担保机构优先安排农产品加工企业的贷款担保。

（4）促进粮食过腹转化。加强粮食秸秆综合利用技术研究，制定相应的鼓励政策，不断开发粮食秸秆的新功能。有计划地发展饲用粮食作物，扶持养殖业比重大的地区发展青贮玉米、苜蓿等饲用粮食作物。以小额贷款、贴息补助和提供保险服务等形式，支持粮食生产重点县加快发展畜牧业，促进粮食过腹转化增值。

八、加强和改善粮食市场宏观调控

宏观调控是政府的重要经济职能，保护和提高粮食综合生产能力，必须不断加强和改善政府对粮食生产、流通的宏观调控方式，保持粮食市场供求平衡，稳定市场粮价。

（1）积极培育粮食市场体系，搞活粮食流通。加快发展"四散化"粮食现代物流体系，提高粮食流通效率。支持培育区域性的粮食批发市场，引导大宗粮食贸易进场交易，鼓励用粮企业到粮食批发市场协商成交。同时建立和健全粮食市场法规体系，规范市场行为。积极培育粮食中间大商业组织特别是粮食贸易的农民合作经济组织，避免国有粮食部门垄断粮食市场。

（2）放开粮食价格和市场准入，形成合理的竞争机制。充分发挥市场作用，改善粮食供求平衡。政府主要通过粮食储备和吞吐调节机制，间接调控粮食市场，稳定粮食价格。

（3）加强粮食市场信息网络建设。应用电子商务等多种交易方式，降低粮食流通成本。目前建立的粮油网站，普遍规模小、内容少，可以考虑由省粮食局或粮食行业协会建立一个权威性的网站，提供全方位的国际、国内粮食信息以及电子商务平台。

（4）在落实国家粮食价格收购政策的基础上，积极发挥国内国际两个市场的调节作用，完善粮食储备调节制度，建立健全粮食安全预警机制。密切关注粮食生产、消费、价格、库存、进出口等重要指标的变化情况，研究确立与省情相适应的预警理论和方法，找准影响粮食生产的相关因子和关键问题，逐步建立起高效统一、与国际接轨的监测预警系统，加大对粮食生产预警系统建设的投入。

第五章 四川省粮食生产条件与全国及 13 个粮食主产区的比较研究

第一节 四川省粮食生产硬条件与全国及 13 个粮食主产区的对比分析

一、土地资源状况对比分析

（一）年末实际耕地面积变化情况

土地是粮食生产的基本载体，土地利用状况对粮食的产量有重要影响。四川省的耕地资源处于相对紧缺的状态，盆地四周78%的土地为山地和丘陵。改善耕地利用的条件，有利于粮食单产的提高。随着四川省城镇化水平的不断提高，城镇建设占用大量耕地。2016年四川省土地利用变更调查的数据表明，四川省土地总面积4861.16万公顷，耕地面积673.54万公顷，耕地占土地总面积的13.86%。

四川省的耕地面积变化趋势与粮食主产区基本类似（见图5-1）。不同部门的统计数据有较大差异，不同时期的统计口径也可能不同，但变化趋势基本一致。随着卫星和遥感技术的运用，测量数据比以前更加准确。2007年耕地面积急剧下降，2012年耕地面积大量增加。不同的是到2012年13个粮食主产区的耕地面积高于下降前的水平，比2007年净增84.93万公顷。经过一段时期的增长，四川省的耕地数量与2006年相比，减少243.37万公顷。全国的耕地面积2008年出现大幅增长，主要是运用了更加精确的测量方法和耕地分类，新增了较多耕地。2008~2015年处于相对稳定的状态。2005~2015年13个粮食主产区中有6个省份耕地减少，四川省减少的耕地最多，净减少243.37万公顷，占整个粮食主产区耕地减少量的 70.38%。[①]

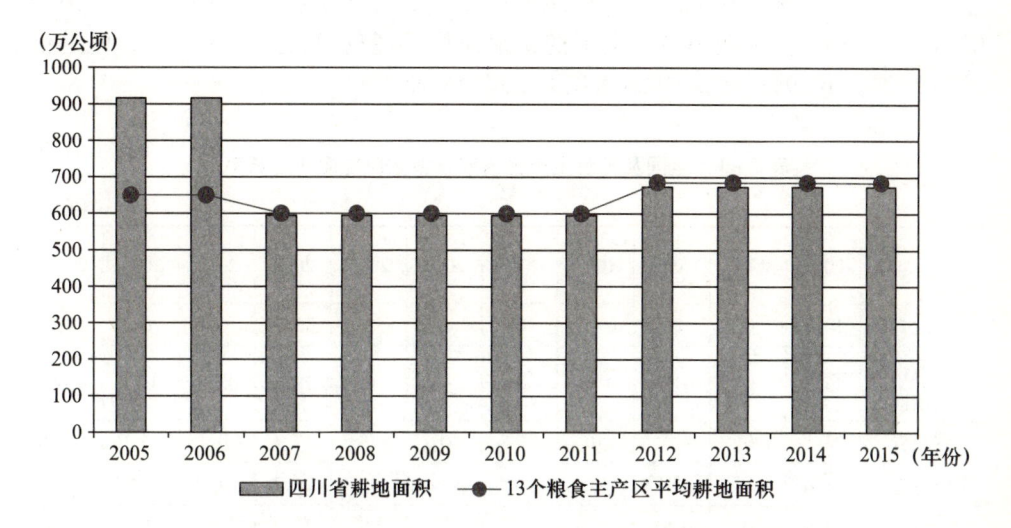

(万公顷)

图 5-1 四川省与 13 个粮食主产区耕地面积变化情况

资料来源：农业部、四川省国土资源厅[②]。

从 2007 年开始四川省的年末实际耕地面积一直低于粮食主产区的耕地平均数量，2007~2015 年四川省耕地面积占粮食主产区的比重却稳定在 7.5%~7.6%。2015 年耕地面积占整个粮食主产区的 7.57%，占比高于湖南省、湖北省、江西省、江苏省等南方主产区。由于全国的耕地数量处于相对稳定的状态，而四川省的耕地面积变化较大，所以在全国的占比中波动幅度较大。

(二) 耕地增长变动情况

由于四川省与全国和 13 个粮食主产区在耕地绝对数量上差异较大，实际耕地面积不能完全反映耕地变化情况，通过增长率分析相对变化情况，探讨四川省耕地数量增加缓慢的原因。耕地面积增长率变化情况如表 5-1 所示。

2005~2015 年四川省耕地面积以零增长和负增长为主。2007 年 13 个粮食主产区的耕地面积大幅减少，首先，四川省的增长率为 -35.1%，减幅最大；其次，内蒙古自治区为 -12.9%，13 个粮食主产区耕地整体下降 7.61%，2009~2011 年为稳定期，耕地未出现增减。2012 年江苏省以外的粮食主产区耕地数量都增加了，四川省的增长率为 13.2%，而内蒙古自治区为 28.5%，黑龙江省最高为 33.9%。同年，13 个粮食主产区的耕地增长 14.1%，四川省低于这一整体

[①] 数据通过 EPS 统计数据库整理获得。
[②] 从 2014 年开始，四川省的耕地面积由国土资源厅提供。

水平。2013~2015年四川省耕地数量先增后降。同期，13个粮食主产区耕地总量持续下降，耕地出现减少的省区逐渐增多，平均下降幅度为0.05%，全国为0.04%，降幅均高于四川省。全国的耕地面积出现负增长的年份居多，但是仅2008年增长10.9%，新增耕地面积大于减少的面积。

表5-1　全国及粮食主产区内部各地区耕地面积增长率

单位：%

省份＼年份	2005	2006	2007	2008	2009	2010	2011	2012	2013	2014	2015
河北省	14.7	0	-8.25	0.03	0	0	0	3.82	-0.11	-0.24	-0.15
内蒙古自治区	15.3	0	-12.9	0.01	0	0	0	28.5	0.13	0.34	0.08
辽宁省	23.1	0	-2.15	0	0	0	0	22.4	-0.18	-0.16	-0.09
吉林省	18.6	0	-0.78	0	0	0	0	26.7	-0.1	-0.07	-0.03
黑龙江省	18.9	0	0.55	-0.07	0	0	0	33.9	0.11	-0.03	-0.04
江苏省	5.6	0	-5.88	0	0	0	0	-3.76	-0.07	-0.16	0.01
安徽省	45.3	0	-4.08	0.03	0	0	0	2.64	0.03	-0.19	0.01
江西省	44.4	0	-5.56	0	0	0	0	9.07	0.12	-0.06	-0.08
山东省	21	0	-2.37	0.11	0	0	0	1.61	-0.03	-0.17	-0.13
河南省	13	0	-2.27	0	0	0	0	2.91	-0.2	-0.28	-0.15
湖北省	29.7	0	-5.79	0.02	0	0	0	13.4	-0.15	-0.38	-0.13
湖南省	27.9	0	-4.15	0	0	0	0	9.43	0.08	-0.01	0.03
四川省	0	0	-35.1	-0.05	0	0	0	13.2	0.04	-0.01	-0.04
13个主产区	17.9	0	-7.61	0	0	0	0	14.1	-0.01	-0.09	-0.05
全国	-0.3	-0.25	-0.03	10.9	0.2	-0.1	-0.02	-0.06	0.07	-0.15	-0.04

资料来源：中国国家统计局、国土资源部。

四川省的新增耕地面积小于耕地减少的面积，耕地减少速度快于13个粮食主产区和全国平均水平，增长期又慢于两者的平均水平。相比其他省份，四川省在2007年减少的耕地数量较多，恢复难度更大。现阶段，耕地数量与2005年相比差距较大，但是从2013年开始四川省的耕地面积整体下降幅度很小，与全国及13个粮食主产区总体水平相比，表现得更加稳定。2013~2015年13个粮食主产区中，包括四川在内有10个省份耕地面积出现连续的负增长，四川省负增长率是最低的。虽然四川省耕地的绝对数量增长缓慢，但相对数量变得更加稳定，耕地数量波动小，稳定性逐渐增强。

（三）粮食播种面积

2005 年末实际耕地面积从宏观上反映耕地面积变化情况，粮食播种面积反映粮食与土地的关系。四川省新增耕地面积较少，耕地数量有限，粮食播种面积成为影响粮食产量的直接因素。2005 年四川粮食播种面积为 656.48 万公顷，2016 年为 645.4 万公顷，年均减少 0.92 万公顷。截至 2016 年，其余 12 个粮食主产区的粮食播种面积与 2005 年相比都实现了不同程度的增加，增长最快的是黑龙江省，年均增加 26.28 万公顷；其次是河南省、内蒙古自治区、吉林省等北方地区。[①]

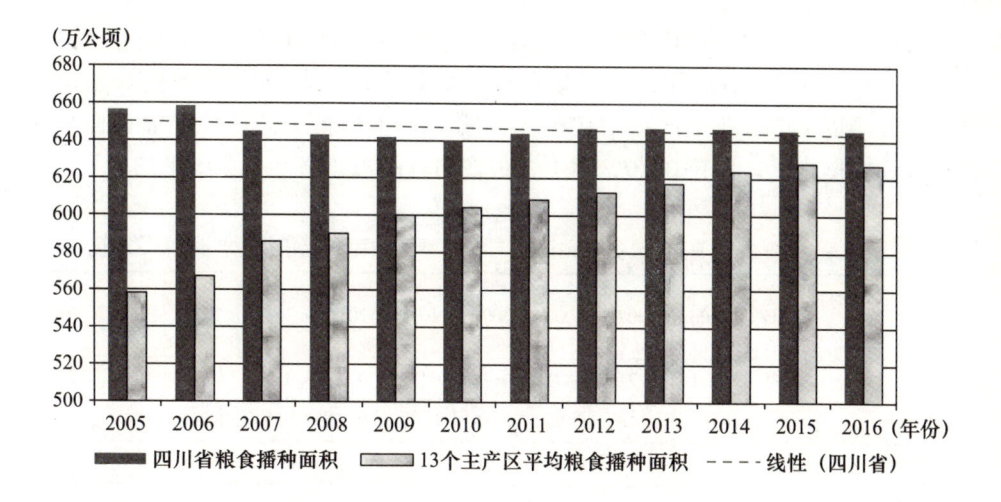

图 5-2 四川省与 13 个粮食主产区的粮食播种面积

资料来源：农业部、《中国农村统计年鉴》。

从图 5-2 中可以看出，2005~2010 年四川省的粮食播种面积持续下降，由 656.48 万公顷下降到 640.2 万公顷。2010~2014 年粮食播种面积增长缓慢，2015~2016 年粮食播种面积略有下降。2016 年 13 个粮食主产区的平均粮食播种面积为 627.02 万公顷，四川省为 645.4 万公顷。四川省一直高于粮食主产区的平均水平，但是差距在不断缩小。2005~2015 年，13 个粮食主产区总的粮食播种面积逐年递增，2005 年粮食播种面积为 7256.83 万公顷，2015 年为 8164.74 万公顷，增加了 907.91 万公顷。2016 年为 8151.3 万公顷，同比减少 13.44 万公顷，下降 0.16%，首次出现下降。全国的粮食播种面积从 2005 年开始也在不断增加，2015 年达到最大值，为 11334.29 万公顷。2016 年全国粮食播种面积

---
① 2016 年的数据来源于国家统计局。

11302.8万公顷,同比减少31.49万公顷,下降0.28%。

2005~2015年四川省粮食播种面积先降后增,减少的数量大于新增面积。全国和13个粮食主产区的粮食播种面积都在不断增加,在此期间国家出台了一系列关于鼓励粮食生产的优惠政策,但是四川省的粮食播种面积并没有像全国和其他粮食主产区那样增加。反映出农户种植粮食的意愿不强,粮食扶持政策没有完全达到预期的效果。2015~2016年全国和13个粮食主产区的播种面积都有所减少,其中6个省区下降,6个省区上升,仅四川持平。减少的数量大于增加的数量,北方粮食播种面积下降速度快于南方。四川省的粮食播种面积还没有达到最高水平,未来可以通过扩大粮食播种面积来增加产量。

粮食播种面积占农作物播种面积的比重能够反映粮食生产在整个农业生产中的地位。从表5-2中可知,全国粮食播种面积占农作物播种面积比重稳定在68%,一半以上的农业生产集中在粮食领域。13个粮食主产区粮食播种面积的占比高于全国水平,保持在70%以上,但四川省的占比略低于全国平均水平。

表5-2 粮食播种面积与农作物播种面积比值[①]　　　　单位:%

年份 省份	2005	2006	2007	2008	2009	2010	2011	2012	2013	2014	2015
河北省	0.71	0.71	0.71	0.71	0.72	0.72	0.72	0.72	0.72	0.73	0.73
内蒙古自治区	0.70	0.68	0.76	0.77	0.78	0.79	0.78	0.78	0.78	0.77	0.76
辽宁省	0.80	0.87	0.84	0.82	0.80	0.78	0.76	0.76	0.77	0.78	0.78
吉林省	0.87	0.90	0.88	0.88	0.87	0.86	0.87	0.87	0.88	0.89	0.89
黑龙江省	0.86	0.77	0.91	0.91	0.94	0.94	0.94	0.94	0.95	0.96	0.96
江苏省	0.64	0.68	0.70	0.70	0.70	0.69	0.69	0.70	0.70	0.70	0.70
安徽省	0.70	0.74	0.73	0.73	0.73	0.73	0.73	0.74	0.74	0.74	0.74
江西省	0.66	0.67	0.67	0.67	0.67	0.67	0.67	0.67	0.66	0.66	0.66
山东省	0.63	0.63	0.65	0.65	0.65	0.65	0.66	0.66	0.66	0.67	0.68
河南省	0.66	0.66	0.67	0.68	0.68	0.69	0.70	0.70	0.70	0.71	0.71
湖北省	0.54	0.59	0.57	0.54	0.53	0.51	0.51	0.52	0.53	0.54	0.56
湖南省	0.61	0.61	0.61	0.61	0.61	0.58	0.58	0.58	0.57	0.57	0.57
四川省	0.69	0.70	0.70	0.68	0.68	0.68	0.67	0.67	0.67	0.67	0.67
13个粮食主产区	0.69	0.70	0.72	0.71	0.71	0.71	0.71	0.72	0.72	0.72	0.73
全国	0.67	0.67	0.69	0.68	0.69	0.68	0.68	0.68	0.68	0.68	0.68

---

① 由于缺乏2016年的农作物播种面积,所以比值计算截止到2015年。

第五章　四川省粮食生产条件与全国及13个粮食主产区的比较研究

2005年四川省粮食播种面积占农作物播种面积的比重为0.69，与主产区整体水平一致，比全国水平高0.02。2007年四川省耕地面积下降35.1%，但是粮食播种面积占比为0.70，依然保持在较高水平。2011～2015年四川省粮食播种面积占比稳定在0.67，全国水平高于四川省保持在0.68。粮食主产区整体水平稳中有升，2015年为0.73。2015年在13个粮食主产区中，四川省粮食播种面积占农作物播种面积的比重远低于黑龙江（0.96）、吉林（0.89）、辽宁（0.78）等北方粮食主产区，但是高于湖南（0.57）、湖北（0.56）、江西（0.66）等南方粮食主产区。

四川省2005～2015年农作物播种面积不断增加，年均增加1.88万公顷[1]。近年来耕地数量也趋于稳定，但是粮食播种面积增长缓慢，增长速度低于13个粮食主产区和全国平均水平。

（四）耕地质量

根据近年来对四川省耕地质量的检测，在现有的耕作管理和施肥技术水平下，一是土壤的酸度有所增加，土壤有机质、氮、磷元素明显增加，总体肥力处于中等水平[2]；二是由于化肥农药施用量逐渐增加，耕地面源污染形势严峻。耕地污染点位超标率为34.3%[3]，其中轻微、轻度、中度和重度污染点位比例分别为27.8%、3.95%、1.37%和1.20%，主要污染物为镉、镍、铜、铬、滴滴涕和多环芳烃，土壤质量和环境状况令人担忧[4]。全国及13个粮食主产区耕地质量等别情况如图5-3所示。

全国耕地质量等别调查与评定总面积为13509.74万公顷，全国耕地评定为15个等别，1等耕地质量最好，15等最差。将全国耕地按照1～4等、5～8等、9～12等、13～15等划分为优等地、高等地、中等地和低等地。四川省的优等地面积为0.22万公顷，占总耕地面积的0.03%；高等地面积为199.33万公顷，占总耕地面积的29.35%；中等地面积为475.32万公顷，占总耕地面积的70%；低等地面积为4.19万公顷，占总耕地面积的0.62%。13个粮食主产区优等地、高等地、中等地、低等地分别占总耕地面积比例分别为3.55%、30.84%、49.81%、15.81%。优等地面积为397.38万公顷，占全国耕地评定总面积的2.94%；全国高等地面积为3584.60万公顷，占全国耕地评定总面积的26.53%；中等地面积为7138.52万公顷，占全国耕地评定总面积的52.84%；低等地面积为2389.25万公顷，占全国耕地评定总面积的17.69%。

---

[1] 四川省农作物播种面积2005年为948.02万公顷，2015年为968.99万公顷。
[2] 马红菊，四川省农业厅成都土壤肥料测试中心。
[3] 点位超标率是指土壤超标点位的数量占调查点位总数量的比例。
[4] 《四川省土壤污染状况调查公报》（2014）。

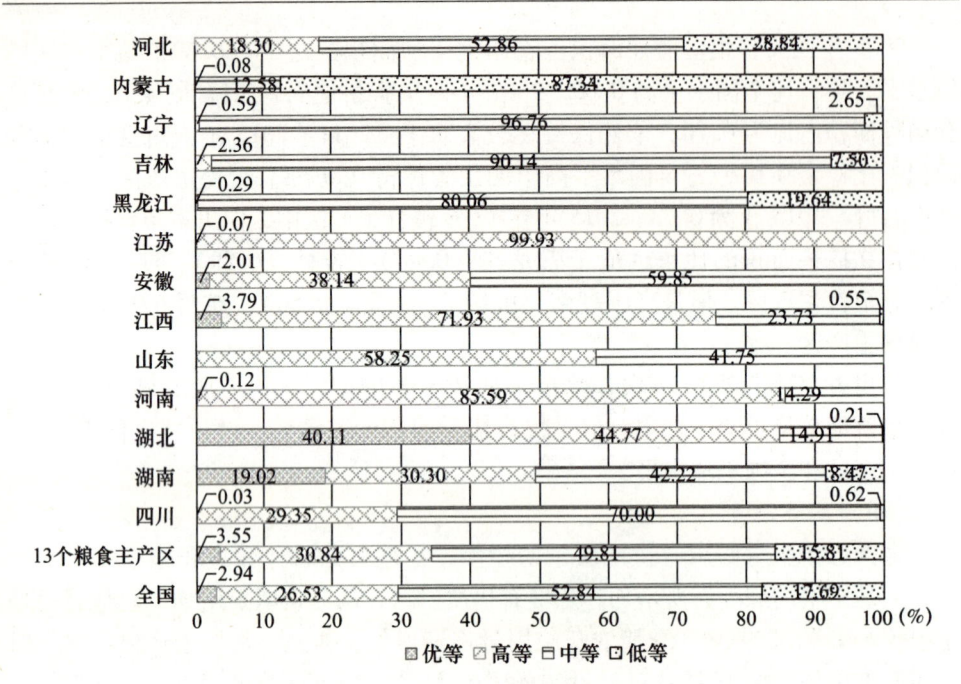

图 5-3　2014 年耕地质量等别情况①

资料来源：由《2015 年全国耕地质量等别更新评价主要数据成果》计算获得。

四川省的优等地占耕地的比重低于全国和 13 个粮食主产区的平均水平。在 13 个粮食主产区内部，河北省、内蒙古自治区、辽宁省、黑龙江省没有优等地分布，优等地占耕地比重最高的是湖北省和湖南省，分别是 40.11% 和 19.02%，优等地主要集中在南方。四川省高等地的占比高于全国水平，略低于粮食主产区的整体水平，江苏省的高等地占比最高，达到 99.93%。四川省中等地占比达到 70%，高于全国和主产区的总体水平，整个四川省也以中等地为主。四川省的低等地占比低于全国和粮食主产区整体水平，粮食主产区又低于全国水平。

从全国来看，南方土地污染重于北方，西南地区土壤重金属超标范围较大。四川省的耕地质量总体上处于中等水平，但是耕地污染状况不容乐观，应保护耕地质量，注重污染的防治。耕地数量和质量都处于中等水平，耕地面积和粮食播种面积的增长慢于农作物播种面积增长的速度，新增耕地面积用于粮食生产的较少。

---

① 资料来源于《2015 年全国耕地质量等别更新评价主要数据成果》。

二、水资源利用状况对比分析

（一）农业用水量利用状况

水是生命之源，人类生存和生产都离不开水。但是地球上的淡水资源是有限的，我国水资源南北分布不均，人均占有量低。2016年全国水资源总量为32466.4亿 m³，用水总量为6040.2亿 m³，其中，农业用水3768亿 m³，占用水总量的62.4%，农田灌溉水有效利用系数为0.542。2016年四川省水资源总量2340.9亿 m³，供用水总量为267.25亿 m³，农业用水155.86亿 m³，占用水总量的58.3%，农田灌溉水有效利用系数为0.462。[①]

2015年四川省水资源总量为2221亿 m³，居13个粮食主产区之首；占全国水资源总量的7.94%，占13个粮食主产区水资源总量的20%。四川盆地处于温带季风气候区，常年降水丰沛且河流众多。我国水资源总体分布也是南方多于北方，主要是因为降水和河流主要集中在南方。丰富的水资源为南方粮食生产提供了水源保障，南水北调工程改善了北方水资源短缺的现状，有利于缓解水资源地区分布不平衡。

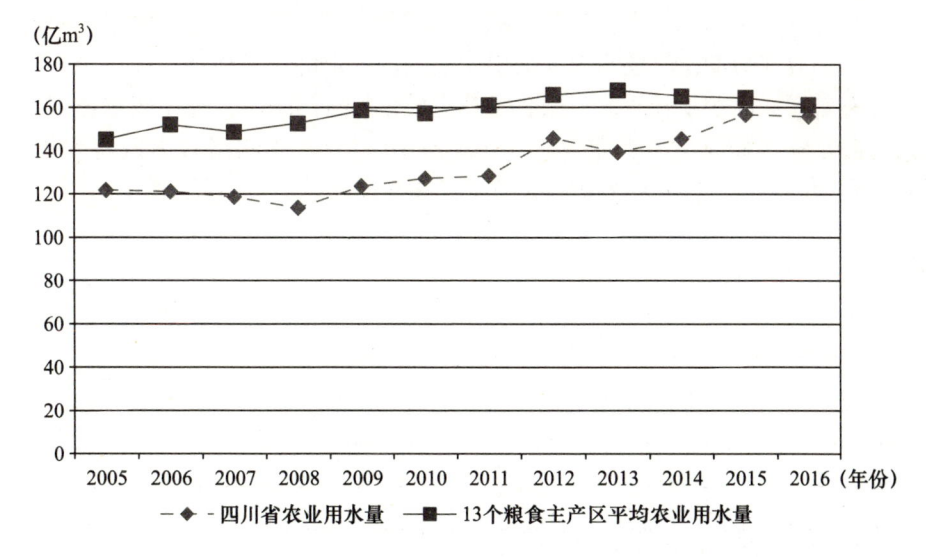

图5-4　2005～2016年四川省与13个粮食主产区农业用水量变化情况
资料来源：农业部、国家统计局、水利部。

[①] 《2016年中国水资源公报》。

农业生产需要大量的灌溉水源，2016 年 13 个粮食主产区总的农业用水量占区域内总用水量的 61.02%，占全国农业用水量的 52%。而粮食作物的需水量最大，特别是水稻。随着节水技术的推广，传统粗放的灌溉方式逐渐减少。农业用水效率在不断提高，从 2013 年开始，农业用水量呈逐渐下降趋势。

四川省农业用水量总体上呈波动上升趋势（见图 5-4），2005~2016 年净增 34.73 亿 m³，在 13 个粮食主产区中增长量仅次于黑龙江省（127.55 亿 m³）和安徽省（36.86 亿 m³）。四川省 2005 年的农业用水量低于大多数粮食主产区，2016 年农业用水量超过了湖北省、河南省、山东省、河北省等，农业用水量从第 9 位上升到第 5 位。黑龙江省农业用水增长最快，2005~2016 年年均增长 4.21%，四川省农业用水量年均增长 1.95%；13 个粮食主产区总的农业用水量年均增长率为 0.75%，全国年均增长 0.4%。

13 个粮食主产区总的农业用水量变化趋势与全国大致相同，2005~2013 年呈波动上升，2013 年分别达到最大值的 2183.33 亿 m³ 和 3921.52 亿 m³；2014~2016 年农业用水量持续减少，全国的下降幅度大于 13 个粮食主产区的整体下降幅度。四川省的水资源总量丰富，提供了充足的农业用水，为粮食生产提供了较好的水资源条件。

（二）农田有效灌溉情况

四川省的水资源总量大，温暖湿润的气候条件下，降水量能够满足正常的农业用水，只有在短期干旱缺水时才会引水灌溉。稳定的气候和降水条件导致四川省农田有效灌溉面积增长缓慢，粮食生产主要依靠自然降水。但是频繁出现极端天气，降水和气候反常，严重制约了农业生产。2006 年四川省出现特大干旱，导致粮食大幅减产，"靠天吃饭"的局面有待改善。

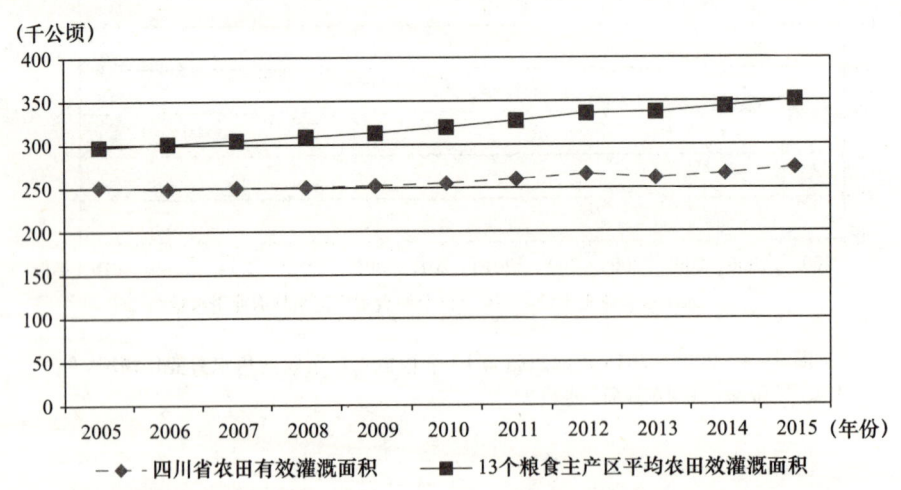

图 5-5　2005~2015 年四川省与 13 个粮食主产区农田有效灌溉面积变化情况

资料来源：国家统计局、水利部。

第五章　四川省粮食生产条件与全国及13个粮食主产区的比较研究

四川省农田有效灌溉面积无论是总量还是增长速度，在13个粮食主产区中都处于较低水平（见图5-5）。总体而言，北方粮食主产区农田有效灌溉面积大于南方，2015年四川省农田有效灌溉面积在13个粮食主产区中居第10位。2005~2015年河南省、山东省、河北省、江苏省、安徽省有效灌溉面积一直高于粮食主产区的平均水平，黑龙江省2005年有效灌溉面积低于四川省，但是通过不断增长，2013年开始一直保持第一位。2013年受南方持续高温干旱天气的影响，大部分粮食主产区农田有效灌溉面积出现下滑。

2015年四川省农田有效灌溉面积273.5万公顷比2005年增加了22.67万公顷，增长9.4%。黑龙江省2015年的有效灌溉面积为553.08万公顷，比2005年增加了313.67万公顷，增长131%。2005~2015年全国农田有效灌溉面积从5502.94万公顷增加到6587.26万公顷，增长19.7%；同期，13个粮食主产区总的农田有效灌溉面积增长了18.1%。四川省的农田有效灌溉面积增长缓慢，明显低于同期大多数粮食主产区的灌溉水平。虽然拥有丰富的水资源条件，但是水利基础设施还处于相对薄弱环节，抵御自然灾害、极端天气的能力不强。

农田灌溉水有效利用系数是指在一次灌水期间，被农作物利用的净水量与水源处总引水量的比值，是反映农业用水利用效率的重要指标。2015年我国农田灌溉水有效利用系数为0.536，达到了"十二五"规划纲要的预期目标。2015年13个粮食主产区农田灌溉水有效利用平均系数为0.556，比全国水平高0.02。四川省的农田灌溉水有效利用系数为0.454，在13个粮食主产区中处于最低水平（见图5-6）。

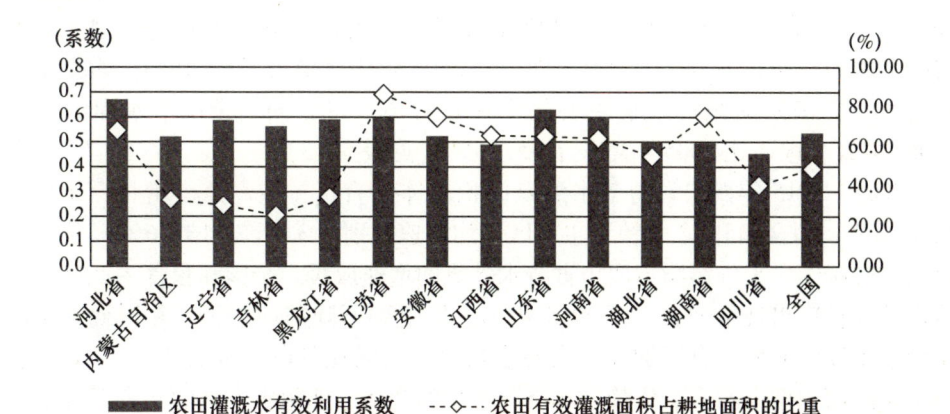

图5-6　2015年粮食主产区和全国农田灌溉有效利用系数、有效灌溉面积比重
资料来源：水利部。

农田有效灌溉面积占耕地面积的比重，反映了农田水利设施的普及程度。13个粮食主产区中，农田有效灌溉面积最大的是黑龙江省，但是有效灌溉面积占耕地面积比重最高的是江苏省，为86.4%。北方的粮食主产区有效灌溉面积比重较低，主要是耕地面积较大。四川省有效灌溉面积的占比为40.63%，在南方粮食主产区中最低。粮食主产区有效灌溉面积占耕地面积比重的平均值为55.4%，全国为48.79%。四川省农田有效灌溉面积、农田灌溉水有效利用系数、农田有效灌溉面积占耕地面积的比重均较低。

（三）节水灌溉情况

我国总体上仍然是一个水资源短缺的国家，水资源是农业发展的重要约束条件。农业用水量占整个经济社会用水量的62%，部分地区高达90%以上，农业用水效率不高，节水潜力很大。[①] 根据《国家农业节水纲要（2012~2020年）》的发展目标，到2020年，全国初步建立农业生产布局与水资源条件相匹配、用水规模与效率、工程与非工程措施相结合的节水体系；全国农田有效灌溉面积达到10亿亩，农田灌溉水有效利用系数达到0.55。2016年全国农田有效灌溉面积9.8亿亩，农田灌溉水有效利用系数为0.53，已经非常接近2020年的发展目标。

根据国家对节水灌溉分区指导的要求，包括四川省在内的南方地区，要以渠道防渗为主，加快灌溉工程的更新改造，适当发展管道灌溉，大力发展水稻控制灌溉。四川省的粮食生产以水稻为主，水稻需水量大，进行控制灌溉能够显著提高水资源节约利用水平。2015年四川省节水灌溉面积156.79万公顷，占13个粮食主产区节水灌溉面积的8%，与2005年相比增加了63.12%，年均增长率达到5%。2015年辽宁省、吉林省、江西省的节水灌溉面积增长率虽然都超过了100%，但是节水灌溉面积的总量和增长量低于四川省。2015年13个粮食主产区总的节水灌溉面积为1952.73万公顷，与2005年相比增长了50.16%，占全国总量的63%，节水灌溉的发展主要集中在粮食主产区；同期全国节水灌溉面积3106.04万公顷，比2005年增长了45.56%（见表5-3）。

2005~2015年四川省的节水灌溉面积总体一直保持较高速度增长，年均增长4.23%；而全国和13个粮食主产区平均增速分别为3.46%和3.76%。受2013年南方极端干旱天气影响，四川省节水灌溉的增速放缓。全国和粮食主产区总的节水灌溉首次出现负增长，至2015年仍未恢复到下降前的水平。在出现干旱的年份节水灌溉面积没有增加反而大幅度减少，表明现阶段我国的节水效率不高，节水灌溉面积推广的多少依赖于水资源数量的变化。四川省丰富的水资源为节水灌溉创造了良好的资源条件，为节水效率进一步提高打下了基础。

---

① 《国家农业节水纲要（2012~2020年）》。

表 5-3 2005~2015 年节水灌溉面积增长率与增长量情况

年份	增长率（%）四川省	增长率（%）13 个粮食主产区	增长率（%）全国	增长量（万公顷）四川省	增长量（万公顷）13 个粮食主产区	增长量（万公顷）全国
2005	4.7	4.9	4.9	4.31	60.33	99.195
2006	5.2	5.6	5.1	5.01	72.697	108.78
2007	4.1	5.1	4.7	4.12	69.897	106.35
2008	4.3	4.1	4.0	4.58	58.643	94.60
2009	6.9	5.5	5.4	7.60	82.89	131.96
2010	6.5	7.1	6.1	7.67	112	155.88
2011	5.3	7.6	6.8	6.63	129.28	186.56
2012	7.5	8.8	7.0	9.89	159.87	203.72
2013	3.2	-15.6	-13.2	4.54	-309.96	-410.81
2014	0.7	6.7	7.0	1.06	112.51	191.02
2015	6.5	9.2	7.0	9.58	164.43	204.16

资料来源：国家统计局。

除此之外，四川省还保持着较高的节水灌溉比例。节水灌溉比例是节水灌溉面积与农田有效灌溉之间的比值，反映了在有效灌溉区内，节水灌溉的普及程度。在灌区推广节水灌溉不仅能够节约水资源，还能提高粮食产量。

2015 年四川省节水灌溉比例为 0.57，全国和 13 个粮食主产区节水灌溉比例分别为 0.47 和 0.43；节水灌溉比例最高的是内蒙古自治区，达到 0.8（见表 5-4）。北方粮食主产区节水灌溉比例总体上高于南方地区，主要原因在于：一是由于北方水资源贫乏，农民节水意识更强；二是北方以人工灌溉为主，南方主要依靠降水。四川省 2015 年的节水灌溉比例在南方粮食主产区中仅次于江苏省的 0.61，比 2005 年增加了 0.19；而全国和粮食主产区总体节水灌溉比例增加均未超过 0.1。

四川省水资源禀赋条件较好，降水充足，水资源总量大，能够满足不断增长的农业用水。农田有效灌溉面积增长缓慢，但是节水灌溉面积增长较快，节水比例也较大。同时，现阶段农田灌溉水有效利用系数较低，表明节水技术还需进一步提高。

表 5-4 2005~2015 年节水灌溉比例

省份 \ 年份	2005	2006	2007	2008	2009	2010	2011	2012	2013	2014	2015
河北省	0.53	0.54	0.54	0.56	0.57	0.59	0.62	0.65	0.67	0.69	0.72
内蒙古自治区	0.55	0.60	0.64	0.70	0.73	0.77	0.82	0.86	0.70	0.76	0.80
辽宁省	0.25	0.26	0.27	0.29	0.31	0.33	0.37	0.44	0.43	0.49	0.53
吉林省	0.17	0.17	0.17	0.14	0.15	0.15	0.18	0.23	0.31	0.31	0.37
黑龙江省	0.59	0.61	0.62	0.64	0.66	0.69	0.69	0.69	0.28	0.27	0.31
江苏省	0.37	0.38	0.40	0.40	0.42	0.43	0.45	0.49	0.53	0.56	0.61
安徽省	0.21	0.22	0.22	0.22	0.23	0.23	0.24	0.25	0.19	0.20	0.20
江西省	0.12	0.12	0.13	0.13	0.15	0.16	0.18	0.21	0.21	0.23	0.25
山东省	0.39	0.41	0.42	0.43	0.44	0.46	0.48	0.51	0.54	0.57	0.59
河南省	0.27	0.28	0.28	0.28	0.29	0.30	0.31	0.33	0.26	0.29	0.32
湖北省	0.13	0.15	0.16	0.15	0.16	0.17	0.18	0.19	0.11	0.12	0.13
湖南省	0.10	0.10	0.10	0.12	0.11	0.11	0.12	0.13	0.11	0.11	0.11
四川省	0.38	0.41	0.42	0.44	0.47	0.49	0.51	0.53	0.56	0.55	0.57
13 个主产区	0.34	0.35	0.36	0.37	0.39	0.41	0.43	0.45	0.38	0.40	0.43
全国	0.39	0.40	0.42	0.42	0.43	0.45	0.47	0.50	0.43	0.44	0.47

三、农业机械化对比分析

（一）农机总动力与大型机械变化情况

现代农业的发展离不开机械化，机械对劳动力的替代程度将逐渐增大。农机总动力能够直观反映出农业机械化的情况，是衡量农业现代化的重要指标。联合收获机能够显著提高农业生产的效率，在平原地区被广泛应用于粮食生产中，并逐渐向符合条件的丘陵地区推广。2016 年四川省农机总动力为 4450 万千瓦，主要农作物耕种收综合机械水平达 55%。2005~2015 年四川省的农机总动力稳步增长，2015 年农机总动力为 4404.55 万千瓦，与 2005 年的 2181.7 万千瓦相比，增长了 1.1 倍（见表 5-5）。

由表 5-5 可知，2005~2015 年四川省农机总动力以年均 7.3% 的速度增长，粮食主产区和全国的年均增速为 5.13% 和 5.03%。表明四川省农业机械化推进速度较快，高于全国和粮食主产区的总体发展水平。从 2013 年开始，无论是四川省还是全国和其他粮食主产区，农机总动力增长速度开始放缓。农业机械化发展到一定程度之后，进一步提高的难度加大。特别是四川省地形以山地和丘陵为主，农业机械推广的成本要高于平原地区。

第五章 四川省粮食生产条件与全国及13个粮食主产区的比较研究

表5-5 2005~2015年农机总动力增长情况

年份	四川省 总动力（万千瓦）	四川省 增长率（%）	全国 总动力（万千瓦）	全国 增长率（%）	13个粮食主产区 总动力（万千瓦）	13个粮食主产区 增长率（%）
2005	2181.70	7.48	68398	6.20	49495.51	6.03
2006	2344.87	7.48	72522	6.20	52564.77	6.03
2007	2523.05	7.60	76590	5.73	55578.24	5.61
2008	2687.55	6.52	82190	7.66	59835.55	7.31
2009	2952.66	9.86	87496	6.69	63837.23	6.46
2010	3155.13	6.86	92780	5.69	67469.48	6.04
2011	3426.10	8.59	97735	5.06	70884.83	5.34
2012	3694.03	7.82	102559	4.68	74203.96	4.94
2013	3953.09	7.01	103907	0.16	74322.54	1.31
2014	4160.10	5.24	108057	3.90	77217.80	3.99
2015	4404.55	5.88	111728.1	3.36	79813.74	3.40

资料来源：农业部。

四川省大型农业机械以联合收获机为例，联合收获机在跨区域作业方面有很强的优势，劳动力替代程度高。2015年四川省有联合收获机2.94万台，比2005年增加了2.36万台。受地形以丘陵山地为主的限制，联合收获机的保有数量较低，但是增长速度较快，与2005年相比联合收获机的数量增加了近4倍（见图5-7）。

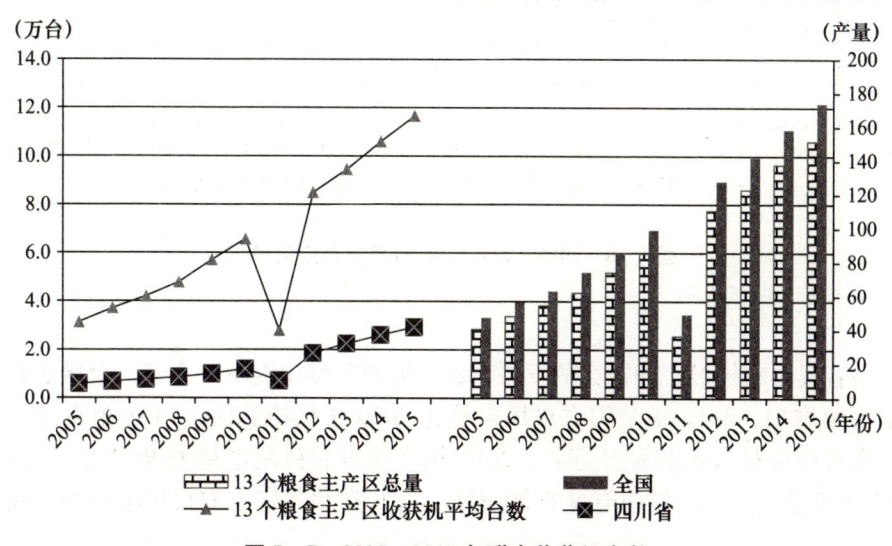

图5-7 2005~2015年联合收获机台数

资料来源：农业部。

2005~2015年全国及13个粮食主产区的联合收获机数量增加迅速（2011年出现下降）。四川省的联合收获机台数在13个粮食主产区中处于较低水平。与2005年相比，2015年粮食主产区联合收获机平均增长3.72倍；全国增加了3.65倍，13个粮食主产区拥有全国87%的联合收获机。山东省、河南省、江苏省等农业机械大省，跨区域作业降低了四川省农民购置农机的需求。农忙时节，在引进外来机械作业的同时，四川省也应注重本地农业机械的发展。针对四川省的实际情况，逐步增加农机自有比例，促进农业机械化发展的持续性。

（二）农村电量与农用柴油使用量情况

农村用电量也在一定程度上反映了农业机械化水平，小型灌排水设备、粮食生产和加工机械等，大部分都采用了电能驱动。2016年四川省农村用电量为183亿千瓦时，同比增长了4.7%。2005~2015年四川省农村用电量稳步增长（见图5-8），用电总量在13个粮食主产区中居第6位。2015年四川省农网投资170亿元，居全国第一位。[①]

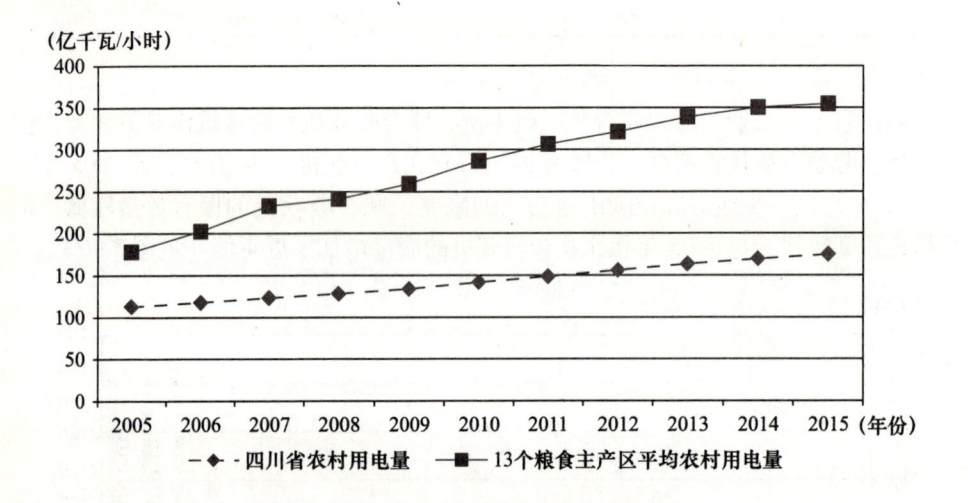

图5-8 2005~2015年农村用电量变化情况

资料来源：国家统计局。

随着我国农村经济和社会的发展，农村电力基础设施不断完善，全国农村用电量大幅增加，2015年全国农村用电量达9026.9亿千瓦时。13个粮食主产区中，农村用电量最高的是江苏省。2015年江苏省农村用电量1836.2亿千瓦时，占13个粮食主产区农村用电量的39.8%。河北省和辽宁省农村用电量增长速度

---

① 《2015四川省农业农村经济基本情况》。

较快，但是河北省 2015 年农村用电量开始下滑。2005~2015 年四川省农村用电量年均增长 4.98%，全国和 13 个粮食主产区平均增长 9.66% 和 9.01%。四川省在农村电力建设中投入了大量资金，但是农村用电量增长速度慢于全国和 13 个粮食主产区的平均水平。

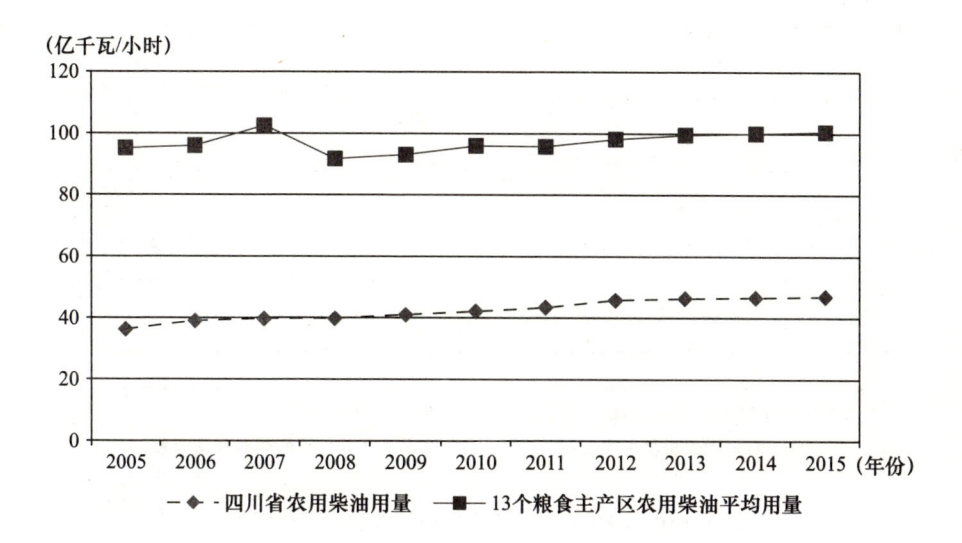

图 5-9　2005~2015 年农用柴油使用情况

资料来源：农业部、国家统计局。

2015 年四川省的农用柴油使用量 46.9 万吨，占 13 个粮食主产区总量的 3.5%。从图 5-9 中可以看出四川省的农业柴油使用量并不大，仅仅高于湖南省和江西省。农用柴油使用量最大的是河北省，2015 年使用量为 293.2 万吨，但与 2007 年相比减少了 193.8 万吨。总体而言，粮食主产区内部农用柴油使用量的差异较大，河北省、山东省等使用量大，但是在逐步减少。四川省、湖南省等用量较小，保持缓慢的增长。

（三）农业机械化耕作、播种、收获情况

2016 年四川省农机购置补贴机具 26 万台，直接受益农户 23 万户。全年完成机耕面积 472.93 万公顷，机播 86.8 万公顷，机收 440.3 万公顷，主要农作物耕种收综合机械化水平达 55%。农机化水平不断发展，农机合作社数量比 2015 年增加 163 个。合作社拥有农机具比上年增长 14.9%，农机作业面积较上年增长 12%，农机社会化服务不断增强。2016 年全国的农机耕种收综合机械化水平 66%，四川省与全国水平相比低 11 个百分点。2017 年四川省农业厅制定了《四川省农机装备发展行动方案（2016~2025 年）》，预计到 2020 年，农机装备要满足粮食生产全程机械化的需求；以丘陵山地区域的耕、种、收农机为研发重点，全省农作物耕种收综合机械化水平达到63%。到2025年，农业机械化水平实现进一步提升，农机耕种收机械化率达到66%。

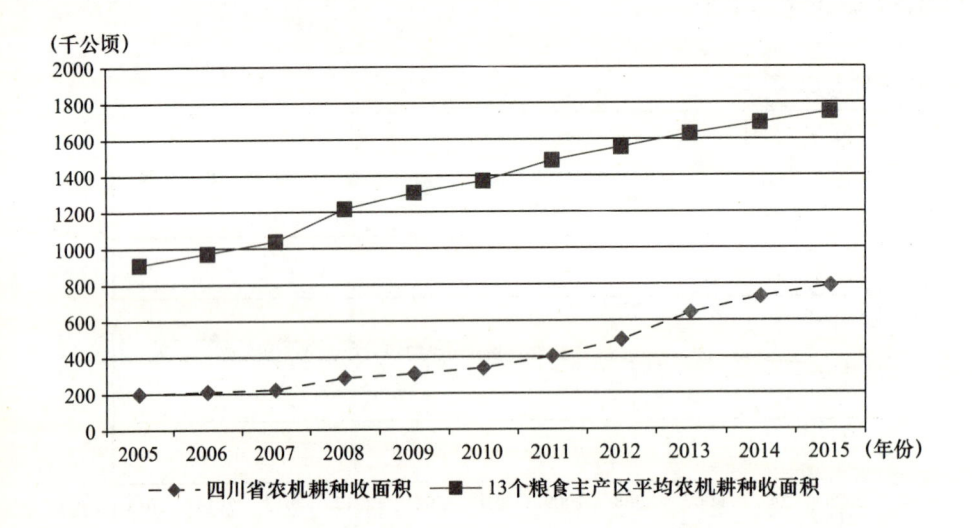

图 5 - 10　2005~2015年农机耕种收面积变化情况

资料来源：《中国农业机械工业年鉴》。

2015年四川省农机耕种收面积为789.97万公顷，比2005年增加了592.29万公顷，年均增加53.84万公顷，但与13个粮食主产区平均水平相比还有很大差距（见图5-10）。从总量而言，在13个粮食主产区中四川省农机耕种收的面积最低。2015年全国农机耕种收面积为29417.19万公顷，13个粮食主产区总的农机耕种收面积为22729.77万公顷，占全国的77.27%，而四川省农机耕种收面积仅占13个粮食主产区总量的3.48%。南方粮食主产区中，农机耕种收面积增长量最大的是湖北省，2015年农机耕种收面积为1254.43万公顷，与2005年相比增加了888.71万公顷。粮食主产区中黑龙江省农机耕种收面积最大，2015年为4150.85万公顷。

2005~2015年四川省农机耕种收面积总量处于较低水平，一直低于其他粮食主产区；年均增长率虽然高达27.24%，但是增量与其他粮食主产区相比仍然较低。四川省的农机耕种收水平与13个粮食主产区和全国的平均水平差距较大，有待进一步提高。

农机耕种收面积从总体上反映了农机作业的现状，通过计算农机耕、种、收分别的水平和综合水平，进一步对四川省农机耕、种、收水平与全国和13个粮食主产区的平均水平比较。参照农业部 2012 年制定的《农业机械化管理统计报表制度》，由于缺乏农作物应收面积的数据，由播种面积代替。在实际情况中农作物受自然灾害的影响，收获面积会小于播种面积，所以不足之处是机收水平可能会被低估。机耕水平缺乏免耕播种面积数据，计算结果可能会高于实际机耕水平。结合统计数据收集的实际情况，采用如下的计算公式：

$$Z = c_1 \times 0.4 + c_2 \times 0.3 + c_3 \times 0.3$$

其中，Z 为耕种收综合机械化水平；c_1 为机耕水平，即机耕面积占耕地面积的比率；c_2 为机播水平，即机械化播种面积占农作物播种面积的比率；c_3 为机收水平，即机械化收获面积占农作物播种面积的比率。机耕的权重为 0.4，机播和机收的权重为 0.3，机耕面积占整个农机耕种收的面积最多。结果如表 5-6 所示。

表 5-6 2005~2015 年农机耕作、播种、收获水平及综合机械化水平

单位：%

省份	耕作、播种、收获	2005年	2006年	2007年	2008年	2009年	2010年	2011年	2012年	2013年	2014年	2015年
四川省	机耕	11.7	12.5	20.4	30.6	33.0	36.8	46.3	49.1	60.8	68.3	72.1
	机播	4.3	4.0	3.8	3.7	3.7	3.7	2.2	3.7	5.2	7.6	8.9
	机收	5.2	6.0	6.9	7.3	8.0	8.9	11.0	13.3	18.8	20.4	22.6
	综合水平	7.5	8.0	11.4	15.5	16.7	18.5	22.5	24.7	31.5	35.7	38.3
13个粮食主产区平均水平	机耕	59.6	61.6	71.0	88.7	91.6	95.0	92.5	90.3	92.5	94.0	95.8
	机播	36.9	39.5	41.1	45.4	49.6	51.9	54.3	57.1	59.2	60.8	62.8
	机收	27.6	31.2	33.9	37.4	41.0	42.6	49.0	52.4	56.7	60.4	63.4
	综合水平	43.2	45.8	50.9	60.3	63.8	66.4	68.0	69.0	71.8	74.0	76.2
全国	机耕	50.2	55.4	58.9	63.0	66.0	69.6	72.3	74.1	76.0	77.5	88.7
	机播	30.3	32.0	34.4	37.7	41.0	43.0	44.9	47.1	48.8	50.8	52.1
	机收	22.6	25.1	28.6	31.2	34.7	38.4	41.4	44.4	48.2	51.3	52.7
	综合水平	35.9	39.3	42.5	45.9	49.1	52.3	54.8	57.2	59.5	61.6	66.9

2005~2015 年四川省农机耕种收水平不断提高，但是由于起点较低，与全国和 13 个粮食主产区的平均水平差距仍然较大。2015 年四川省农机耕、种、收水平分别为 72.1%、8.9%、22.6%，综合水平为 38.3%；13 个粮食主产区农机耕、种、收平均水平分别为 95.8%、62.8%、63.4%，综合水平为 76.2%；全国农机耕、种、收水平分别为 88.7%、52.1%、52.7%，综合水平为 66.9%。从农机耕、种、收内部发展趋势来看，全国和 13 个粮食主产区的机械化播种和

收获水平差距越来越小。但是，四川省的机收和机播水平差距越来越大，2005年机收水平比机播高0.9%，2015年机收比机播高13.7%；机播长期处于较低水平，增长水平远远低于机收和机耕水平。四川省的机耕水平发展最快，从2005年的11.7%增加到2015年的72.1%。

四川省农机耕种收面积、耕种收机械化水平与全国和13个粮食主产区平均水平的差距均较大，但是四川省的农机总投入常年保持在全国前10名，2015年农业机械化总投入52.7亿元，居全国第七位。在大量的资金投入下，四川省耕种收面积增长速度较快。2005~2015年四川省机械化耕作、播种、收获面积年均增长率分别为16.2%、10.7%、15.9%；13个粮食主产区机械化耕作、播种、收获面积年均增长率分别为5.3%、6.3%、9.7%；全国机械化耕作、播种、收获面积年均增长率分别为6.1%、6.3%、10.1%。四川省机械化耕种收面积的增长速度快于全国和13个粮食主产区的平均速度。机耕水平达到较高程度之后，粮食主产区和全国的机耕面积增速不高，在机播和机收水平差距逐渐缩小的情况下，机收面积的增长仍然快于机播面积。四川省现阶段农机耕种收面积增长率与机械化水平发展趋势一致，机耕水平最高，机耕面积增长也最快。

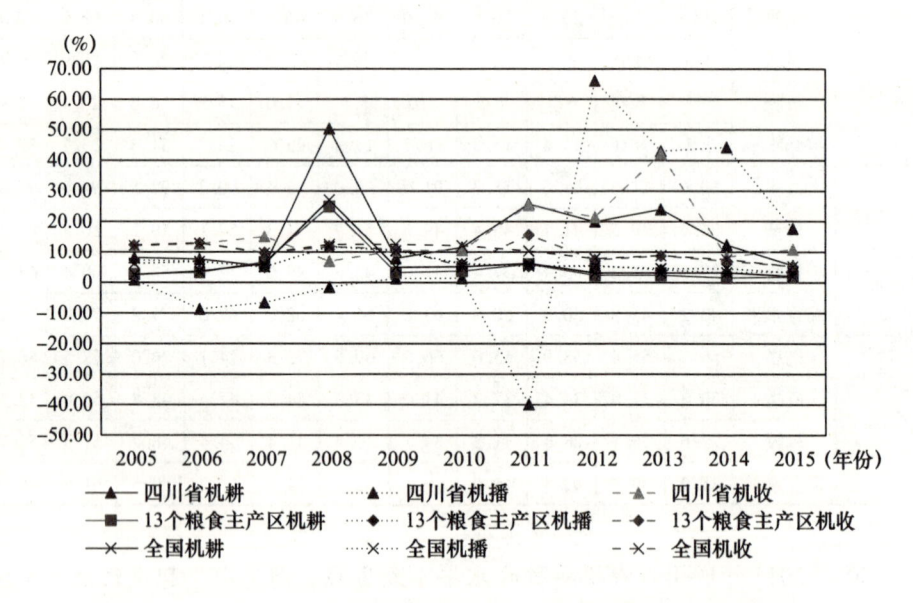

图5-11 2005~2015年农机耕作、播种、收获面积增长率变化趋势

2005~2015年四川省的机耕面积增长速度一直高于全国和13个粮食主产区的平均水平，2008年增幅最高达到50.93%。四川省的机播面积波动幅度最大，2006~2008年一直处于负增长状态，2011年机播面积同比减少39.9%；2012~

2015年开始持续地增加，但是增速并不稳定。四川省机收面积从较低的增长速度到2011年开始逐渐超过粮食主产区和全国水平（见图5-11）。四川省耕种收机械化水平较低，但是耕种收面积在不断扩大。

四川省地貌以山地丘陵为主，一定程度上会对机械化的推进产生阻隔效应。虽然农业机械化保持了较高的投入，但是农业机械化总体水平提高缓慢，特别是机播水平较低，机收水平也不高。农业耕种收机械化作业面积在13个粮食主产区中最低，四川省作为西部唯一的粮食主产区，在农业机械化方面已经落后于其他粮食主产区。未来提高耕种收机械化水平，继续扩大机耕面积的同时，主要依靠提高机播和机收水平，特别是机播的发展空间最大。

四、化肥农药使用情况

（一）化肥使用量变化情况

我国耕地基础地力偏低，过多地使用化肥不利于农业的持续发展。近年来我国粮食产量的提高主要依靠化肥的投入，化肥对粮食增产的贡献率在40%以上，预计到2020年主要农作物化肥使用量实现零增长。[①] 2015年全国化肥使用量6022.6万吨，同比增加了26.7万吨，增长0.45%；粮食主产区化肥使用总量为4015.57万吨，比2014年减少0.03%，化肥使用量首次出现下降；2015年四川省使用化肥249.83万吨，同比减少0.37%。

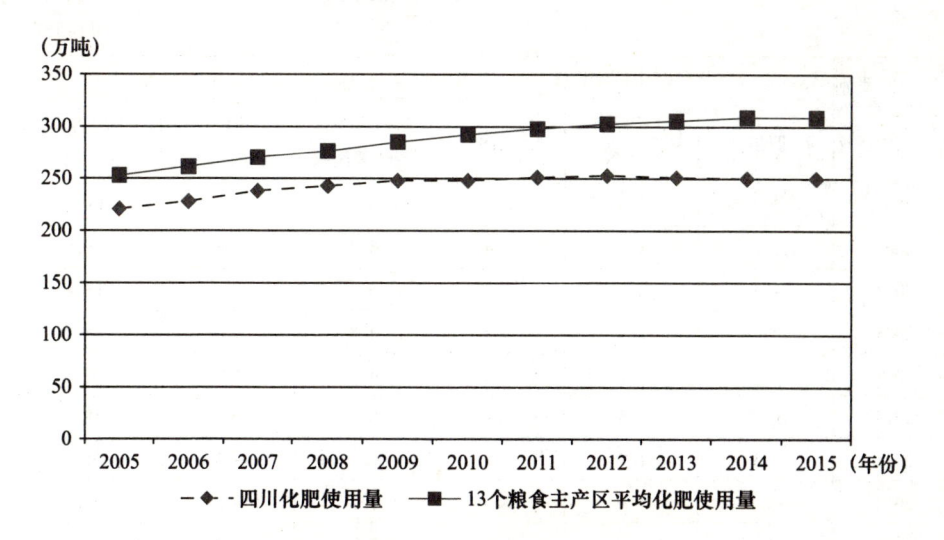

图5-12 2005~2015年化肥使用量情况

资料来源：中国农业部。

[①] 农业部：《到2020年化肥使用量零增长行动方案》。

图 5-12 显示，四川省的化肥使用量近年来已经得到了有效控制，基本保持稳定，并实现了农业部提出的到 2020 年主要农作物化肥使用量零增长的目标。粮食主产区中化肥使用量最大的是河南省，2015 年使用化肥 716.09 万吨，比 2014 年增加 10.29 万吨，化肥使用量持续增加。截至 2015 年，黑龙江省、内蒙古自治区、吉林省、辽宁省、江西省等粮食主产区的化肥使用量仍然在增加。山东省、江苏省、湖北省、四川省化肥使用量逐渐减少。化肥是重要的农业生产资料，被称为粮食的"粮食"，为我国粮食连续增产作出了突出贡献。但是随着投入的不断增加，化肥的边际效益会逐渐降低，也不利于解决当前的农业面源污染问题。

2005~2015 年全国化肥使用量增长速度逐渐降低，2015 年增速为 0.4%，符合农业部提出的预期目标，2015~2019 年将化肥使用量增长率控制在 1% 以内。2005~2015 年 13 个粮食主产区化肥使用量占全国的比重从 69% 下降到 66.7%，2015 年化肥使用总量增长率为 -0.03%。四川省 2013~2015 年化肥使用量持续负增长，有效控制了化肥的过度使用；2005 年四川省化肥使用量占 13 个粮食主产区和全国的比重分别为 6.7%、4.6%，2015 年占比分别下降到 6.2% 和 4.1%（见表 5-7）。

表 5-7　2005~2015 年化肥使用量增长率及占比情况

单位:%

年份	化肥使用量增长率			化肥使用量占比		
	四川	13 个粮食主产区	全国	四川占粮食主产区比重	四川占全国比重	13 个粮食主产区占全国比重
2005	2.9	2.8	2.8	6.7	4.6	69.0
2006	3.3	3.4	3.4	6.7	4.6	69.0
2007	4.4	3.5	3.7	6.8	4.7	68.8
2008	2.0	2.2	2.6	6.8	4.6	68.6
2009	2.1	3.2	3.2	6.7	4.6	68.6
2010	0.01	2.5	2.9	6.5	4.5	68.4
2011	1.3	1.9	2.6	6.5	4.4	67.9
2012	0.7	1.6	2.4	6.4	4.3	67.4
2013	-0.7	1.0	1.3	6.3	4.2	67.2
2014	-0.4	1.1	1.4	6.2	4.2	67.0
2015	-0.1	-0.03	0.4	6.2	4.1	66.7

四川省化肥使用量负增长有利于减少粮食增产对化肥的依赖程度,符合国家对化肥用量调控的宏观政策。在化肥使用量逐渐减少的情况下,未来粮食产量的增加应主要依靠科技进步,提高化肥的利用率,将复合肥和有机肥结合,既能缓解土壤面源污染又能实现绿色发展。

(二)化肥使用量结构情况

2015年全国氮肥、磷肥、钾肥使用量分别为2361.6万吨、843.1万吨、642.3万吨;氮肥使用量最大,但是2012~2015年使用量逐渐下降;磷肥和钾肥的使用量逐渐增加,钾肥的增长速度最快,2005年钾肥使用量仅为489.8万吨,至2015年增加了152.5万吨。2015年我国氮肥、磷肥、钾肥的利用率分别为33%、24%、42%,钾肥的利用率最高,氮肥和磷肥次之,如表5-8所示。

表5-8 2005~2015年氮肥、磷肥、钾肥使用量结构

单位:万吨

年份 \ 类别	四川省 氮肥	四川省 磷肥	四川省 钾肥	粮食主产区平均用量 氮肥	粮食主产区平均用量 磷肥	粮食主产区平均用量 钾肥	全国 氮肥	全国 磷肥	全国 钾肥
2005	121.8	45.1	13.0	117.46	40.55	23.88	2229.7	743.8	489.8
2006	124.7	46.6	13.7	119.13	41.92	24.89	2262.5	769.5	509.7
2007	127.9	48.0	14.8	120.59	41.79	26.12	2297.2	773.0	533.6
2008	128.6	48.9	15.8	119.5	41.97	26.49	2302.9	780.1	545.2
2009	130.7	49.7	16.4	120.88	48.37	27.25	2329.9	797.7	564.3
2010	129.6	49.3	16.4	121.85	43.00	28.13	2353.7	805.6	586.4
2011	128.8	50.6	17.3	122.35	43.44	28.82	2381.4	819.2	605.1
2012	128	50.8	17.5	122.34	43.72	29.08	2399.9	828.6	617.7
2013	126.1	50.3	17.7	121.53	43.60	29.40	2394.2	830.6	627.4
2014	125.7	49.9	17.7	120.64	43.70	29.74	2392.9	845.3	641.9
2015	124.7	49.6	17.8	118.16	43.02	29.36	2361.6	843.1	642.3

资料来源:中国国家统计局。

2015年四川省氮肥、磷肥、钾肥的使用量分别为124.7万吨、49.6万吨、17.8万吨;氮肥施用量从2009年的130.7万吨持续下降到2015年的124.7万吨,但高于粮食主产区的平均水平。2011~2015年四川省的磷肥使用量逐渐下降,但也高于粮食主产区磷肥的平均使用量水平。

2005~2015年四川省钾肥使用量增加缓慢,低于粮食主产区的平均水平;2015年粮食主产区钾肥平均使用29.36万吨,比四川省多11.56万吨。

2005~2015年在氮肥和钾肥使用量变化趋势上，四川省和全国以及粮食主产区的变化趋势大致相同，都经历了先增后减的过程。四川省的磷肥使用量一直低于粮食主产区的平均水平，增长速度慢于全国水平。

2015年四川省氮肥、磷肥、钾肥使用量之间的比值为64.9∶25.8∶9.3[①]；粮食主产区平均氮肥、磷肥、钾肥使用量比值为62∶22.6∶15.4；全国氮肥、磷肥、钾肥使用量的比值为61.4∶21.9∶16.7。2005~2015年氮肥、磷肥、钾肥使用量占比情况如图5-13所示。

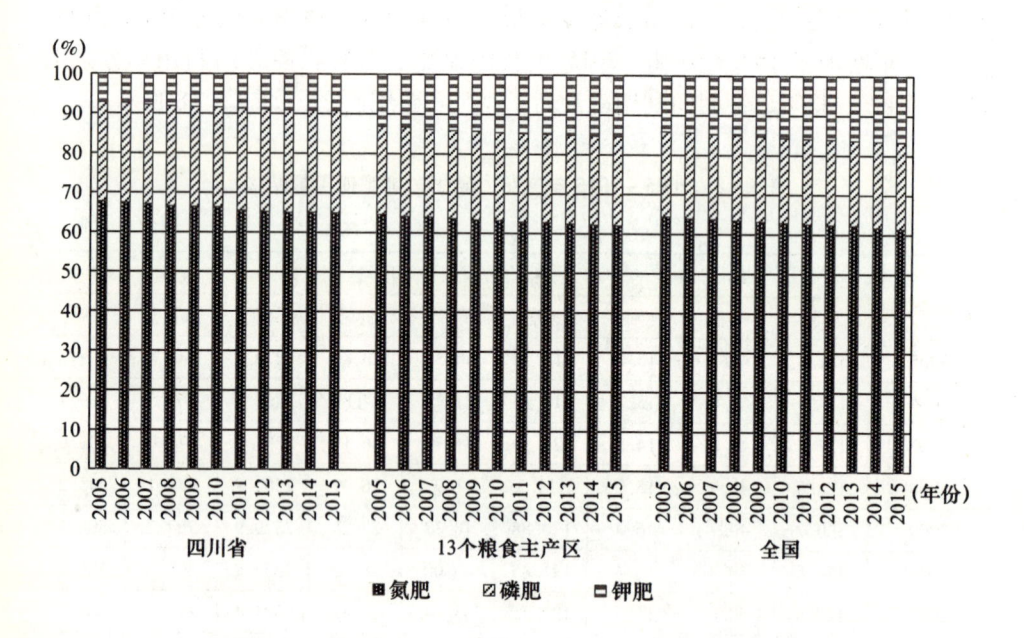

图5-13 2005~2015年氮肥、磷肥、钾肥使用量占比

从图5-13显示的总体趋势可以看出，2005~2015年四川省、13个粮食主产区、全国的氮肥使用量占比不断下降，磷肥和钾肥使用量比重不断增加。与全国和粮食主产区的平均水平相比，四川省氮肥和磷肥的比重更高，钾肥占比偏低。2015年，农业部制定的《到2020年化肥使用量零增长行动方案》，针对四川省所在的西南地区，提出稳氮、调磷、补钾的施肥原则。在此基础上，配合施用硼、钼、镁、硫、锌、钙等中微量元素，增施有机肥，推广水肥一体化技术。

（三）农药使用情况

农药对防治病虫害，促进粮食稳产高产起到了重要保障作用。随着农作物播

---

① 氮肥、磷肥、钾肥使用总量为100。

种面积的不断扩大,病虫害防治的面积和难度加大,农药使用量总体上在增加。农药使用量增加带来了生产成本提高、环境污染、农产品残留超标等诸多问题。在新的粮食安全观下,需要更加注重食物的质量安全,大量使用农药会增加农产品的质量风险。为了实现农业的可持续发展,有效控制农药使用量,农业部制定了《到2020年农药使用量零增长行动方案》。

2015年全国农药使用量为178.3万吨,比2005年增加32.3万吨,13个粮食主产区农药使用总量118.6万吨,占全国的67%。四川省2015年农药使用量为5.89万吨,与2005年相比仅增加了0.26万吨,农药使用量稳中有降。2015年13个粮食主产区中,内蒙古自治区、吉林省农药使用量仍然在增加,其他粮食主产区农药使用量均为负增长。13个粮食主产区农药使用量占全国总量的比重较大,但整体可控,有利于实现2020年农药使用量零增长的目标。2015年全国农药使用量比2014年减少2.4万吨,下降1.33%。2005~2015年四川省农药使用量在粮食主产区中表现出稳定性较强,波动性小的特征(见图5-14)。

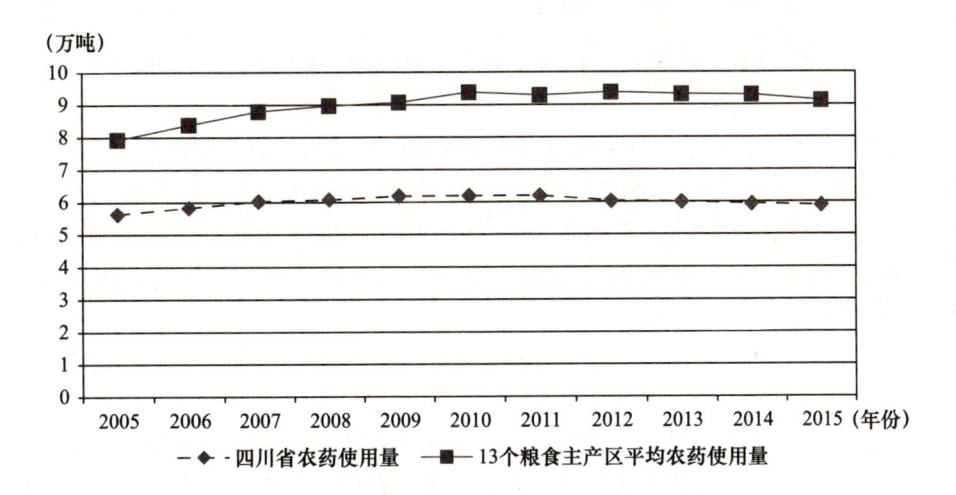

图5-14 2005~2015年农药使用量变化情况

资料来源:中国国家统计局。

2005~2015年四川省农药使用量始终得到有效控制,提前实现了零增长的目标;13个粮食主产区的农药使用量近年来减少,但个别省区使用量仍在增加,但减少的量大于增加的量;全国农药使用量增速放缓,增长率从2005年的5.34%下降到2015年的-1.33%(见图5-15)。四川省农药使用情况安全可控,优于其他粮食主产区和全国总体情况。

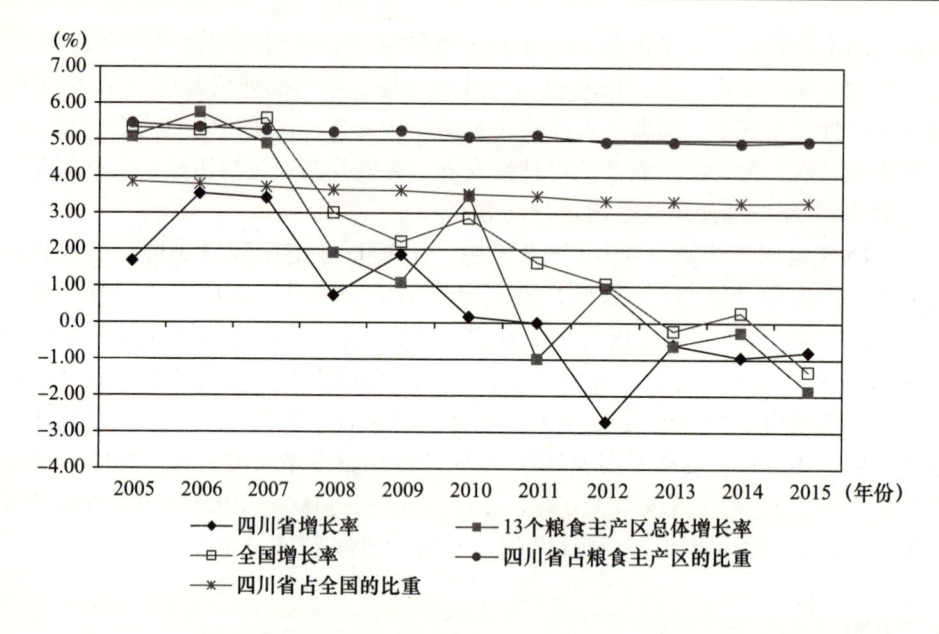

图5-15 2005~2015年农药使用量增长率及四川省占全国和粮食主产区占比

2005~2015年全国、13个粮食主产区和四川省的农药使用量增长率均在下降，四川省从2011年开始保持负增长状态。2005年四川省农药使用量占全国和13个粮食主产区总量的比重为3.86%和5.46%，2015年分别下降到3.3%和4.97%。2005年13个粮食主产区农药使用量占全国的比重为70.6%，2015年下降到66.5%。①

总体而言，2005~2015年四川省粮食生产在硬条件方面，总体上朝着有利于粮食增产的方向发展。粮食生产的土地资源、水资源、农业机械、化肥农药等生产条件均逐渐改善，虽然个别指标与全国和粮食主产区相比处于较低水平，但粮食生产硬条件总体发展形势较好。新增耕地面积增加缓慢，但近年来耕地面积总量逐渐稳定。耕地以中等地为主，低等地占耕地面积的比例低于全国和粮食主产区平均水平。耕地质量主要面临的问题是土壤面源污染问题，但是，四川省对化肥和农药使用量进行了有效控制，在化肥农药零增长行动方案下，有助于保证耕地质量。农作物播种面积逐年增长，但是粮食播种面积增加缓慢。农民种粮积极性下降，与北方粮食主产区相比，四川省粮食播种面积占农作物播种面积的比重较低。四川省水资源丰富，农业用水量逐年增加，但是，在灌溉设施和技术方面处于薄弱环节。节水灌溉面积增加较快，但是水资源利用效率不高。农机总动

---

① 由中国国家统计局公布的统计数据计算得出。

力增长速度比全国和13个粮食主产区平均水平更高,但是大型机械拥有量较少。经过对农村电网的大力投资,农村用电量持续增加。农用柴油使用量增长缓慢,在13个粮食主产区中处于较低水平。耕种收机械化面积增长率较高,但是机械化耕种收面积总量在粮食主产区中最低,耕种收综合机械化水平以及分别的耕作、播种、收获机械化水平均低于全国和13个粮食主产区。

第二节 四川省粮食生产软条件与全国及13个粮食主产区的对比分析

一、农业劳动力状况对比分析

（一）劳动力数量状况

四川省是人口大省和劳动力输出大省,2015年全省常住人口8204万人,与2010年第六次人口普查的8042万人相比,增加了162万人[①]。第六次人口普查的数据显示,四川省外出人口为2091.4万人,占总人数的26%,其中向省外输出劳动力1050.6万人。向省外转移的劳动力中,92.9%来源于乡村,乡村劳动力是人口输出的主要来源[②]。2016年四川省向省外转移农村劳动力1133.9万人,与2010年相比增加了83.3万人。农村劳动力不断转移,有利于增加农民的非农收入,但是在乡村就业的人员逐渐减少。农村劳动力的转移,一定程度上能够促进机械化水平的提高,促使农民采用机械代替人力。

图5-16显示,2005年全国乡村就业人员为4.6亿人,2015年下降到3.7亿人,减少了约9000万人,乡村就业人员年均下降2.1%。13个粮食主产区大多是人口或农业大省,乡村就业人数的变化情况与全国不同。从总量上看,2005~2010年13个粮食主产区的乡村就业人数总量在增加,2005年为3.01亿人,2010年增加到3.09亿人,5年共增加了约800万人。2005~2010年13个粮食主产区中乡村就业人员数量,仅四川省和山东省一直下降,其余粮食主产区均有不同程度的增加。2010~2015年13个粮食主产区乡村就业总量逐渐下降,从3.09亿人下降到2.95亿人,减少了约1400万人,下降最明显的是湖北省和江西省。乡村就业人员数量下降的速度快于过去增加的速度,与我国城镇化水平的快速提高和经济发展密切相关。农业产值占国民经济的比重逐渐降低,农业生产对劳动

---

① 《四川省2015年全国1%人口抽样调查主要数据公报》。
② 2010年第六次全国人口普查资料。

力数量的需求势必下降。过多的劳动力集中在产出比重不断下降的农业领域，不利于劳动者收入提高和农业现代化的发展①。河南省作为人口大省和农业大省，在13个粮食主产区中乡村就业人员数量最大，2015年为4798万人；乡村就业人数最少的为吉林省，2015年为760万人。

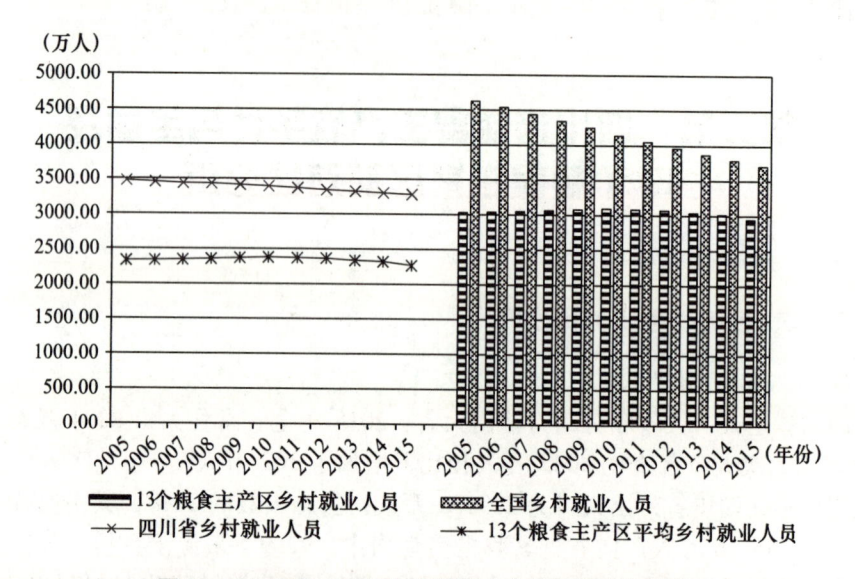

图 5-16 2005~2015年乡村就业人员数量变化情况

资料来源：2005~2012年的数据来源于中国国家统计局，2012~2015年数据来源于各省统计年鉴。

2005~2015年四川省乡村就业人员数量持续减少，在13个粮食主产区中居第3位，与山东省和全国的变化趋势一致。2015年四川省乡村就业人员3473.1万人，与2005年的3281万人相比减少了192.1万人。四川省的乡村就业人员逐年减少，但是总量依然较大。

2005~2015年全国乡村就业人员下降幅度最大，年均降幅为2.1%；四川省乡村就业人员数量下降幅度较平缓，一直在0~-1%；13个粮食主产区乡村就业总人数下降较快，2011年为-0.35%，到2015年增长率为-2.29%（见图5-17）。

从图5-17可知，四川省乡村就业人员数量持续减少，但仍然有大量农村劳动力有待转移。全国和13个粮食主产区的乡村就业人员数量下降速度逐渐加快，而四川省相比之下较为缓慢。

---

① 钟甫宁：《农业经济学》。

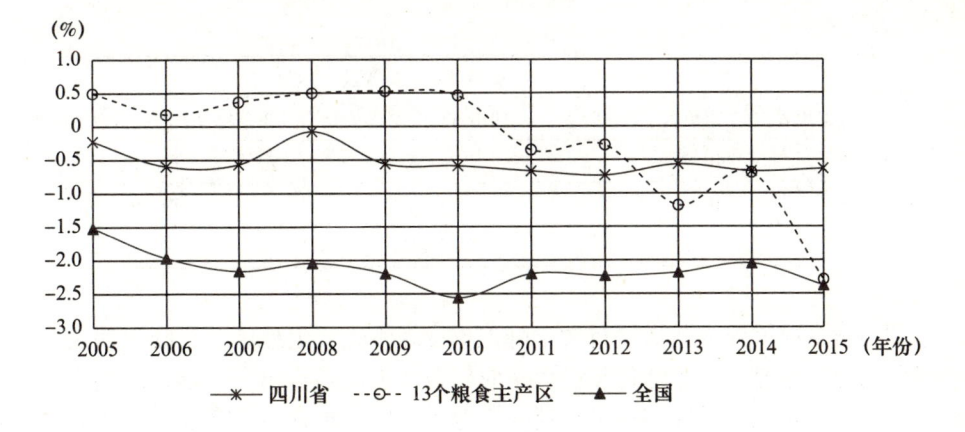

第五章 四川省粮食生产条件与全国及13个粮食主产区的比较研究

图 5-17 2005~2015 年乡村就业人员增长率变化情况

2005~2015 年四川省乡村就业人员总体处于负增长状态，但是占整个粮食主产区的比重并没有持续减少，2011~2015 年占比反而逐渐上升。一是由于粮食主产区总的乡村就业人员大幅下降；二是四川省的下降幅度较缓慢。四川省乡村就业人员占全国的比重从 2005 年的 7.51% 增加到 2015 年的 8.86%。虽然四川省和全国一样保持下降趋势，但是全国的下降速度快于四川省，导致四川占全国的比重持续上升。2005~2015 年 13 个粮食主产区乡村就业人员占全国的比重从 65.54% 增加到 79.57%（见表 5-9），全国 80% 的乡村就业人员分布在 13 个粮食主产区之中。作为农业和人口大省的粮食主产区乡村就业人员基数大，2011 年总量开始下降，但是下降速度慢于全国水平。

表 5-9 2005~2015 年四川省和 13 个粮食主产区乡村就业人员数量占比情况

单位：%

年份	乡村就业人员数量		
	四川省占13个粮食主产区比重	四川省占全国比重	13个粮食主产区占全国比重
2005	11.46	7.51	65.54
2006	11.37	7.61	66.97
2007	11.26	7.74	68.70
2008	11.20	7.89	70.48
2009	11.08	8.02	72.44
2010	10.96	8.19	74.68
2011	10.93	8.31	76.09
2012	10.88	8.44	77.61

续表

年份	乡村就业人员数量		
	四川省占13个粮食主产区比重	四川省占全国比重	13个粮食主产区占全国比重
2013	10.94	8.58	78.41
2014	10.95	8.70	79.50
2015	11.13	8.86	79.57

四川省乡村就业人员数量持续下降但速度缓慢，一定程度上反映出四川省的农村劳动力数量充足，虽然每年有大量农村劳动力向外输出，但是，四川省的农村就业人员数量庞大。四川省乡村就业人数占全国和粮食主产区的比重仍有上升的趋势，需要加快农村劳动力转移。从全国看，乡村劳动力主要集中在粮食主产区，提高粮食主产区的乡村就业质量对全国的乡村就业有重要意义。

（二）劳动力质量状况

传统的农业生产对劳动力数量需求较大，但未来农业的发展将更多地依靠劳动力的质量水平。大多数文盲和半文盲人口主要在农村，在此用文盲和半文盲人口数量的变化，来反映农村劳动力质量状况。文盲和半文盲数量减少，农民文化水平提高，能够显著降低农业生产的效益和粮食产量。2005~2016年，四川省文盲和半文盲人口的数量在13个粮食主产区中最高[1]。从1%人口抽样调查数据来看，四川省15岁以上文盲和半文盲人口2005年为14.1万人，2015年下降到8.7万人；2005年四川省文盲和半文盲人口占13个粮食主产区总量的比重为15.7%，2015年却增加到16.3%；但是，四川省占全国的比重从2005年的9.4%下降到2015年的9.1%。13个粮食主产区文盲和半文盲人口总量2005年为89.6万人，2015年下降到53.5万人，占全国总量的比重从59.4%下降到55.5%。2005年全国总量150.9万人，2015年下降到96.4万人（见表5-10）。

根据2006~2016年的1‰人口变动调查样本数据，四川省15岁以上文盲半文盲人口从0.8万人下降到0.5万人，但是，占13个粮食主产区总量和全国的比重从14.6%和8.5%，分别上升到16.2%和9.4%；2006~2009年占粮食主产区和全国的比重呈波动下降趋势，2009~2016年四川省在二者中的比重又逐渐上升。在此期间，13个粮食主产区和全国的文盲和半文盲人口分别从5.3万人和9.1万人减少到3万人和5.1万人。由1%和1‰的人口抽样调查数据的综合比较得出，四川省文盲和半文盲人口数量稳中有降，但是占13个粮食主产区和全国

---

[1] 由于2010年第六次人口普查的影响，2010年15岁以上文盲和半文盲人口数据缺失。2005年和2015年为1%人口抽样调查样本数据，其他年份为1‰人口变动调查样本数据。因此2005年和2015年的数据与其他年份相比差距较大。

的比重并未明显下降,近年来占比还逐渐增加。

表 5-10　2005~2016 年 15 岁以上文盲半文盲人口数量及占比变化情况

类别 年份	四川省 (万人)	四川省占13个粮食 主产区比重(%)	四川省占全国 比重(%)	13 个粮食主产区 总计(万人)	13 个粮食主产区总计 占全国比重(%)	全国 (万人)
2005	14.1	15.7	9.4	89.6	59.4	150.9
2006	0.8	14.6	8.5	5.3	58.1	9.1
2007	0.6	13.6	7.9	4.7	57.7	8.2
2008	0.6	14.2	8.2	4.4	57.9	7.6
2009	0.6	13.8	8.0	4.0	57.9	6.9
2011	0.4	14.4	8.3	2.9	58.1	5.0
2012	0.4	14.2	8.3	2.7	58.5	4.7
2013	0.4	15.6	8.7	2.4	55.4	4.3
2014	0.4	15.8	8.8	2.6	55.4	4.6
2015	8.7	16.3	9.1	53.5	55.5	96.4
2016	0.5	16.2	9.4	3.0	58.2	5.1

资料来源:中国国家统计局。

除了数量上的变化之外,表 5-11 显示了文盲半文盲占 15 岁以上人口的比例情况。四川省在 13 个粮食主产区中文盲半文盲人口基数大,占 15 岁以上人口的比例也较高。2016 年四川省的文盲半文盲占 15 岁以上人口的比率为 8.2%,与 2005 年相比,文盲半文盲率下降了 8.4%,但在 13 个粮食主产区中最高。文盲半文盲比例下降最快的是安徽省,2005 年的比例为 19.2%,2016 年减少到 6.8%。2005~2016 年江苏省、安徽省、山东省、河南省、湖北省、四川省的文盲半文盲比例长期高于 13 个粮食主产区的平均水平,13 个粮食主产区平均文盲半文盲比例从 10.3% 下降到 4.9%。全国的文盲半文盲比例略高于 13 个粮食主产区的平均水平,但是比四川省低。2015 年 13 个粮食主产区的乡村就业人员占全国总量的 80%,但是,文盲半文盲水平却低于全国比例,表明粮食主产区总体劳动力质量在不断提高。但是,13 个粮食主产区文盲半文盲比例内部差异较大,一半左右的地区文盲半文盲比例偏高。2016 年文盲半文盲比例最低的辽宁(1.7%)与比例最高的四川(8.2%)相差 6.5 个百分点。根据表 5-11 可知,2013~2016 年四川省的文盲半文盲的比例有所回升,主要是文盲人口基数较大,下降速度缓慢,且 15 岁以上的人口逐渐稳定。虽然比例增加,但是总的文盲和半文盲人口逐渐减少。

表 5-11　2005~2016 年文盲半文盲占 15 岁以上人口的比例

单位:%

年份 省份	2005	2006	2007	2008	2009	2011	2012	2013	2014	2015	2016
河北省	7.2	6.4	6.3	4.8	4.9	3.7	3.8	3.1	3.1	3.9	4.1
内蒙古自治区	11.3	9.4	8.2	8.1	7.5	4.4	4.0	4.3	4.7	5.5	4.7
辽宁省	4.8	4.1	3.8	3.5	3.2	2.3	2.2	1.8	1.8	1.9	1.7
吉林省	5.9	5.2	4.6	4.4	3.4	2.2	1.9	2.3	2.9	2.6	2.5
黑龙江省	6.2	5.0	4.4	4.2	4.5	2.6	2.4	2.2	2.7	2.7	3.6
江苏省	10.0	9.4	8.2	8.1	7.2	4.9	4.8	3.8	5.1	5.4	5.8
安徽省	19.2	16.3	16.8	14.5	13.4	8.4	8.3	7.4	7.2	6.5	6.8
江西省	10.5	9.2	7.2	6.5	5.0	3.7	3.7	2.8	3.4	4.7	4.8
山东省	12.4	9.1	8.2	8.0	7.5	6.6	6.2	5.3	5.5	6.7	6.6
河南省	9.8	8.6	7.9	7.4	6.6	5.7	5.4	4.9	4.5	5.3	5.7
湖北省	12.1	9.8	8.7	7.7	7.8	5.9	5.9	5.3	5.8	6.0	5.6
湖南省	8.6	6.5	5.4	5.9	5.0	4.2	4.0	3.1	3.3	3.4	3.4
四川省	16.6	12.6	10.6	10.2	9.2	7.2	6.9	6.7	7.2	8.1	8.2
13 个粮食主产区	10.3	8.6	7.7	7.2	6.5	4.8	4.6	4.1	4.4	4.8	4.9
全国	11.0	9.3	8.4	7.8	7.1	5.2	5.0	4.6	4.9	5.4	5.3

资料来源：中国国家统计局。

2005~2016 年四川省文盲半文盲人口数量逐渐减少，而在 13 个粮食主产区中依然最高；文盲半文盲比例已经大幅下降，但是与全国和 13 个粮食主产区平均水平相比仍然较高。可以看出四川省在农村劳动力质量方面与过去相比逐渐改善，但是形势依然不容乐观。提高农业劳动力质量这一短板，还需要继续加大对农村教育的投入以及农民文化技术培训。

二、农村投入状况对比分析

（一）农村水利投入

乡办水电站是国家在农村水利设施投入的重要方面，除了发电之外，兼有防洪、灌溉、调节局部生态环境等功能。而且，为农村提供清洁能源的同时，能够减少洪涝或者干旱对农业生产的影响，为粮食增产提供水利支持。乡办水电站的数量和装机容量能够在一定程度上反映农村水利投入状况，在此作为影响粮食生产的水利投入因素进行分析。四川省西高东低的地势和丰富的水资源，为乡办水电站建设提供了良好的自然条件。随着国家对环境污染治理力度的不断加大，对清洁能源的需求会不断增加，乡办水电站将对农村环境治理和粮食生产起到重要的调节作用。

2005~2015年，全国乡办水电站数量增长迅速，从26726个增加到47340个，年均增加1874个。13个粮食主产区乡办水电站数量2005年共10556个，占全国总量的39.4%；2015年为17457个，增加了6901个。从总量上来看，全国以及13个粮食主产区的乡办水电站不断增加，发展形势较好。就13个粮食主产区而言，乡办水电站数量差异较大。河北省、内蒙古自治区、辽宁省、吉林省、黑龙江省、山东省等北方地区，由于自然条件的限制，乡办水电站的数量较少。江西省、湖北省、湖南省、四川省等南方地区，有适合水电站建设的水资源和地形条件，乡办水电站数量远高于北方地区（见表5-12）。

表5-12 2005~2015年乡办水电站个数①

单位：个

省份\年份	2005	2006	2007	2008	2009	2010	2011	2012	2013	2014	2015
河北省	116	103	122	229	235	236	239	242	243	246	248
内蒙古自治区	3	3	3	36	36	37	38	39	40	40	40
辽宁省	146	146	153	164	166	170	173	176	179	184	187
吉林省	80	69	69	186	203	209	231	241	244	251	259
黑龙江省	14	13	15	69	70	71	77	80	81	81	84
江苏省	2	—	—	132	134	133	131	136	28	29	29
安徽省	509	562	600	772	800	810	823	841	818	825	842
江西省	1816	1933	2233	3420	3492	3517	3586	3743	3870	3889	3925
山东省	12	12	12	88	85	89	107	128	129	129	129
河南省	405	432	334	600	540	545	547	515	520	525	530
湖北省	609	589	502	1737	1709	1751	1764	1787	1810	1753	1764
湖南省	4262	4129	3995	4101	4096	4158	4219	4313	4417	4439	4472
四川省	2582	2561	2415	4174	4141	4135	4172	4264	4871	4917	4948
13个粮食主产区	10556	10552	10453	15708	15707	15861	16107	16505	17250	17308	17457
全国	26726	27493	27664	44433	44804	44815	45151	45799	46849	47073	47340

资料来源：中国国家统计局、中国国家粮食局。

① 2006~2007年江苏省乡办水电站的数据缺失。

2005年四川省乡办水电站2582个，2015年达到4948个。从2013年开始，四川省乡办水电站数量位于13个粮食主产区第一位，由此可以看出，四川省在水利上的投入较大，扩张迅速。2005~2015年全国乡办水电站数量年均增长率为6.3%，13个粮食主产区年均增长5.6%，四川省年均增长8.1%（见表5-13）。

表5-13　2005~2015年乡办水电站数量增长率

单位：%

年份 省份	2005	2006	2007	2008	2009	2010	2011	2012	2013	2014	2015
四川	4.45	-0.8	-5.70	72.8	-0.79	-0.14	0.89	2.21	14.2	0.94	0.63
13个粮食主产区	2.0	-0.04	-0.94	50.3	-0.01	0.98	1.55	2.47	4.5	0.34	0.86
全国	-1.4	2.87	0.62	60.6	0.83	0.02	0.75	1.44	2.29	0.48	0.57

从表5-13可以看出，2005~2015年四川省乡办水电站数量增长率波动较大，2007年最高为-5.7%，13个粮食主产区为-0.94%。2008年是全国乡村水电站建设的爆发期，四川省增长率高达72.8%，均高于全国和粮食主产区的平均增长率。四川省乡办水电站数量大，增长率高。在水利的外部投入方面，优于全国和粮食主产区平均水平。

乡办水电站数量反映了水利投资的普及程度，装机容量进一步反映了外部投入的规模。2005~2015年全国乡办水电站装机容量规模不断扩大，2015年达到7583万千瓦，比2005年增加了6483.8万千瓦；13个粮食主产区装机容量从295.5万千瓦增加到2575.8万千瓦；四川省从94.2万千瓦增加到1110.3万千瓦，在13个粮食主产区中居第一位（见图5-18）。

全国和13个粮食主产区总的装机容量均在不断扩大，而粮食主产区之间差异较大。2008年是全国乡办水电站建设的高速增长期，但2008~2015年装机容量超过200万千瓦的地区只有四川省、湖南省、湖北省、江西省，其余地区乡办水电站装机容量均低于200万千瓦。在水利方面投入数量和规模方面，四川省在粮食主产区中都是第一位，增长速度也高于全国水平。

（二）农民内部投入

内部投入是农民自身对生产和生活的投入，通过对农村农户固定资产投资额的分析，研究内部投入变化情况。农民自身收入水平不断提高，是农户固定资产投资的基础条件。除此之外，农业自身具有弱质性，面临自然和市场双重风险。社会资本对农业的投资意愿不强，农民自身对农业的投资是影响农业生产的重要

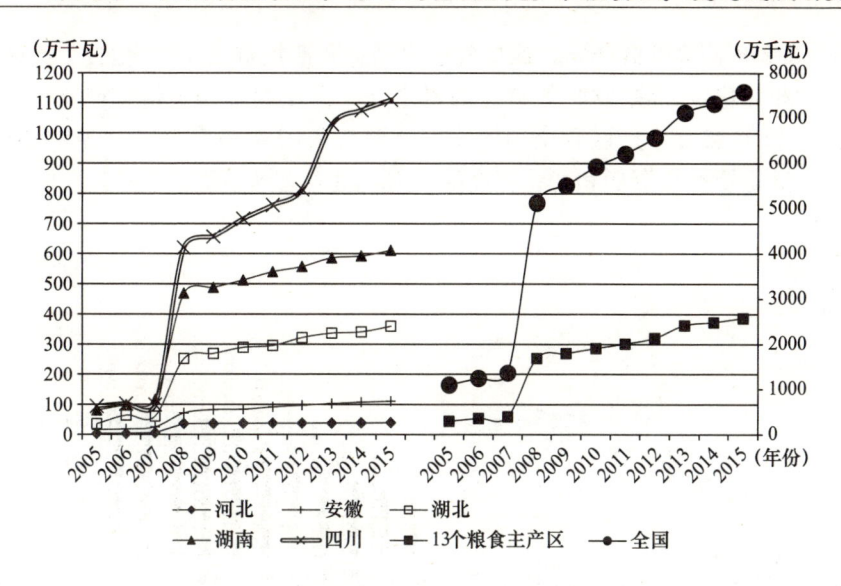

第五章 四川省粮食生产条件与全国及 13 个粮食主产区的比较研究

图 5-18　2005~2015 年乡办水电站装机容量

资料来源：中国国家统计局、中国国家粮食局。

因素。国家还出台了一系列政策，引导农民进行生产性投资，并给予一定的补贴，来自于农户的内部投入不断增加。2015 年我国农户固定资产投资额达 10409.79 亿元，与 2014 年相比降低了 3.22%，但与 2005 年相比增加了 7047.1 亿元。2005~2014 年全国农户固定资产投资持续增加，2014 年最高为 10755.78 亿元，2015 年首次开始出现下降。2005~2013 年是整个粮食主产区农户固定资产投资的上升期，从 2557.08 亿元增加到 6457.93 亿元，2013~2015 年转为负增长，2015 年投资总额下降到 6205.22 亿元（见图 5-19）。我国经济进入新常态，在经济增速放缓和农业供给侧结构性改革的影响下，全国和 13 个粮食主产区总的农户固定资产投入已经由高速增长转入下降期，从关注总量到注重投资质量和结构。

四川省农户固定资产投资 2005~2009 年为高速增长期，从 159.3 亿元增加到 894.9 亿元，2009 年在 13 个粮食主产区中最高。主要是受 2008 年地震的影响，灾后重建大多数用于房屋建设。2010~2015 年农户固定资产投资逐渐恢复正常水平，2015 年农户固定资产投资 560.3 亿元，同比减少 14.6%。如图 5-20 所示，2015 年粮食主产区中大部分地区农户投资有所降低，仅湖南省保持高速稳定的增长。粮食主产区农户固定资产投资平均增长率与全国趋势大致相同，四川省的波动性较大。

2009~2015 年，13 个粮食主产区农户固定资产投资总量占全国比重逐渐降低，从68.2%下降到59.6%。四川省农户固定资产投资占13个粮食主产区和全国比重均相对稳定，除2009年特殊因素之外，占比没有明显增加或减少。2015年四川占13个粮食主产区和全国的比重分别为9.03%和5.4%。2005~2015年四川农户固定资产投资额和变化幅度都较大，且有逐渐下降的趋势。

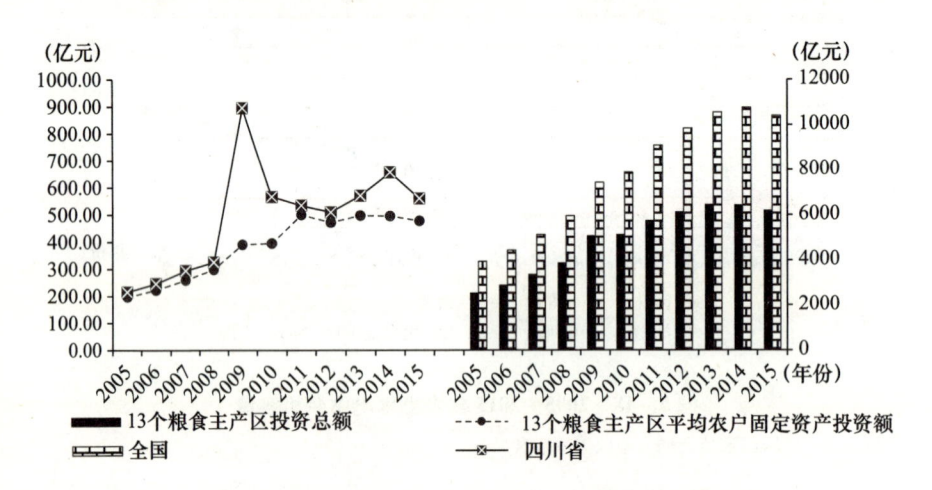

图5-19 2005~2015年农村农户固定资产投资额

资料来源：中国国家统计局。

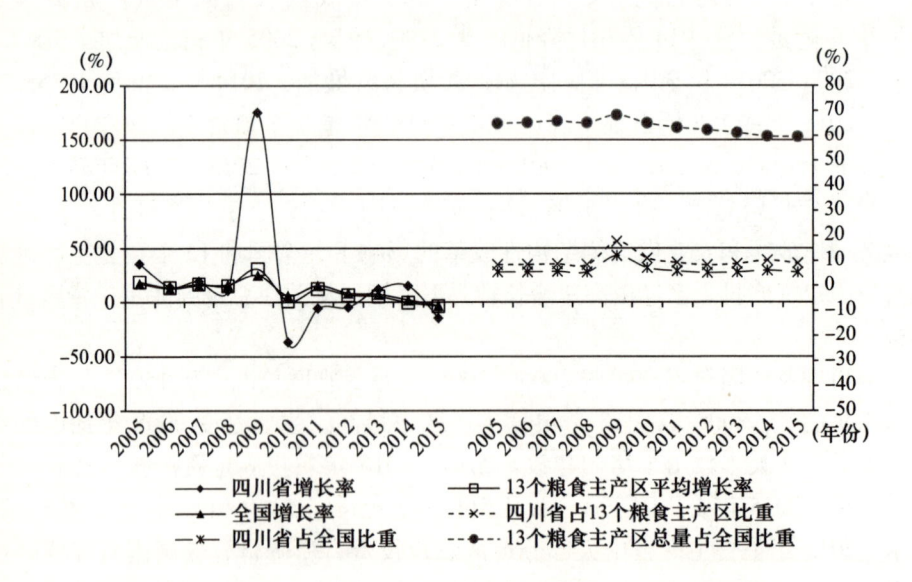

图5-20 2005~2015年农户固定资产投资额增长率与占比变化

三、农业技术人才和教育

（一）农业技术人员

科技进步是未来粮食增产的新动力，目前中国农业科技进步贡献率超过56%[1]。2016年全国农业知识产权创造指数为119.54%，其中，申请数量指数和授权量指数分别为121%和119%，与2015年相比分别增加21%和19%[2]。农业科技进步与农业技术人才息息相关，2015年全国拥有农业技术人员72.2万人，比2005年增加了1.6万人（见图5-21）。

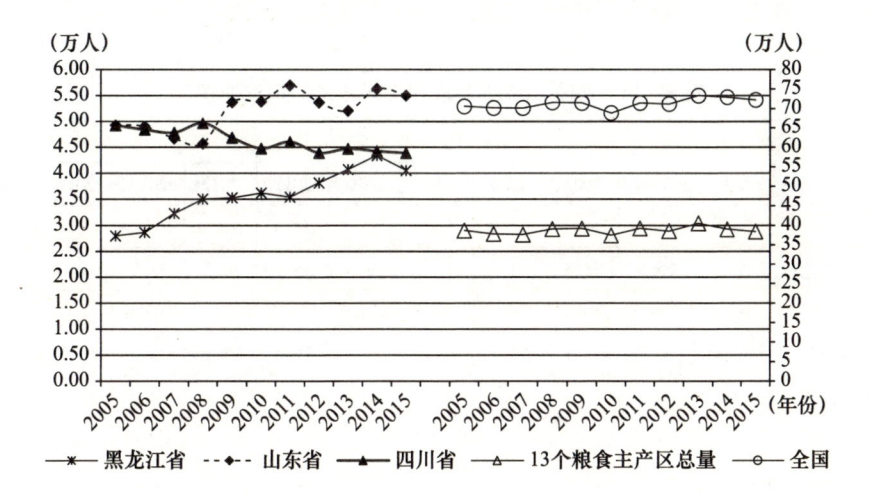

图 5-21 2005~2015年农业技术人员变化情况

资料来源：中国国家统计局。

13个粮食主产区农业技术人员总量与全国变化趋势一致，2005~2013年为波动上升期；2013年全国农业技术人员最高达73.3万人，2010年最低为68.9万人；2013年13个粮食主产区农业技术人员总量为40.5万人，比2010年增加了3万人。农业技术人员的增加有利于我国农业科技的研发和推广，特别是基层农业技术推广对人才需求较大。2013~2015年农业技术人员开始减少，进入了下一个波动期。13个粮食主产区中，2015年仅有黑龙江省、四川省、山东省的农业技术人员超过3.5万人，其余地区均在1.5万~3.5万人。2015年四川省农业技术人员4.39万人，与2005年相比减少了0.53万人；虽然农业技术人员总

---

[1] 农业科技对中国农业发展贡献率超过56%[N]. 农民日报，2017-09-26.
[2] 《中国农业知识产权创造指数报告（2017）》。

量在13个粮食主产区中居第2位，但呈逐年递减趋势，这一现象应引起重视。

(二) 农村文化技术培训

农村人口受教育程度普遍低于城镇人口，但农民可以依靠后期的文化技术培训获得从事农业所需的知识。新一轮的信息技术革命，对未来农业的发展和农民自身素质提出了更高的要求。农业部在《"十三五"农业科技发展规划》中明确提出，根据农业发展需要和农民需求，要健全职业农民培育制度，培养一大批职业农民和农业技能人才。在农村教育普及程度提高，乡村人口不断减少的背景下，接受农村文化技术培训的人逐年减少。2015年全国通过农村文化技术培训共3112.5万人，与2005年相比减少了1680.7万人（见表5-14）。

表5-14　2005~2015年农村文化技术培训结业情况　　　单位：万人

年份 省份	2005	2006	2007	2008	2009	2010	2011	2012	2013	2014	2015
河北省	366.3	271.6	286.1	258.4	286.1	221.2	190.6	163.4	145.3	139.3	128.1
内蒙古自治区	66.1	65.9	58.8	18.6	47.2	38.8	35.3	34.7	31.9	30.0	10.2
辽宁省	42.1	108.1	264.6	131.0	135.8	114.0	106.1	94.8	105.6	101.9	83.1
吉林省	65.9	90.2	62.1	52.6	38.0	46.3	29.8	21.8	23.4	22.0	15.0
黑龙江省	121.0	99.5	83.7	60.5	34.1	21.8	39.1	31.4	38.7	31.5	35.1
江苏省	372.9	360.1	334.2	409.7	400.5	436.2	591.8	525.5	536.7	562.9	549.0
安徽省	69.4	55.2	41.1	31.2	33.7	25.9	20.8	19.0	76.3	12.8	18.3
江西省	48.1	26.1	24.9	20.1	21.7	10.2	10.7	10.7	5.5	1.2	0.8
山东省	335.8	234.1	328.5	332.6	247.7	243.7	215.7	175.2	147.0	129.7	157.3
河南省	398.3	440.9	439.7	457.4	438.0	402.3	327.6	300.8	234.2	252.6	208.1
湖北省	61.3	52.3	58.1	63.9	43.5	56.7	31.6	25.9	22.1	24.4	18.4
湖南省	16.6	10.3	25.0	16.9	3.7	4.5	23.9	38.0	26.8	33.9	27.9
四川省	306.1	263.2	242.5	281.8	216.8	205.2	250.6	224.6	205.1	177.3	181.4
13个粮食主产区结业总人数	2269.9	2078.3	2249.1	2134.7	1946.8	1826.8	1873.4	1665.4	1598.9	1519.6	1432.7
全国	4793.2	4520.6	4670.3	4358.2	4130.2	3813.1	3794.7	3563.2	3416	3207.7	3112.5

资料来源：中国教育部、中国国家统计局。

2005~2015年13个粮食主产区总的结业人数变化与全国趋势一致，波动下降，逐年减少。2015年13个粮食主产区通过农村文化技术培训1432.7万人，比2005年减少了837.2万人。不同地区之间的差异较大，内蒙古自治区、吉林省、黑龙江省、安徽省、江西省、湖北省、湖南省等地区通过文化技术培训的人长期低于 100 万人。从结业人数上来看，在粮食主产区中农村文化技术培训发展最好的是江苏省，2015 年结业 549 万人，居第一位。四川省 2015 年通过农村文化技术培训 181.4 万人，比 2014 年增加 2.3%，但与 2005 年相比减少了 128.80 万人；四川省占 13 个粮食主产区的比重从 2005 年的 13.5% 下降到 2015 年的 12.7%。现阶段，在农村文化技术培训逐渐缩减的背景下，四川省农村文化技术培训仍然是提高农民科学文化素质的重要方式。在文化技术培训的人数上，四川省与全国和 13 个粮食主产区总量的变化趋势一致，均呈波动下降。

从文化技术培训人数的增长率上来看，四川省负增长的次数低于全国和 13 个粮食主产区的总体水平，但是波动性较大（见图 5 - 22）。2009 年增长率为 -23.1%，2011 年最高为 22.2%。2005~2015 年全国和粮食主产区大部分年份均为负增长，范围在 -10% ~ 0 之间波动。

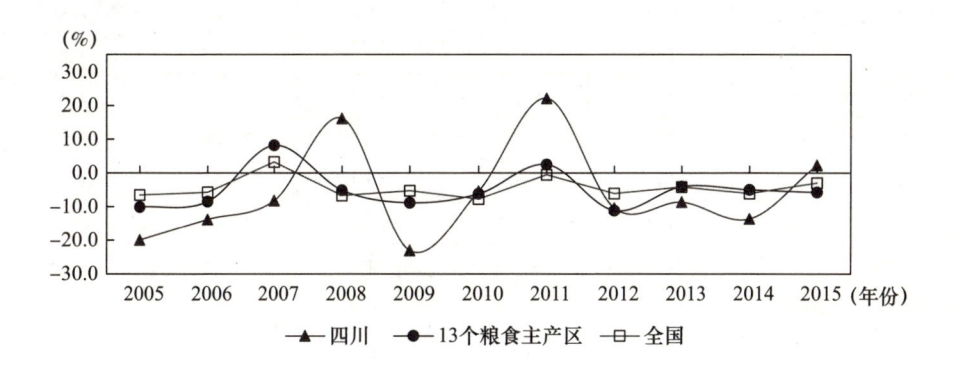

图 5 - 22　2005~2015 年农村文化技术培训结业人数增长率变化情况

2005~2012 年四川省农村文化技术培训的人数增加或减少的幅度都较大，从 2012 年开始至 2015 年，增减幅度逐渐缩小。呈现出"M"形的变动趋势，但是增长的幅度越来越低。通过文化技术培训的农民新增数量小于减少的数量。四川省要注重对农民建立长效的培训体系，提高持续性和稳定性。

农村文化技术培训的接受者在减少，从传播者方面看，农村文化技术培训的教职工数量也逐渐减少。2005 年全国从事农村文化技术培训的教职工 25.07 万人，2015 年下降至 14.54 万人，年均降幅为 5.4%（见表 5 - 15）。2005~2015 年全国从事农村文化技术培训的教职工数量持续负增长，与结业人员数量变化相比，教职工的下降速度更快。

2005~2015 年 13 个粮食主产区从事农村文化技术培训的教职工总量从 12.27 万人减少到 7.2 万人，年均降幅 5.5%，13 个粮食主产区的教职工数量平均下降速度快于全国。2005~2015年四川省从事农村文化技术培训的教职工总量呈波动下降的趋势，2006年最高达1.24万人，2010年最低为0.66万人。2014年开始，四川省从事农村文化技术培训的教职工数量有所增加，2015年为0.88万人，比2014年增加15.2%。从总体上来看，四川省的减少幅度慢于全国和13个粮食主产区平均水平。与全国和13个粮食主产区整体情况不同的是，与教职工数量下降相比，四川省通过文化技术培训的农民数量减少得更快。

表5-15 2005~2015年农村文化技术培训教职工数量情况

单位：万人，%

年份	四川 数量	四川 增长率	13个粮食主产区 数量	13个粮食主产区 增长率	全国 数量	全国 增长率
2005	1.19	-10.28	12.27	-11.04	25.07	-7.33
2006	1.24	4.36	11.92	-2.83	23.26	-7.23
2007	0.92	-25.66	11.20	-6.09	22.37	-3.83
2008	1.10	19.41	11.17	-0.27	21.83	-2.42
2009	0.87	-20.81	10.41	-6.75	21.26	-2.58
2010	0.66	-24.70	8.95	-14.07	19.02	-10.57
2011	0.90	36.71	9.75	8.96	18.85	-0.86
2012	0.77	-13.82	8.63	-11.49	17.03	-9.65
2013	0.76	-1.17	8.59	-0.49	16.73	-1.77
2014	0.77	0.38	8.46	-1.50	15.93	-4.77
2015	0.88	15.20	7.20	-14.86	14.54	-8.75

资料来源：中国教育部、中国国家统计局。

粮食生产的硬条件能够直接在短期应用于粮食生产，但粮食生产的软条件则更多的是间接地，更长效地影响粮食生产。2005~2015年四川省作为常住人口超过8000万的人口大省，农村劳动力数量虽然逐年减少，但总量依然庞大，2015年农村从业人员达3281万人。数量上占优，质量却不高。文盲和半文盲比例是粮食主产区中最高的，同时也高于全国水平，劳动力质量方面的劣势明显；在农村投入方面，外部水利投入数量和质量在粮食主产区中居第一位，增长速度快于全国水平。内部投资数量和波动性均较大，投资增长乏力；农业科技人员呈递减趋势，但总量长期保持13个粮食主产区第二位，农业科技人才队伍基础较好。农村文化技术培训结业人数和教职工人数呈下降趋势，总量依然较大，2015年开始出现回升。

第三节 四川省粮食产出状况与全国及 13 个粮食主产区的对比分析

一、粮食总产量对比分析

2004~2015 年全国粮食总产量实现了"十二连增",2015 年最高达 62143.9 万吨,比 2004 年增加了 15196.6 万吨。2016 年全国粮食产量为 61623.9 万吨,比 2015 年减少了 520 万吨,是 2005 年以来首次出现下滑。2005~2016 年 13 个粮食主产区的粮食总产量总体呈上升趋势,2016 年 13 个主产区粮食总产量为 46776.2 万吨。2009 年和 2016 年出现下滑,与 2008 年和 2015 年相比分别减少 207.3 万吨和 565 万吨(见图 5-23)。

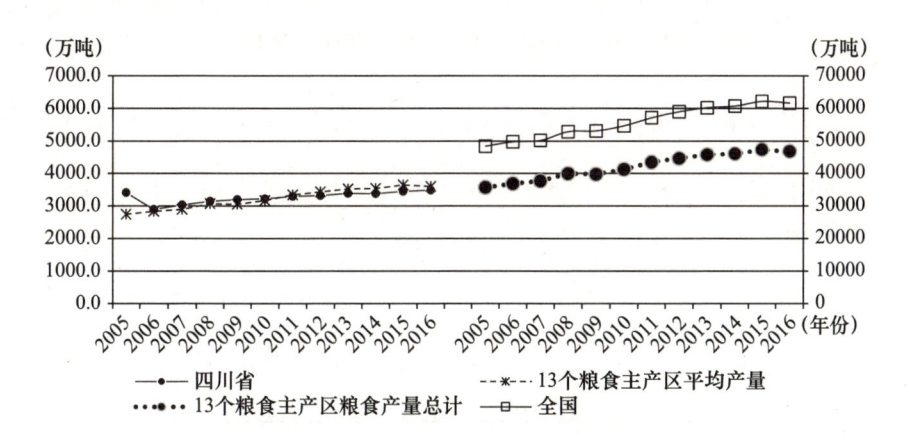

图 5-23 2005~2016 年粮食总产量变化情况

资料来源:2005~2015 年数据来源于中国国家统计局;2016 年数据来源于各省统计公报。

2005~2016 年各粮食主产区的粮食总产量之间的差异越来越大,黑龙江省、河南省、山东省粮食总产量长期位居前三位,尤其是黑龙江省粮食产量已连续四年保持在 6000 万吨以上;四川省、河北省、安徽省、江苏省、吉林省 5 省份的粮食产量大部分年份在 3000 万~4000 万吨。湖南省、湖北省、内蒙古自治区、江西省、辽宁省 5 省区的粮食总产量长期低于 3000 万吨,增长缓慢且不稳定。2005 年四川省粮食产量为 3409.2 万吨,位居 13 个粮食主产区第三位,比 13 个粮食主产区的平均产量高出 667.6 万吨。2006 年受持续旱灾影响,粮食产量下降至 2893.4 万吨，比 2005 年减少 515.8 万吨。2006~2016 年四川省粮食产量增长缓慢，2016 年达到 3483.0 万吨，略高于 2005 年的水平。2011~2016 年四川省的粮食总产量一直低于粮食主产区的平均产量，二者之间的差距从 2011 年的 48.5 万吨扩大到 2016 年的 115.2 万吨。四川省粮食总产量增加速度慢于全国和 13 个粮食主产区平均水平，位次也从 2005 年的第三位下降到 2016 年的第五位。

13 个粮食主产区粮食总产量与全国产量的变化趋势大致相同，2005~2015 年经历了持续增长，2016 年均出现下降。2015 年 13 个粮食主产区总产量占全国比重最高为 76.2%，与 2005 年相比上升了 2.6 个百分点。2016 年在产量下降的情况下，仍占全国比重的 75.9%（见表 5-16）。2005~2016 年 13 个粮食主产区总产量占全国比重始终在 70% 以上，13 个粮食主产区的粮食产出状况是影响我国粮食安全的重要因素。

表 5-16 2005~2016 年四川省和 13 个粮食主产区的粮食产量占比及差距变化情况

单位：%，万吨

类别\年份	2005	2006	2007	2008	2009	2010	2011	2012	2013	2014	2015	2016
四川占 13 个粮食主产区比重	9.6	7.9	8.0	7.9	8.0	7.8	7.6	7.4	7.4	7.3	7.3	7.4
四川占全国比重	7.0	5.8	6	5.9	6	5.9	5.8	5.6	5.6	5.6	5.5	5.7
13 个粮食主产区占全国比重	73.6	74	75.0	75.5	74.8	75.4	76	75.7	76	75.8	76.2	75.9
四川与 13 个粮食主产区平均产量之差	668	61	132	69	140	55	-49	-117	-133	-165	-199	-115

资料来源：中国国家统计局。

2005~2016 年四川省粮食总产量占 13 个粮食主产区的比重从 9.6% 下降到 7.4%，占全国的比重从 7% 下降到 5.7%，总体呈下降趋势。2005~2010 年四川省粮食总产量高于 13 个粮食主产区平均产量，但是优势在逐步缩小。2011~2016 年四川省粮食产量低于 13 个粮食主产区平均产量，差距也逐渐扩大。

2005~2016 年四川省的粮食产量从高于 13 个粮食主产区平均水平到逐渐低于 13 个粮食主产区平均水平，反映在增长率上，四川省粮食产量的增长率大部分时期低于 13 个粮食主产区的平均增长率。四川省在天灾年份产量损失较大，仅 2006 年就下降 15.1%，同期，其他主产区增幅最高的是安徽省，为

9.8%,13个粮食主产区平均增长率为3.3%。在四川省、河北省、安徽省、江苏省、吉林省这五个粮食主产区中,首先,吉林省的粮食产量波动最大,其次是四川省,但年均增长率最高的是吉林省,年均3.7%,四川省最低,年均1%(见表5-17)。

表5-17 2005~2016年粮食总产产量增长率变动情况

单位:%

年份 省份	2005	2006	2007	2008	2009	2010	2011	2012	2013	2014	2015	2016	年均增长率
河北省	4.8	4.0	5.1	2.3	0.2	2.3	6.6	2.3	3.6	-0.1	0.1	2.9	2.8
内蒙古自治区	10.4	2.6	6.2	17.7	-7.0	8.9	10.6	5.9	9.7	-0.7	2.7	-1.7	5.4
辽宁省	1.5	-1.2	6.4	1.4	-14.5	11.0	15.3	1.7	6.0	-20.1	14.2	4.9	2.2
吉林省	2.8	5.4	-9.8	15.7	-13.4	15.5	11.6	5.4	6.2	-0.5	3.2	1.9	3.7
黑龙江省	3.0	8.2	3.5	22.0	3.0	15.2	11.1	3.4	4.2	4.0	1.3	-4.2	6.2
江苏省	0.2	7.3	3.0	1.4	1.7	0.2	2.2	2.0	1.5	2.0	2.0	-2.7	1.7
安徽省	-5.0	9.8	1.4	4.2	1.5	0.3	1.8	4.9	-0.3	4.2	3.6	-3.4	1.7
江西省	5.7	5.5	2.7	2.8	2.3	-2.4	5.0	1.6	1.5	1.3	0.2	-0.5	2.1
山东省	11.4	3.4	2.5	2.7	1.3	0.4	2.1	1.9	0.4	1.5	2.5	-0.3	2.5
河南省	7.6	9.3	4.7	2.3	0.4	0.9	1.9	1.7	1.3	1.0	5.1	-2.0	2.9
湖北省	3.7	1.5	-1.1	1.9	3.7	0.3	3.1	2.2	2.4	3.3	4.6	-5.5	1.7
湖南省	1.5	1.0	-0.5	4.2	3.5	-1.9	3.2	2.3	-2.7	2.6	0.1	-1.7	0.9
四川省	8.3	-15.1	4.6	3.7	1.7	0.9	2.1	0.7	2.2	-0.4	2.0	1.2	1.0
13个粮食主产区	4.5	3.3	2.2	6.1	-0.5	3.7	5.4	2.7	2.6	0.6	2.9	-1.2	2.7
全国	3.1	2.8	0.8	5.4	0.4	2.9	4.5	3.2	2.1	0.8	2.4	-0.8	2.3

2005~2016年全国的粮食产量年均增长率为2.3%,13个粮食主产区为2.7%,四川省为1%,低于全国和13个粮食主产区的年均增长率,在13个粮食主产区中处于倒数第二位。与全国和13个粮食主产区平均水平相比,四川省的粮食产量波动幅度最大,增长缓慢。

四川省粮食生产能力在13个粮食主产区中的地位逐渐下降,粮食产量增长缓慢。在13个粮食主产区粮食产出总量占全国比重不断提高的背景下,四川省占主产区和全国的比重呈下降趋势,年均增长率低于全国和13个粮食主产区平均水平,增产能力不稳定,缺乏持续动力;在粮食产量3000万~4000万吨的同类省区中，四川省的粮食产量增速最慢。

二、粮食单位面积产量对比分析

粮食单产，从微观上反映粮食的生产能力。在有限的水土资源条件下，增加粮食产量主要依靠提高粮食单产。2016年全国粮食单产为5452千克/公顷，比2005年增加了810千克。从图5-24可以看出，2005~2016年13个粮食主产区的平均单产一直高于全国水平。2005年13个粮食主产区平均单产为5002千克/公顷，波动上升至2016年的5836千克/公顷，每公顷增加了834千克。四川省的粮食单产一直低于13个粮食主产区的平均水平，2006年受总产量下降的影响，四川与13个粮食主产区每公顷平均产量的差距达到697千克。2011~2016年四川省粮食单产持续低于全国水平，粮食单产增加缓慢。2016年四川省粮食单产为5398千克/公顷，比2005年增加了507千克，年均增长率仅为0.87%。

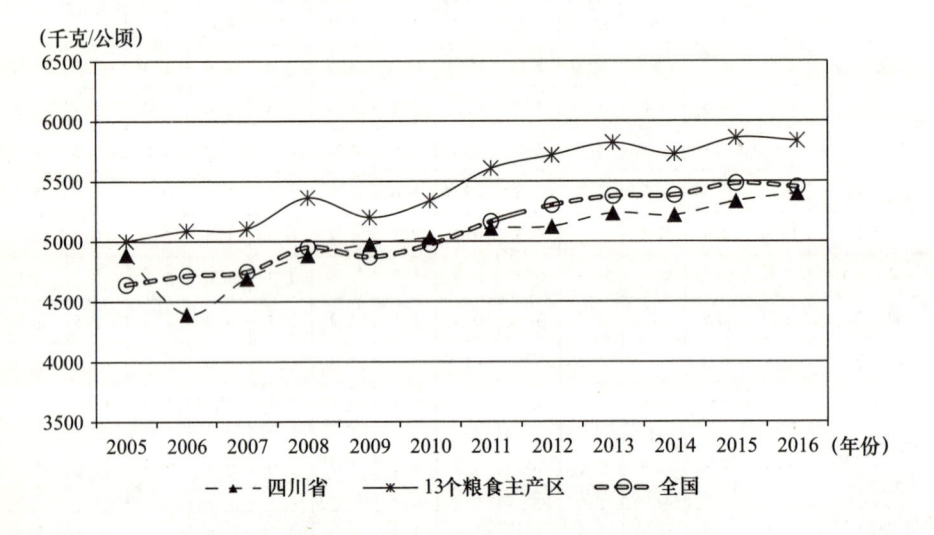

图5-24 2005~2016年粮食单位面积产量变化情况

资料来源：中国国家统计局。

在13个粮食主产区中，粮食单产最高的是吉林省，2016年为7402千克/公顷，比四川省高2005千克/公顷。2016年吉林省的粮食总产量与四川省均在3000万~4000万吨，但是粮食播种面积为502.2万公顷，比四川省少143.2万公顷。四川省目前粮食产量的增加仍然依赖于种植面积的扩大，黑龙江的粮食总产量和粮食播种面积在主产区中居第一位，但是粮食单产处于较低水平。2005~2016年四川省、河北省、安徽省、内蒙古自治区、黑龙江省，粮食单产长期低于13个粮食主产区平均水平，随着内蒙古自治区与河北省粮食单产增加，四川省在这 5 个省区之间的单产优势逐渐缩小。

四川省粮食单产水平不高，增长缓慢，是制约粮食总产量提高的重要因素。2005~2016 年四川省粮食单产始终低于 13 个粮食主产区平均单产，2011 年开始持续低于全国平均水平，2016 年粮食单产水平在主产区中处于第 10 位。

粮食单产增长率低于总产增长率的原因，一是单产的增加难度更大；二是在单产水平变化较小的情况下，扩大粮食播种面积也能显著提高总产量。2004~2015 年全国粮食总产量实现"十二连增"，但是单位面积产量并未同步连增，2009 年全国粮食单产增长率为 -1.6%。2014 年 13 个粮食主产区平均产量比 2013 年增加 0.6%，单产水平却下降 1.6%（见表 5-18）。粮食单产的增长率慢于总产增长率，且更易出现波动。

表 5-18 2005~2016 年粮食单产增长率变化情况

单位：%

省份\年份	2005	2006	2007	2008	2009	2010	2011	2012	2013	2014	2015	2016	年均增长率
河北省	0.8	4.7	5.7	2.4	-0.8	1.2	6.5	2.1	3.4	-0.4	-0.8	3.9	2.4
内蒙古自治区	5.6	0.5	-7.4	14.7	-9.9	7.4	9.4	5.4	9.1	-1.3	1.3	-2.6	2.7
辽宁省	-3.3	-4.5	7.4	4.4	-16.9	9.0	15.6	0.2	5.7	-20.3	12.0	7.0	1.4
吉林省	3.3	4.6	-10.0	14.2	-14.1	13.9	10.3	3.9	2.2	-4.7	1.7	3.1	2.4
黑龙江省	0.7	3.8	-13.7	20.2	-0.6	14.5	10.7	3.3	3.8	2.8	0.7	-4.5	3.5
江苏省	-2.5	5.7	-1.6	0.4	1.6	-0.05	1.6	1.6	1.0	1.7	1.1	-2.8	0.6
安徽省	-6.5	8.4	1.7	2.9	0.8	0.2	1.7	4.9	-0.3	4.1	3.5	-3.6	1.5
江西省	2.8	2.8	3.0	1.3	1.5	-3.3	4.7	0.8	1.1	1.1	0.03	0.03	1.3
山东省	2.5	2.0	1.7	2.4	0.2	-0.3	1.2	1.1	-0.9	-0.5	1.8	-0.5	0.8
河南省	5.4	7.6	2.9	0.9	-0.4	0.3	0.7	0.5	0.4	-0.2	4.5	-2.2	1.7
湖北省	-2.0	-2.0	1.0	3.9	0.9	-1.1	1.8	0.9	0.5	0.7	2.4	-4.9	0.2
湖南省	-0.3	1.7	5.5	2.9	-1.1	-2.1	1.7	1.7	-3.2	1.8	0.7	-0.6	0.7
四川省	0.7	-10.1	6.8	4.0	1.9	1.2	1.5	0.9	2.1	-0.3	2.2	1.2	0.95
13 个粮食主产区	0.4	1.8	0.3	5.0	-3.0	2.7	5.0	1.9	1.8	-1.6	2.3	-0.4	1.35
全国	0.5	1.6	0.7	4.3	-1.6	2.1	3.9	2.6	1.4	0.2	1.8	-0.6	1.4

四川省粮食单产增长率变化趋势与总产增长率变化趋势一致，而单产年均增长率为 0.95，比总产年均增长率低 0.05 个百分点；二者差距较小，主要是粮食单产水平较低，总产量增长缓慢。13 个粮食主产区粮食单产年均增长 1.35%，全国年均增长率为 1.4%，2005~2016 年四川省的粮食单产年均增长率低于全国

和13个粮食主产区平均水平。河北省、内蒙古自治区、辽宁省、吉林省、黑龙江省等北方产区受水资源条件的限制，粮食单产的增减变化更加频繁。2016年近2/3的主产区粮食单产出现负增长，不利于粮食总产量的增加。

三、粮食人均占有量对比分析

粮食人均占有量反映一个地区粮食生产能力与人口数量之间的关系，合理的粮食人均占有量，有利于粮食生产和消费之间的平衡。作为粮食主产区，还担负着保障全国粮食安全的责任，粮食人均占有量越高，意味着能够外调的粮食就越多。粮食主产区不同地区人口数量差异较大，2005~2016年四川省总人口常年保持在8000万人以上，对比分析的对象也选择同为人口大省的主产区。山东省、河南省总人口常年在9000万人以上，江苏省总人口在7600万~8000万。粮食主产区的人均粮食占有量较高，主要是内蒙古自治区、黑龙江省、吉林省三个省区的人均粮食占有量高；2016年这三个省区的人均粮食占有量为1352.7千克，远高于其他主产区。

2016年13个粮食主产区人均占有粮食679.7千克，全国为445.7千克，四川省为421.6千克，与2005年相比分别增加了172.9千克、74.4千克、29.4千克。四川省的人均粮食占有量低，增加较少，2006~2016年四川省人均粮食占有量一直低于全国平均水平（见图5-25）。与同为人口大省的粮食主产区相比，河南省、山东省的人口数量比四川省高，但是人均粮食占有量仍然比四川省高。江苏省的人均粮食占有量增加缓慢，但是2006年以来高于四川省，2011~2016年逐渐低于全国水平。

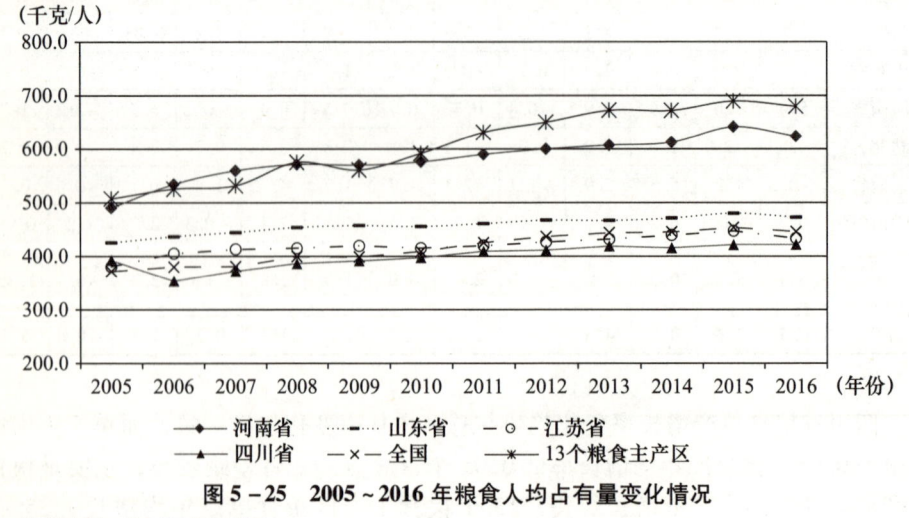

图5-25 2005~2016年粮食人均占有量变化情况

资料来源：中国国家统计局。

四川省粮食人均占有量长期处于低水平,而人们对于粮食品种的多样化需求不断增加,粮食生产与消费缺口较大。2015年从外省调入粮食1176万吨,调出14.5万吨①。粮食调入量占总产量的34.2%,粮食供需矛盾突出。

四、水粮比与肥粮比对比分析

(一)单位面积农业用水量与单位面积粮食产量比值

水是生命之源,通过粮食单位面积上农业用水量与产量对比,分析粮食生产过程中的水资源利用效率。每公顷的农业用水量减少或不变,而单位面积的粮食产量增加,水粮比值降低,表明粮食生产的水资源利用效率提高;或者每公顷粮食产量的增加大于用水量的增加,均能提高粮食产出的效率。表5-19显示,2005~2016年全国水粮比总体呈下降趋势,从0.74下降到0.61,农业水资源利用效率显著提高。13个粮食主产区水粮比的平均值低于全国水平,2016年为0.44,比2005年下降了0.08。2005~2016年四川省水粮比低于全国平均水平,但是不降反增,与全国和粮食主产区变化趋势相反。2005年四川省水粮比为0.38,2015年最高达到0.46。每公顷农业用水量从2005年的1885.8m³上升到2016年的2415.6m³,用水量增长较快而粮食产量增加缓慢。

表5-19　2005~2016年每公顷农业用水量与粮食产量的比值

单位:%

省份\年份	2005	2006	2007	2008	2009	2010	2011	2012	2013	2014	2015	2016
河北省	0.58	0.56	0.53	0.49	0.49	0.48	0.44	0.44	0.41	0.41	0.40	0.37
内蒙古自治区	0.87	0.83	0.78	0.63	0.70	0.62	0.57	0.54	0.48	0.50	0.50	0.50
辽宁省	0.50	0.53	0.50	0.49	0.57	0.51	0.44	0.44	0.41	0.51	0.44	0.40
吉林省	0.26	0.26	0.28	0.24	0.29	0.26	0.26	0.25	0.25	0.25	0.25	0.25
黑龙江省	0.62	0.62	0.62	0.52	0.55	0.50	0.49	0.51	0.51	0.51	0.49	0.52
江苏省	0.93	0.89	0.86	0.90	0.93	0.94	0.93	0.91	0.88	0.85	0.78	0.78
安徽省	0.44	0.48	0.54	0.50	0.54	0.54	0.54	0.48	0.49	0.45	0.45	0.46
江西省	0.77	0.72	0.79	0.76	0.78	0.77	0.84	0.75	0.83	0.79	0.72	0.72
山东省	0.40	0.42	0.38	0.37	0.36	0.36	0.34	0.34	0.33	0.32	0.30	0.30
河南省	0.25	0.28	0.23	0.25	0.26	0.23	0.22	0.24	0.25	0.20	0.21	0.21

---

① 数据来源于《中国粮食年鉴(2016)》。

续表

年份 省份	2005	2006	2007	2008	2009	2010	2011	2012	2013	2014	2015	2016
湖北省	0.65	0.65	0.61	0.64	0.65	0.60	0.60	0.68	0.64	0.61	0.58	0.54
湖南省	0.75	0.73	0.72	0.69	0.65	0.65	0.62	0.63	0.67	0.67	0.65	0.66
四川省	0.38	0.42	0.39	0.36	0.39	0.39	0.39	0.44	0.41	0.43	0.46	0.45
13个粮食主产区	0.52	0.53	0.50	0.48	0.51	0.49	0.47	0.47	0.47	0.46	0.45	0.44
全国	0.74	0.74	0.72	0.69	0.70	0.68	0.66	0.66	0.65	0.64	0.62	0.61

在13个粮食主产区中，除四川省和安徽省之外，其他主产区水粮比均有所下降。江苏省的水粮比最高，2016年为0.78。吉林省最低，长期保持在0.3以下。2005~2014年四川省水粮比一直低于13个粮食主产区平均水平，2015~2016年增加并超过13个粮食主产区平均值。全国水粮比长期高于四川省，但二者之间的差距逐渐缩小。四川省有效灌溉面积增加缓慢，2015年灌溉水有效利用系数为0.454，在13个粮食主产区中最低。水资源利用效率不高，单位用水量逐年增加，产出效率却不高。2005年四川省粮食总产量为3409.2万吨，居全国第三位，单位农业用水量1885.8m^3，水粮比为0.38；2016年单位农业用水量达到2415.6m^3，水粮比上升至0.45，粮食产量增加低于单位农业用水量的增长。从全国范围来看，虽然四川省水资源较为丰富，但是发展节水农业也势在必行。降低水粮比，除了减少单位用水量之外，还应注重提高水资源的利用率，在单位用水量不变的情况下，提高粮食产出。

（二）单位面积化肥使用量与单位面积粮食产量比值

农业部公布的数据显示，化肥对粮食增产的贡献率在40%以上，但是单位面积上使用化肥是有一定限度的，过量使用不仅增加成本降低效益，还会污染土壤。2015年每公顷化肥使用量全国平均水平为531.4千克，13个粮食主产区每公顷的平均使用量为491.8千克，四川省每公顷化肥使用量为387.1千克，低于全国和13个粮食主产区平均水平。2005~2015年全国的肥粮比在0.09~0.10波动，13个粮食主产区肥粮比平均值低于全国水平，大致在0.08~0.09。湖北省、河南省、山东省、安徽省、江苏省、河北省等省的肥粮比均超过全国平均水平，近一半的主产区肥粮比偏高。粮食总产量最高的黑龙江省和单产量最高的吉林省，肥粮比均较低。四川省的肥粮比不高，单位面积化肥使用量和粮食产量都未明显增加（见表5-20）。

表 5-20 2005~2015 年每公顷化肥施用量与每公顷粮食产量的比值

单位：万公顷

年份 省份	2005	2006	2007	2008	2009	2010	2011	2012	2013	2014	2015
河北省	0.117	0.113	0.11	0.108	0.109	0.108	0.103	0.101	0.098	0.1	0.1
内蒙古自治区	0.07	0.075	0.077	0.072	0.086	0.082	0.074	0.075	0.073	0.081	0.081
辽宁省	0.069	0.07	0.069	0.069	0.084	0.079	0.071	0.071	0.069	0.086	0.076
吉林省	0.053	0.054	0.063	0.058	0.071	0.064	0.062	0.062	0.061	0.064	0.063
黑龙江省	0.049	0.048	0.051	0.043	0.046	0.043	0.041	0.042	0.041	0.041	0.04
江苏省	0.12	0.112	0.109	0.107	0.106	0.105	0.102	0.098	0.095	0.093	0.09
安徽省	0.11	0.103	0.105	0.102	0.102	0.104	0.105	0.101	0.103	0.1	0.096
江西省	0.074	0.071	0.07	0.068	0.068	0.07	0.069	0.068	0.067	0.067	0.067
山东省	0.119	0.121	0.121	0.112	0.11	0.11	0.107	0.106	0.104	0.105	0.098
河南省	0.113	0.108	0.109	0.112	0.117	0.12	0.122	0.121	0.122	0.122	0.118
湖北省	0.131	0.132	0.137	0.147	0.147	0.151	0.149	0.145	0.141	0.135	0.124
湖南省	0.078	0.079	0.082	0.08	0.08	0.083	0.082	0.083	0.085	0.083	0.082
四川省	0.069	0.079	0.079	0.077	0.078	0.077	0.077	0.076	0.074	0.074	0.073
13 个粮食主产区	0.091	0.09	0.09	0.087	0.091	0.091	0.087	0.086	0.085	0.087	0.084
全国	0.098	0.099	0.102	0.099	0.102	0.102	0.1	0.099	0.098	0.099	0.097

2005~2015 年四川省的肥粮比低于 13 个粮食主产区和全国水平，但是粮食产量和化肥施用量均处于较低的增长水平。结合四川省化肥利用结构的现状和国家化肥施用量到 2020 年实现零增长的目标，在稳氮、调磷、补钾的原则下，适当提高单位面积的钾肥使用量，增加土壤肥力。

第四节 改善四川省粮食生产条件的政策建议

一、提高农民的科技文化水平

农民是技术使用的主体，目前存在着技术推广应用"最后一米"的问题。农民直接从事粮食生产，使用新技术需要加强对相关技能和知识的学习。当前，四川省的农民文化程度较低,仅有48.7%的农民达到初中文化程度,大专文化以上的农民占比仅为1.3%,自主学习接受新知识的能力有限。各级农村基层组织应根据粮食生产的不同环节,提前或在农闲期间对农民进行耕作、病虫害防治等技能培训。传统的粮食生产技术传播以农民家庭内部之间代代相传为主要途径。随着农村青壮年人口的减少,从长远来看,各级农村基层组织需要在农村建立新的技术推广体系。在有条件的地区定期开展机械化耕作、播种、收割示范作业,引导农民使用新技术。强化种粮大户在粮食生产、加工、流通领域的培训,树立竞争意识和市场观念。不仅是以上所提出的生产技术,粮食加工和流通也需要采用新技术,以提高产品的竞争力来促进粮食产业的发展。

二、充分发挥农业技术推广人员的知识和技能

农业技术的运用和推广离不开专业技术人员的指导,目前的农业推广体系存在对科技人员的激励不够、推广手段落后、缺乏与农民的沟通交流等问题。要想发挥农业技术人员的知识和技能,首先,应该创造尊重农业知识的良好环境,提高农业技术人员的工作热情。其次,改变传统落后的推广方式,根据农业生产环节的不同,实行专业化和区域化的推广。最后,针对不同的情况因地制宜,引导技术人员对口支持农户解决具体问题。此外,高校和科研机构应重视农业硕士的教育工作,为农业技术推广培养专业人员。

三、确保粮食种业安全,扩大自主知识产权

种子是粮食生产的基本资料,高品质的良种,如盐碱地杂交水稻,能够改善生产条件提高粮食产量。随着生物和基因技术的进步,育种技术从源头上影响粮食安全。现阶段,基因、分子生物技术仍较少应用于种业,种子企业仍以传统的育种技术为主。在直接引进先进技术的同时,要注重基础理论的研究。开发适合四川盆地高山丘陵地区生长的杂交水稻,依靠良种提高中低产田的产量。以提高种子的质量和产量为基础,积极参与国际市场竞争,提高自身实力保障粮食安全。

四、根据区域特点和粮食生产不同阶段的需要,合理发展农业机械技术

四川省的耕种收机械化发展速度快,但是,其机械化程度仍低于全国水平。在粮食生产过程中,不同生产阶段对机械的应用程度也不同,四川省主要集中在收获阶段。在生产条件较好的川西平原地区,应探索发展联合收割机,通过普及推广带动丘陵地区的小型农业机械的发展。将先进的技术和服务推广到其他地区,重点研发和引进处于薄弱环节的粮食播种和收割机械。适当增加对特定机械

产品的购置补贴，如小型的插秧机，玉米收获机等。这些机械能够大幅降低劳动强度且缩短劳动时间，但是受成本和人们传统生产方式的影响并没有大量推广。

五、完善和创新粮食产业的服务体系

加快"互联网+"与粮食产业的结合，在粮食生产、加工、运输和消费各个环节建立相应的服务体系。促进粮食产业和服务业的融合，打造粮食产业的田园综合体，吸引更多的社会服务。为顺应食物品种和结构多样化的趋势，发展粮食精加工产业符合市场需求，应同时重视对粮食加工的风险安全管理。保持粮食流通体系的畅通，四川省有近1/3的粮食消费要从外地调运，建立信息化的运输和仓储服务有利于调节粮食生产和消费的平衡。

六、推进科技制度的改革和发展

大多数地区没有基层的农业科技组织，科技服务站主要在县一级。四川省应探索建立镇和村一级的科技服务合作社和科技协会，以农村能人和农业技术推广人员为主体，为农村基层提供科技服务。下派驻村科技员，以此为纽带加强与科研单位和高等院校的联系，在制度上将"产、学、研"结合起来。对农业科技的资金投入应当与农业生产结构调整相一致，合理安排有限的公共资金。针对农业推广过程开发相应的保险项目，合理规避新技术应用带来的风险。

七、保护和提高耕地质量

坚持有机肥与无机肥混合使用，适当提高钾肥施用量，调节磷肥，培肥地力，提高耕地质量。近年来在耕地质量相关领域的新技术、新成果有所减少，应增加在耕地地力方面的科技投入。根据区域条件改良中低产田与建设高标准农田同时进行。积极推进化肥农药零增长行动，实现到2020年化肥农药零增长的规划目标，减少耕地面源污染，保障耕地利用的可持续性。

第六章 四川省粮食生产的新动力研究

第一节 四川省粮食生产面临的新形势和新问题

近年来，受国外宏观政治经济环境变化，以及国内经济长期高速增长所积累的各方面矛盾影响，我国的经济下行压力加大。粮食生产虽然实现了"十二连增"，但受粮食生产成本持续抬升、国内外粮食价格全面倒挂、劳动力转移速度加快、自然灾害增多、资源禀赋约束等各种因素的影响，粮食生产也面临前所未有的困境。与全国类似，四川省的粮食生产同样也面临着严峻考验。

一、四川省粮食生产面临的新形势

（一）粮食增产的难度加大

1997年①，四川省粮食产量为3554.4万吨，波动下降至2006年2859.8万吨的最低点，此后缓慢增长至2016年的3483.5万吨。2006~2016年粮食产量年均增长率为2.08%，低于全国2.49%的水平。四川省粮食产量的波动，在很大程度上与农村劳动力水平、生产条件（耕地、水资源、水利基础设施等）、农业技术有关，同时也受到自然条件等不确定因素的影响，这些因素未来仍然会对四川省的粮食产量造成影响。

农村劳动力是粮食生产的基础，随着城镇化进程的加快，农村劳动力大量转移。2016年四川省年末常住人口8262万人，其中，农村人口4196.3万人，城镇人口4065.7万人，人口城镇化率为49.21%，比2010年第六次人口普查时的40.18%增加了9.03%。从转移人口结构来看，以男性青壮年为主，现存的农村

---

① 1997年重庆改为直辖市，在此之前四川省的粮食产量包括重庆市。此处的分析不包含重庆市，故从1997年开始。

劳动力以妇女和老年人为主，而这部分劳动力不论是在体力方面还是在素质方面，对长时段、高强度的粮食生产任务都显得力不从心。因此，农村土地撂荒现象日益突出，粮食播种面积大幅减少。尤其是在大力推行现代农业的背景下，这部分劳动力的短板尤为突出，接受新事物、新知识的能力较差，难以调动其主观能动性。

　　耕地面积是粮食安全的基本保障。人口增多、耕地减少是一个世界性的问题，我国人多地少，人地矛盾十分突出。第二次全国土地调查（2013年）数据显示，中国人均耕地面积仅为1.52亩，不足世界人均水平的一半。四川省第二次土地调查数据（2014年）显示，四川省人均耕地1.12亩，低于全国人均水平。按照《四川统计年鉴》数据，1997年四川省耕地面积达451.99万公顷，2016年减少到398.99万公顷，减幅达11.7%，年均减少2.79万公顷。耕地面积减少导致粮食播种面积大幅度减少。1997年，四川省粮食播种面积达721.14万公顷，2003年陡降至608.8万公顷，净减少15.6%，2005年回升到650.2万公顷后基本呈平稳态势（见图6-1）。

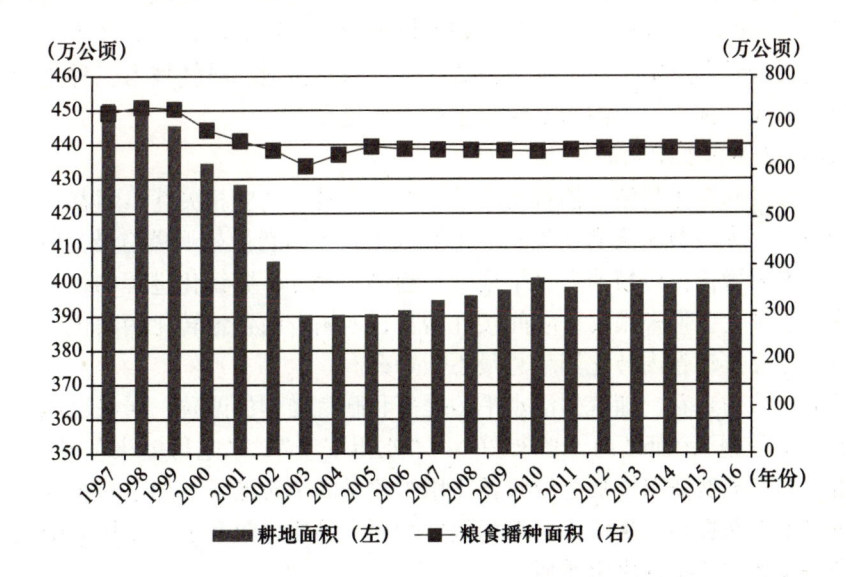

图6-1　四川省耕地面积和粮食播种面积变化情况

资料来源：历年《四川统计年鉴》。

　　水土资源不匹配是我国农业缺水的主要原因。虽然四川省人均水资源量高于全国，但时空分布不均，区域性和季节性缺水严重，60%左右的耕地无法得到有效灌溉，导致水旱灾害频繁发生。截至2016年，全省共有各类水利工程124.65

万处，其中水库7705座（大型9座、中型121座、小型7575座），蓄引提水能力333.29亿立方米（其中水库总库容160.11亿立方米）。有效灌溉农田面积4220万亩，占全省耕地面积的41.76%（按国土资源厅耕地数据计算）。从第一次水利普查成果来看，四川省基本形成了覆盖城市乡村、功能较齐全的水利基础设施体系，但仍然存在很多薄弱环节：一是水利工程老化严重；二是集中供水工程比例较低，集中供水工程受益人口仅占供水人口的38%；三是水利工程灌溉保证率低，农业灌溉渠道耗损系数大，供水保障能力较弱。

近年来，我国科学技术发展迅速，农业技术也取得了较大的进步，为粮食增产提供了有力支撑。据报道，2015年我国农业科技对农业增产增收的贡献率超过56%，因单产提高增产粮食约221亿斤，对粮食增产的贡献率为76.9%，良种覆盖率也稳定在96%左右。[①] 四川省位于经济欠发达的西部，农业技术的研究与应用落后，生产效率低下；省内粮食产地多为丘陵地带，农机化发展较为困难，农业生产难以实现集约化增长。农业基础设施薄弱，而四川省又是自然灾害频发地区，抵御自然灾害能力较弱，粮食减产严重。

综上所述，四川省农村青壮年劳动力短缺，耕地面积大幅减少，水利设施薄弱和老化问题严重，农田有效灌溉面积占耕地面积的比例低，农业技术的应用欠缺，科技进步对农业增产的贡献率较低。劳动力、耕地和科技技术三种生产要素在空间上形成一种合力，制约了粮食生产力的提高。

（二）食品需求结构的变化

人口数量的变化与粮食消费需求数量的变化具有高度相关性。随着"二胎政策"的放开，人口数量会有所增长。尽管人均口粮消费量呈下降趋势，但随着人口数量的绝对增长，口粮消费会呈现增长趋势；此外，城镇化进程的加快，粮食资源化、能源化会带来粮食需求间接性增长；四川省内各地转化用粮优势产业发展强劲，也会拉动省内转化用粮总量不断攀升。

从消费结构来看，随着生活水平的提高和膳食结构的改善，居民已经不仅仅满足于"吃得饱"，而是向"吃得好"、"吃得安全"、"吃得健康"转型，肉、禽、蛋、奶等消费需求增加会导致转化用粮数量的绝对增长，加上对粮食等食品的品质要求不断提高，形成了一般用粮外购而高品质口粮和加工专用粮缺乏的格局，进一步加大了粮食供求矛盾。

随着人们生活水平的提高和膳食结构的改变，肉、禽、蛋、奶等食品的替代导致口粮消费量下降。以四川省农村为例，1997~2016年，农村人均粮食消费量从244.88公斤下降至184.45公斤，下降了24.68%；肉类从22.29公斤增

---

① 数据来源：人民日报，http://politics.people.com.cn/n1/2015/1227/c1001 - 27980641.html，2015 - 12 - 27/2016 - 06 - 06。

加至33.23公斤，增加了49.08%；禽类从1.88公斤增加至9.99公斤，增加了431.38%；蛋及蛋制品从2.65公斤增加至8.58公斤，增加了223.77%（见表6-1）。

表6-1 农村人均主要食品消费量

单位：公斤

年份 类别	粮食	蔬菜和菜制品	食用油	肉类	禽类	蛋及蛋制品
1997	244.88	129.91	5.99	22.29	1.88	2.65
1998	244.42	136.04	6.06	22.62	1.98	2.65
1999	236.72	133.27	5.99	25.04	2.15	2.74
2000	246.05	143.34	6.57	27.81	2.81	3.69
2001	233.00	141.98	6.01	27.92	2.68	3.53
2002	235.35	146.98	6.79	28.63	2.81	3.64
2003	225.17	180.65	5.21	33.14	3.59	4.73
2004	217.77	173.01	3.61	34.09	3.88	4.84
2005	222.38	155.89	4.89	37.25	4.4	4.84
2006	211.14	147.18	4.53	35.51	4.09	4.91
2007	205.22	132.33	4.56	33.13	4.73	4.82
2008	183.8	115.09	4.31	32.29	5.68	4.57
2009	194.12	121.85	3.87	34.07	5.54	4.55
2010	178.21	122.76	4.05	34.62	5.18	4.2
2011	168.4	114.3	6.27	34.58	5.94	4.69
2012	161.89	116.4	6.94	33.88	5.88	4.87
2013	154.3	101.6	9.6	36.81	6.92	5.63
2014	176.17	120.27	24.40	35.21	9.08	7.87
2015	187.60	125.00	12.25	36.20	9.16	8.41
2016	184.45	122.65	12.23	33.23	9.99	8.58

资料来源：历年《四川统计年鉴》。

（三）粮食供需处于"结构性紧平衡"

四川省作为一个人口大省、白酒酿造大省、生猪产量大省，其粮食消费中的口粮消费、工业用粮消费、饲料用粮消费在全国位于前列。近年来，四川省粮食总消费量在波动中不断上升。但从粮食供给来看，虽然四川省是全国13个粮食主产区之一，也是西部地区最大的粮食生产省，但由于人多地少、耕地资源紧缺、自然灾害频繁等因素影响四川粮食产量波动较大。近十多年来，四川省粮食产需难以平衡，产需缺口逐年增大。其中，饲料用粮的需求快速增长是造成供需缺口的重要原因，也是引起粮食需求总量波动的主要因素。随着经济发展，收入水平的提高，居民饮食结构中肉、禽、蛋、奶的消费比重不断提高，但这些高耗粮消费品的消费量受价格波动影响相对较大亦即价格弹性大，随之饲料用粮的数量较口粮及种子用粮的波动更为剧烈。以2004年和2006年为例，这两年粮食消费总量分别较2003年和2005年增加了207.91万吨和391万吨，其中饲料用粮分别比2003年和2005年增加286.21万吨和331万吨，占当年粮食消费增加量的137.7%（因2004年工业用粮数量下降）和84.7%。

二、四川省粮食生产面临的新问题

（一）稳定农作物播种面积的压力

图6-2显示，1997~2016年，全国农作物播种面积经历了"快速减少—快速上升"的变化过程，而四川省农作物播种面积经历了"快速减少—缓慢上升—基本稳定"的变化过程。全国农作物播种面积1997年为11291.21万公顷，快速下降至2003年的9941.0万公顷。2004年以后，中央出台了一系列"支农、惠农、富农"政策，极大地激发了农民的种粮积极性，农作物播种面积连续快速增加至2016年的11302.82万公顷，比2003年增加了1361.82万公顷，增幅为13.7%。四川省农作物播种面积1997年为721.1万公顷，快速下降至2003年的608.8万公顷，净减少112.3万公顷，此后缓慢增长至2005年的650.16万公顷并基本保持稳定，2016年四川省农作物播种面积为645.4万公顷，比1997年净减少75.7万公顷，降幅为10.5%。

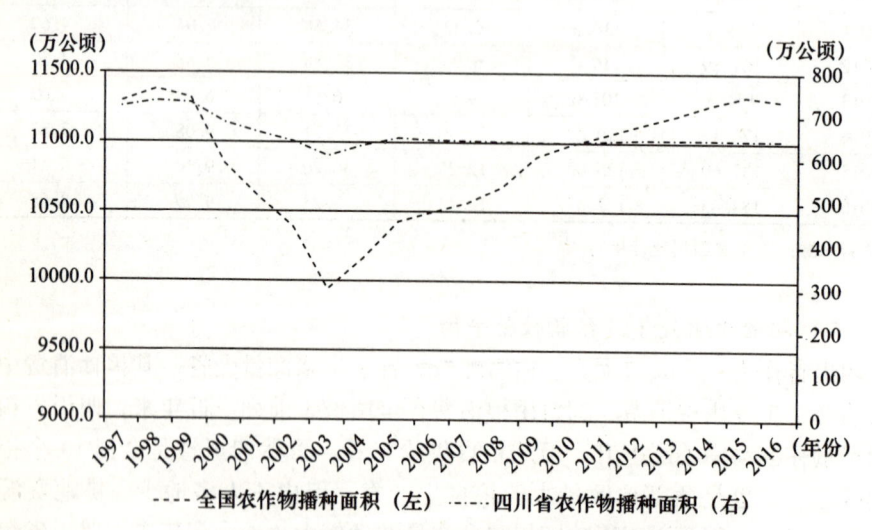

图6-2 1997~2016年全国与四川省农作物播种面积

资料来源：1997~2015年数据来源于《四川统计年鉴》和《中国统计年鉴》；2016年数据来源于《国家统计局关于2016年粮食产量的公告》。

2006年以来，四川省连续多年粮食增产，供求矛盾得到了有效缓解。但在"四化同步推进"和发展现代农业的新形势下，土地、水、劳动力等农业生产资源约束日益趋紧，使四川省粮食生产面临很大压力。近年来，虽然四川省粮食播种面积相对稳定，但随着耕地面积的减少，种粮效益的下滑，农民种粮极性不高，保持粮食播种面积稳定的难度越来越大，四川省粮食生产形势十分严峻。

（二）改善农田水利基础设施的压力

改善农田水利基础设施建设是提高粮食综合生产能力的有效途径之一。1997~2016年，全国农田有效灌溉面积和四川省农田有效灌溉面积均呈上升趋势。全国有效耕地面积从5123.85万公顷增加至6714.06万公顷，提高了31.03%。四川省农田有效耕地面积从239.1万公顷增加至281.33万公顷，提高了17.66%，低于全国同期13.37个百分点（见图6-3）。从农田有效灌溉面积占耕地面积的比例来看，四川省的占比一直低于全国平均水平（见图6-4）[①]。总体来看，四川省农田有效灌溉面积增速缓慢，占比偏低，说明四川省农田水利基础设施薄弱，抵御自然灾害的能力不强。

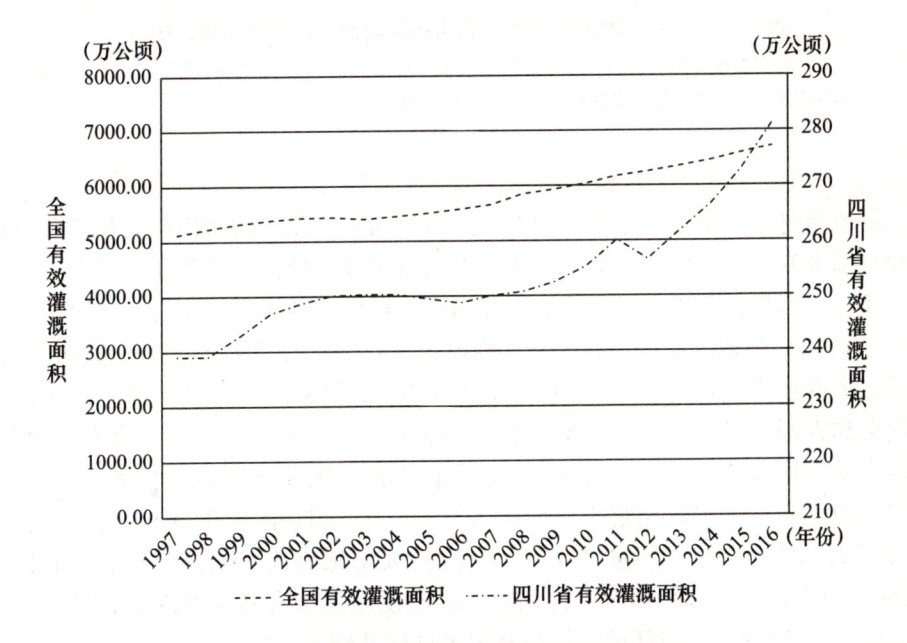

图6-3　1997~2016年全国与四川省灌溉面积

资料来源：历年《中国统计年鉴》和《四川统计年鉴》。

[①] 《四川统计年鉴》与四川省国土资源厅公布的耕地面积有较大差距，本书采用四川省国土资源厅公布的数据。

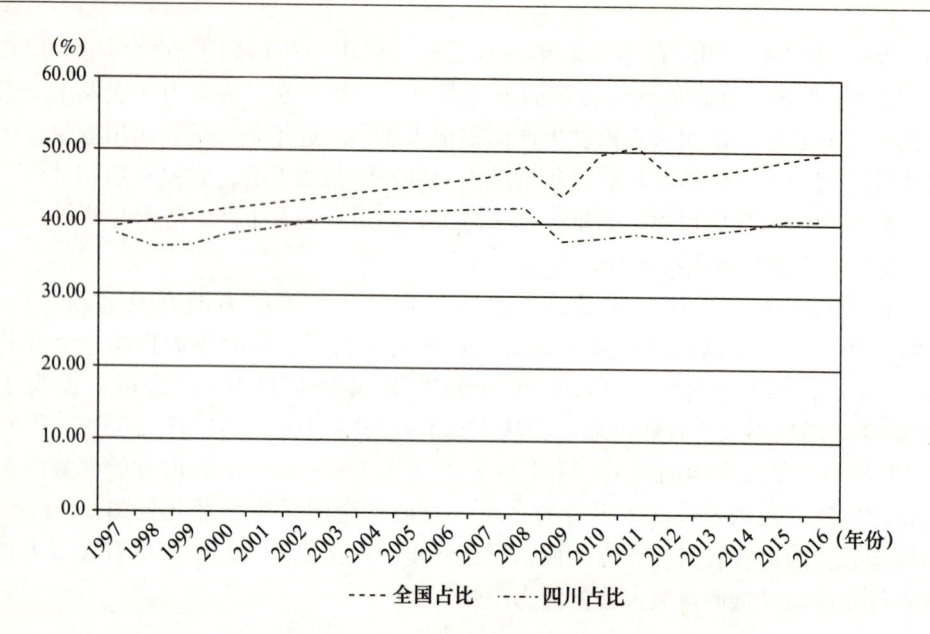

图 6-4　1997~2016 年全国与四川省灌溉面积占耕地面积的比例

资料来源：作者根据历年《中国统计年鉴》和《四川统计年鉴》公布的农田有效灌溉面积数据以及国土资源部和四川省国土资源厅公布的耕地面积数据计算而来。

（三）提高耕地质量的压力

耕地质量是影响粮食综合生产能力的重要因素。在耕地面积约束和粮食播种面积难以大幅度增长的前提下，改善耕地质量是提高粮食单产和保障粮食安全的有效途径。但目前四川省耕地质量不容乐观。根据《四川省土壤污染状况调查公报》，"省内部分地区土壤污染较重，耕地土壤点位超标率为 34.3%，其中轻微、轻度、中度和重度污染点位比例分别为 27.8%、3.95%、1.37% 和 1.20%，主要污染物为镉、镍、铜、铬、滴滴涕和多环芳烃"①。从污染物来源看，化肥、农药大量使用等人为活动是造成土壤污染物超标的主要原因。图 6-5 显示，1997~2016 年，四川省化肥使用量从 201.3 公斤/公顷增加到 257.5 公斤/公顷，增长了 21.8%；农药使用量从 5.37 公斤/公顷增加到 5.89 公斤/公顷，增长了 9.7%。可喜的是，近几年四川省化肥、农药使用强度有略微下降的趋势，这为到 2020 年实现化肥、农药的零增长奠定了良好基础。

（四）调动农民种粮积极性的压力

2004 年以来，中央已连续出台了 14 个 "一号文件"，通过一系列 "支农、

---

① 四川省国土资源厅：《四川省土壤污染状况调查公报》。

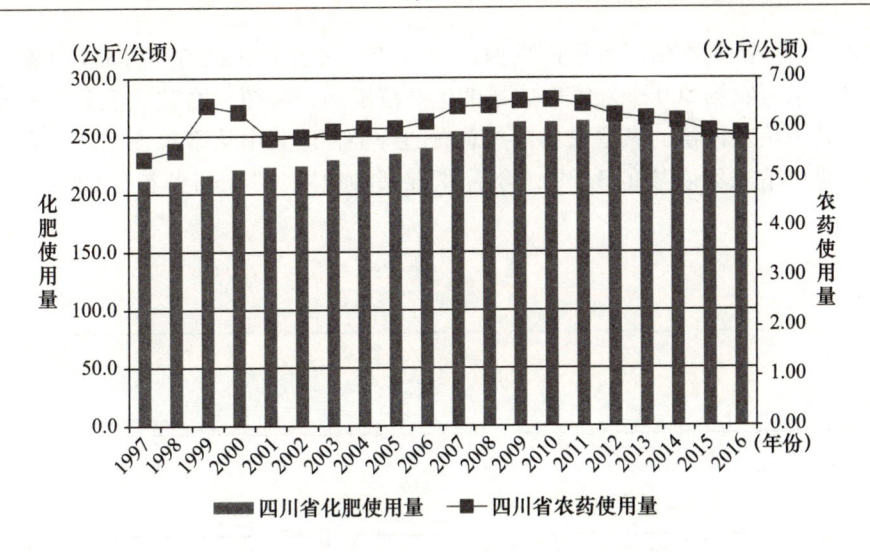

图 6 – 5 1997~2016 年四川省化肥与农药使用量

资料来源：根据历年《四川统计年鉴》公布的化肥、农药使用量数据和农作物播种面积计算而来。

惠农、富农"政策调动了农民种粮的积极性，我国粮食产量也出现了连续十二年增长，这是新中国成立以来粮食产量连续增长时间最长的时期，对保障国家粮食安全和农民增收起到了极大的促进作用。但是，由于农业自身的弱质性和弱势性，导致农业存在很大的市场风险和自然风险。在城镇化快速推进进程中，对于农民来讲，由于种粮报酬效益比较低，以及近年来劳动力、各种生产资料成本的快速抬升，严重影响了农民种粮的积极性，农业从业人员数量急剧减少，导致"谁来种粮"的问题更加突出。图 6 – 6 显示，四川省农业从业人员数量从 1997 年的 2872.41 万人减少到 2016 年的 1827.40 万人，下降了 36.38%，每年以近 50 万人次的速度下降。近几年在四川省粮食播种面积趋于稳定的环境下，农业从业人员仍然不断下降，说明农业劳动力流失严重，农民种粮积极性不高。

（五）土地非农化、非粮化现象严重

粮食生产的适度规模经营是提高粮食生产效率的根本途径。随着土地流转速度的加快与新型农业经营主体的崛起，在一定程度上加快了粮食生产适度规模经营的速度，但同时也加剧了耕地"非农化"和"非粮化"趋势。有关资料显示，截止到 2016 年，四川省家庭承包耕地流转总面积达 1785.8 万亩，耕地流转率达 30.6%，其中，只有 35.3% 的流转耕地用于种植粮食作物[1]。另据 2016 年四川

---

[1] 四川35.3%的流转耕地种粮 "非粮化"现象值得警惕［EB/OL］. 四川在线，http://sichuan.scol.com.cn/ggxw/content/2014 – 11/11/content_ 9667568.htm? node = 7220。

省农业农村经济基本情况提供的数据,2016年,全省家庭农场达到3.4万家,其中,省级示范农场500个。家庭农场的生产范围涵盖种植、畜牧、渔业、种养结合等,其中从事种植的家庭农场占到总数的一半,但其中从事粮食生产的家庭农场仅占总种植家庭农场的1/3[①],今后"谁来种粮"、"如何种粮"的问题更加严峻。

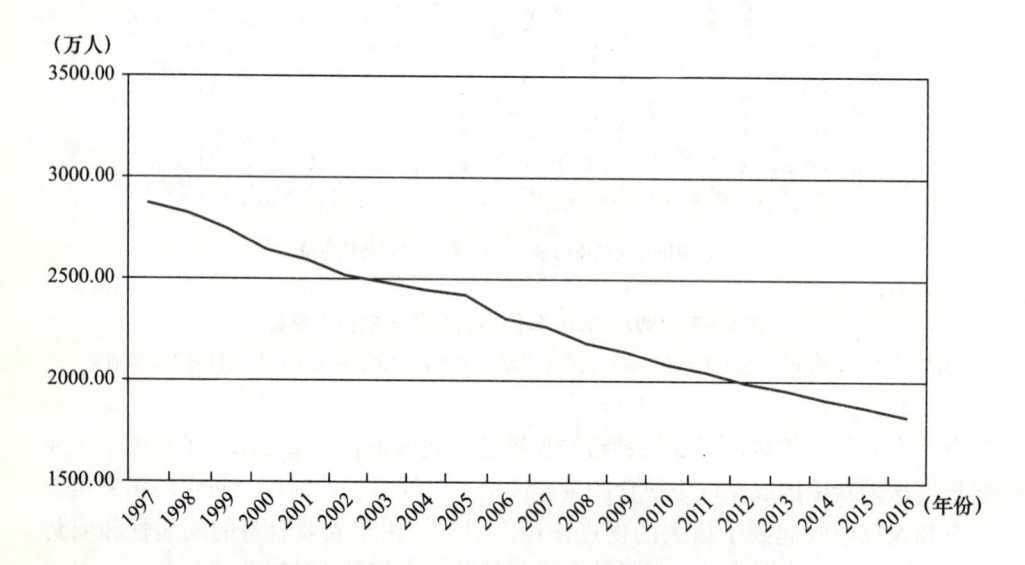

图6-6　1997~2016年四川省农业从业人员数量

资料来源:《四川统计年鉴(2017)》。

(六)粮食生产的微利性与农民增收的矛盾突出

农民收入是反映一个地方农业和农村经济发展变化的综合性指标。四川省作为传统农业大省,农民人均可支配收入一直处于上升阶段,从1997年的1680.69元提升至2016年的11203.0元,净增9522.31元,增长了566.57%,但仍然低于全国农民人均可支配收入水平(见图6-7)。2016年,四川省农民人均可支配收入比全国水平低1160.4元。随着粮食生产资料和人工成本的快速上升,在粮食收购价格和补贴政策遭遇"天花板"的情况下,粮食生产的微利性更为明显。

(七)粮食生产科技支撑能力不足

科技进步对提高粮食综合生产力,尤其是提高粮食单产水平有着至关重要的作用。前述分析表明,四川省的粮食单产水平连续多年低于全国平均水平,是粮食生产科技支撑能力不足的重要表现。虽然省内高等院校、农业科研机构众多,

---

① 刘琳,杨萍,魏冰倩.四川"家庭农场"蓄势而起今年或超2万家[EB/OL].中国农经信息网.

政府在农业科技方面也形成了分布广、专业较为齐全的农业科研体系，但农业科技研发与推广仍然存在"最后一公里"的问题，在很大程度上制约了粮食单产水平的提高。首先，粮食科技与实际生产脱节，推广力度不足。从现实情况来看，受长期以来农业科研体制的影响，"重科研轻推广"的现象普遍存在，许多科研成果不能满足实践生产的需要。其次，受农业推广人员队伍不稳、推广对象理解和接受能力低下、推广经费不足等因素影响，粮食科技推广工作受到很大的制约。再次，粮食科技研究力度较低。主要是因为四川省粮食科技发展较晚且基础较薄弱，各方面硬软件设施较落后，造成粮食科技研究水平还停留在基础层面，力度和深度都还需要加强。最后，粮食科技储备不足。与以往的杂交玉米、杂交水稻技术相比，粮食生产方面的原创性基础性成果创新难度越来越大，当然，政府对农业科技的投入不足，导致四川省粮食科技储备与发展后劲不足。

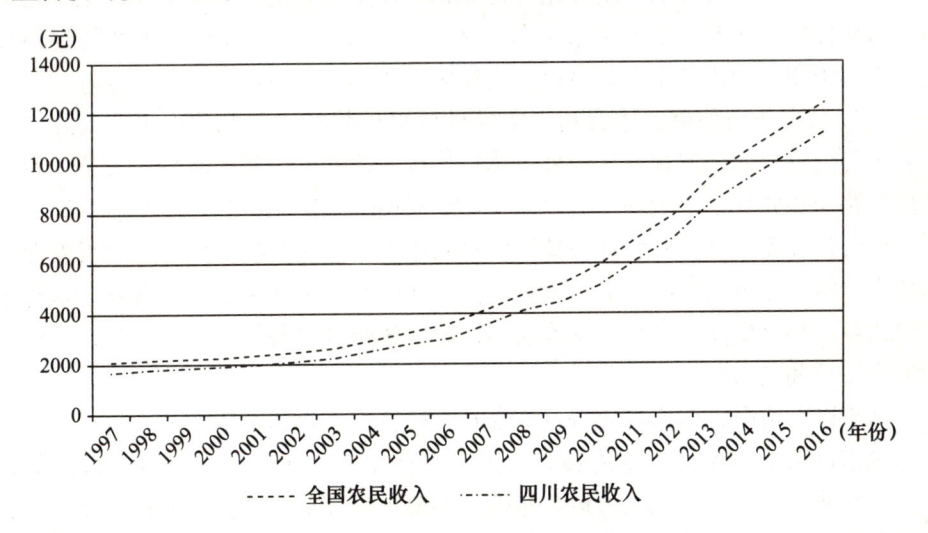

图 6-7　1997~2016 年全国与四川省农民收入

资料来源：历年《中国统计年鉴》和《四川统计年鉴》。

第二节　新常态下四川省粮食生产的新动力

一、种粮主体的动力

新型种粮主体是指近年来在我国出现的，以专业化、集约化、商品化和社会化的方式生产粮食品种，拥有较大经营规模、较好物质技术装备、较强经营管理能力的各类粮食生产者，主要包括种粮大户、家庭农场、粮食生产合作社、粮食加工龙头企业等。人是促进生产力发展的决定性因素。随着城镇化进程的加快，农村空心化、老龄化趋势日益凸显。解决好"谁来种粮？""如何种粮？"的问题是保障国家粮食安全和促进粮农增收的必然要求。

（1）培育新型种粮主体有利于解决"谁来种粮"的问题。随着城镇化的快速推进，农村劳动力向第二、第三产业转移，导致农村土地撂荒，流转土地"非农化"、"非粮化"现象严重。新型种粮主体实施适度规模经营，既有利于解决土地经营细碎化问题，又有利于增加粮农收入；既有利于稳定粮食生产种植面积，又有利于减少甚至逆转四川省土地撂荒趋势。

（2）培育新型种粮主体有利于提高粮食综合生产力。四川省是典型的丘陵地形，粮食生产具有分散、细碎化等特点，土地生产利用效率低下。新型种粮主体可以充分发挥规模化、组织化程度较高的比较优势，提高粮食生产的规模效益，有利于使粮食生产走上规模化、集约化道路，提高粮食综合生产能力。

（3）培育新型种粮主体有利于实现科技兴粮战略。新型种粮主体实际上是对若干传统农户的组织性替代或者主体性替代，这种点面替代减少了大量农业科技推广路径和作用点，有利于集中快速推广和提高推广效率。以种粮合作社为例，聚合社员需求从公共农业科技推广机构或市场农业科技推广者处获得农业科学技术，然后通过组织内部的示范和传授，在广大社员间进行推广普及，这种推广模式显然具有更高的效率。其他新型种粮主体则直接替代了若干农户，大幅减少推广路径和受力点。

基于以上情况，四川省应重点培育农民种植合作社和种粮大户。根据对四川省邛崃市冉义镇、遂宁市蓬溪县和射洪县水稻生产者种植成本与收益情况的调查，与普通农户相比，农民种植合作社、种粮大户等新型种粮主体在粮食生产方面具有诸多优势。具体有以下三个方面：第一，利于改善粮食生产物质装备和技术条件。第二，利于实现适度规模经营，增强粮食市场供应能力。第三，利于提高劳动生产率。

二、种粮机制的动力

第一、第二、第三产业的融合互动，被称为"第六产业"（$1+2+3=6$ 或 $1\times2\times3=6$），是农业发展的新业态。这意味着，必须要深入挖掘农业的多功能性。农业不仅具有生产功能，还具有生态、社会、文化等多功能性。"第六产业"有利于农业生产向农产品加工、流通及休闲服务业等领域交融发展，延长产业链，提高农业的附加值和增加农民收入。

粮食产业链是由育种、生产、流通、储藏、加工、销售等多个环节构成的一个有机整体,各个环节之间相互影响、相互融合。但在现实中,粮食产业链普遍存在生产和消费、生产和流通、流通和消费各产业链之间相互脱节的现象。因此,为了促进粮食产业的良性发展,整合粮食产业链,加强粮食产业链各环节之间的紧密联结,是实现粮食第一、第二、第三产业融合发展,变一成六,推动"第六产业"新业态发展的重要路径。

1. 种粮机制的革新有利于实现粮食产业化运作

粮食产业链环节众多,但人为分割的特征十分明显。如果没有粮食产业链各环节的有机衔接,种粮农户就仅仅拥有粮食生产这一利润最薄的环节,处于"微笑曲线"的底端。通过种粮机制的革新,实现粮食第一、第二、第三产业的有机融合,能够加强粮食产业链各环节的紧密联结,合理配置粮食产业链上的生产要素,优化粮食产业系统的功能,以实现资源共享和功能放大效应。

2. 种粮机制的革新有利于促进粮食产业的技术进步

目前四川省有粮食加工企业 789 家,但多数企业规模较小、工艺技术装备落后,加工产品附加值低,副产品深加工利用率低,资源综合利用水平低,市场竞争力不强。以 2014 年为例,四川省稻谷加工能力 284 万吨,实际加工仅有 130 万吨,产能严重过剩。通过粮食产业化经营,实现产业链优化,可以促进技术先进的企业快速成长和发展壮大,而技术落后、效率低下的粮食企业将被兼并、升级或淘汰,从而提高产业集中度,提升粮食产业的核心竞争力。

三、粮食规模的动力

四川省人均耕地面积仅有 1.12 亩,低于全国平均水平,加之除成都平原之外,丘陵、山地占全省土地面积的 89.9%[①],实现规模经营的难度极大。但 2016 年四川省的人口城镇化率为 49.21%,比全国平均水平低 8.14 个百分点。这意味着四川省城镇化水平还有很大的提升空间。随着城镇化的推进,还将有大量农村人口向城镇转移,而且随着专业大户、家庭农场、专业合作社等农业新型经营主体的快速发展以及土地流转速度的加快,未来扩大土地的规模经营仍然有很大可能性。但鉴于农民种粮效益比较低,流转土地"非粮化"的现象严重,除了政府在制度和政策方面加大激励之外,还要求相关人员从观念上充分认识粮食生产以及适度规模的极端重要性。

(1)粮食的适度规模经营有利于培育专业的粮食生产者。在粮食生产小规模经营的条件下,由于经营规模有限,加之资金的限制,一般农户除了对粮食生产所需的种子、农膜、农药、化肥等必然的生产资料进行投入以外,一般不会选

---

① 数据来源于《2015 年四川省农业农村经济基本情况》。

择购买使用大型农业机械来替代劳动力。但是,当粮食生产形成了一定规模后,机械化就成为提高粮食产量,降低粮食生产成本的必然选择。粮食的适度规模经营能够产生规模效应,一般也只有经营规模较大的专业粮食生产者才能够做到。

(2) 粮食的适度规模经营有利于提高粮食生产效率。农业发展的实践表明,"劳动力平均占有耕地面积与农业劳动生产率有显著的正相关关系"[①]。农业经营规模狭小,既不利于机械化作业,又不利于降低生产成本;既不能产生规模效益,又不能提高劳动生产率。从保障粮食安全的角度来看,粮食的适度规模经营是确保粮食安全的有效途径和必然选择。在专业大户、家庭农场、专业合作社等新型农业经营主体的带动下,通过规范耕地流转程度,实现耕地的有效集中和规模经营,能够提高粮食的生产效率。对于流转耕"非粮化"的问题,出于粮食安全的公共产品属性,政府应进一步加大对种粮农民的补贴,并通过一系列扶持新型农业经营主体的优惠政策激励来实现。

四、粮食科技的动力

在农田有效灌溉面积逐年增加、水利基础设施条件逐渐改善、农业机械化水平逐步提高的条件下,四川省粮食单产连续多年低于全国平均水平,除了与自然灾害有一定关系之外,关键在于科技的支撑作用不足,科技贡献率不高。随着耕地面积的逐年减少,资源环境约束的日益加剧,依靠增加生产要素的投入来提高粮食产量的潜力已愈来愈受到限制,只有依靠科技进步来提高要素生产率,才能保证粮食生产的持续稳定增长。加快粮食科技创新,是促进粮食生产稳定发展的根本出路。

从粮食产业发展的现实需要出发,实现教育科研推广的紧密结合,是粮食科技进步的必然需求。建立一个既合理分工又紧密协作的体系,是科技进步的基础。

(1) 以粮食产业发展为中心制定长远发展战略。服务粮食产业发展是粮食科技体系的基本取向。农业教育、科研、推广事业的资源配置没有围绕产业发展的需要进行,是科技投入效率不高的根本症结。可以借鉴国外发达国家的经验,成立由政府部门、科技界、教育界、产业界、独立专家等组织的专家委员会,对粮食产业发展的真实科技需求进行专门研究,并以此为基础对粮食科技改革发展进行顶层设计,制定长远发展规划,以切实解决粮食科技与现实需求脱节的问题。

(2) 明确粮食科技推广的公益性职能。进一步强化县级农技推广组织建设,

---

① 朱颖.我国粮食生产组织形式创新的实现途径[J].农业经济,2011 (11).

在推广手段更新、培训设施建设、骨干力量培养等方面给予支持，使之逐步成为技术推广体系的核心层，履行公益性职能和引导经营性服务。加强县级科技机构对乡镇农技推广机构和人员的协调能力。推动公益性职能与经营性职能的分离。对粮食科技推广的公益性职能，政府的支持保障要到位。

（3）引导教育科研机构开展粮食科技服务。作为知识和科技的源泉，高校和科研机构在指导农业生产经营方面具有独特的优势。要大力鼓励支持高校和科研机构采取建立农业试验示范基地、农业服务实体、农业科技专家大院、科技特派员、流动服务点等科技服务平台，快速将先进适用技术传递到粮食生产实际之中。

五、粮食模式的动力

"互联网＋农业"是现代农业发展的新业态与新模式，是打造农业经济发展新引擎，培育和催生农业经济发展的新动力。四川省是粮食生产和消费大省，也是我国13个传统粮食主产区之一。为了把握、适应、引领经济发展新常态和新形势，促进四川省粮食产业良性发展，大力发展"互联网＋粮食"新模式，是新形势下四川省粮食产业发展的重要内容，也是带动四川省粮食生产的新动力。但是，由于四川广大农村地区地处丘陵山区，农业网站建设和农业电子商务发展还相当滞后，建设、推广任务十分繁重。

（1）发挥政府在农业网站建设中的主导地位。各级政府重点扶持本地农业信息网络建设，设立相应的政策和资金保障，积极引导各类产业化龙头企业、经营大户投资网站建设，同时对农产品交易销售积极推广电商模式。

（2）保证网站的信息质量和可信度。可信度是建设主流网站的必备条件，农业网站必须将提高信息可信度作为长期任务，贯穿到日常各项工作中，加以坚持。网站的信息资源应以市场为导向，应满足农民的需要，能切实给农民带来实际效益。

"互联网＋粮食"是粮食生产交易的新模式，也是未来发展的趋势，势必成为影响粮食产业发展的一大重要新动力。

六、粮食品牌的动力

品牌是产品的市场通行证，也是一个企业身份地位的象征。为拓展四川粮油产品市场空间，提高"川粮"品牌知名度，必须以生产销售"放心、安全、绿色、健康"粮油产品为根本，实施"放心粮油"和"品牌培育"行动，以品牌为突破提升价值链，夯实"川粮"品牌市场基础。

创建粮食品牌是提高粮食安全保障程度、满足消费者偏好和提高农民收入的重要途径。消费者购买产品的最大障碍就是"信息不对称",因此产品能否卖出去,取决于消费者对产品的认可程度,即品牌的知名度。现代市场经济中的"概念经济"、"眼球经济"和"注意力经济"都道出了品牌的重要性。随着人们消费观念的转变,消费者对粮食产品的品质,以及风味、质地、口感等有了更高的要求,消费者需要有易于识别的标志——品牌,用于实现从田间到餐桌的全程溯源。同时,品牌也具有无形的价值,对粮农收入的提高也能起到积极的促进作用。

加大粮食品牌建设力度:①要大力培育发展粮食加工龙头企业,加大粮食加工品研发力度,争创优势品牌,以提高产品附加值,增强竞争力,提高市场占有率。②应积极申报争取各类质量认证,参与市场竞争。引导企业向无公害方面发展,加强质量标准体系、检验检测体系建设,积极推动"无公害食品行动计划"的实施。③充分发挥粮食加工企业的辐射带动效应,建立粮食生产标准化基地,加大生产优质、专业用粮,为增强加工产品的市场竞争力奠定基础。④应以市场为导向,围绕已有的区域品牌,增加科技含量,加大宣传力度,扩大知名度。

第三节 四川省粮食生产新动力释放的新思路

一、加大耕地保护力度,稳定粮食播种面积

(1) 量化耕地保护面积。根据四川省城乡一体化发展规划,合理确定基本农田规模。耕地保护面积要量化到现有的国家商品粮基地区(市)县,具体落实到乡镇。商品粮基地区(市)县必须建立一个中长期土地管理规划,坚持耕地保护目标管理不动摇。明确四川省粮食生产安全红线,任何时候都不可逾越。省政府对各市(州)、区、县要建立耕地目标管理责任制,并将其纳入年度考核目标。

(2) 重视和提高耕地质量。在确保规划确定的耕地保有量和基本农田面积的基础上,切实加强农田水利基本设施建设,加大对预防和治理耕地污染投入力度,进一步改善粮食生产条件,成规模地建设稳产、高产、优质、生态粮田,提高耕地质量等级。加快坡耕地的治理,增强农业粮食生产抵御自然灾害的能力。

(3) 建立粮食生产与生态良性循环机制。建立粮食生态生产示范区或保护区。水稻生产种植要全面贯彻无公害大米、水稻产地环境条件、水稻生产技术规程等方面的国家标准、行业标准和地方标准。

二、培育新型粮食生产主体，发展适度规模经营

种粮大户和粮食专业合作社是粮食规模经营的重要组织形式，是未来我国粮食生产发展的方向。政府应在继续加大对粮食生产的政策支持力度，在对种粮农民补贴不断增加的基础上，加大对种粮大户、家庭农场以及专业合作社等新型粮食经营主体的扶持力度，以提高粮食生产的规模化水平。

从国际经验来看，加入农民专业合作经济组织，是农户提高组织化程度，缓解"小农户"与"大市场"之间的矛盾，增强市场竞争力的基本经验。合作社不仅能给农民提供农业生产方面的服务，而且合作社跨地域发展、联合发展的现象十分普遍。近年来，尽管农民专业合作社快速发展，但目前农户加入农民专业合作社的比重仍不到20%，合作社的发展水平较低，服务带动能力不强，还有绝大多数农民专业合作社动作不规范，甚至是处于"空壳"状态。因此，需要进一步加大对农民专业合作社的扶持力度。通过减税、低税、免税等税收优惠支持农民专业合作经济组织的发展。各类金融机构应通过提供无息贷款、低息贷款、减息贷款、长期贷款等优惠贷款，为专业合作社提供金融服务。鼓励农民建立自己的金融组织，实现社员之间的资金融通。对合作社进行生产、加工、流通等基础设施建设、购置农机具、加工设备、兴建仓库，开展信息、技术培训、质量标准与认证、市场营销等服务进行适当的财政补贴，支持合作组织开展合作保险。对合作社管理运营费用给予直接补贴等。

三、改变传统粮食生产方式，突出粮食生产的科技支撑作用

2015年中央一号文件提出"围绕建设现代农业，加快转变农业发展方式，尽快从主要追求产量和依赖资源消耗的粗放经营转到数量质量效益并重、注重提高竞争力、农业科技创新、可持续的集约发展上来，走产出高效、产品安全、资源节约、环境友好的现代农业发展之路"。

利用四川省的粮食生产来缓解粮食总供给与总需求之间的矛盾，应牢固树立依靠科技的观念，突出品种调整上的科技含量，发展优质高产专用粮油。重点是以大力发展超级杂交水稻为突破口，挖掘粮食增产潜力，提高粮食单产，实现粮食生产的高产、优质、高效。一是利用好四川省超级杂交水稻的科研优势，提高粮食单产水平。在蓉众多农业科研机构在超级杂交水稻的品种选育、机械化直播、栽培方式等方面取得了显著进展。从实际的生产情况看，成都平原超级杂交水稻亩产可达到600公斤以上，单产较一般杂交水稻高出20%~40%是比较稳定的。应充分发挥我省在培育、推广超级杂交水稻方面的突出优势，实现粮食单产量的突破。二是突出科技含量，加大种养殖品种结构调整。以大力发展优质水稻

为主，提高地产粮食在川市场的竞争力。结合"川粮优化工程"重点推广达到国标一二级标准的优质稻品种。在水稻单产水平提高的前提下，由于口粮消费的下降，可置换出一部分土地，扩大玉米种植面积，稳定小麦、马铃薯种植。同时，结合山区和牧区实际转变长期以来以猪为主的耗粮型养殖结构，大力发展草食性畜牧业，以满足居民消费结构升级对动物性蛋白的需要。三是普及科学使用化肥和农药知识，逐渐减少对化肥农药的依赖，使粮食质量显著提升，解决四川省粮食的有效供给。

四、优化粮食生产结构，加大专用粮生产力度

20世纪90年代以来，四川省耗粮型企业发展很快，工业用粮和饲料用粮快速增长是四川省粮食供给缺口的主要原因，在全国粮食供求形势稳定的情况下，四川省粮食供给不会出现大的问题，一旦全国粮食供求形势不稳定，就会对四川省的粮食安全，特别是城镇居民的口粮安全造成间接甚至直接影响。因此，应根据四川省粮食供求现实情况，制定合理的粮食深加工发展政策，引导用粮企业根据粮食市场的变化情况调整生产结构，在不与口粮争地的情况下发展专用粮食，调整优化用粮企业结构，分流和缓解口粮压力。

（1）引导大型用粮企业合理发展，控制小型用粮企业对粮食资源的浪费。在今后的工业布局规划中，对与口粮争地、与市民争口粮的用粮企业的发展，特别是小酒厂、小作坊要进行严格限制。鼓励大型用粮企业采取"公司+基地"的订单粮食生产方式，自行建立粮食生产供应基地。

（2）以合理发展专用粮为主线，分流工业用粮需求，缓解口粮压力。适应粮食转化需要，在自然条件适宜的山区、丘陵，大力发展酿酒、饲料、化工等需要的杂交糯谷、纯黄玉米、烤酒高粱等各种专用粮。既可以满足四川省酿酒、饲料等粮食转化产业发展需要，又可以帮助农民增加收入，还可以从根本上缓解酿酒、饲料等粮食转化产业用粮对四川省口粮供应的压力。

五、拓展粮食产业模式，延伸粮食产业链条

粮食生产环节处于"微笑曲线"的底端，与产前（种业）、产后（加工、流通、销售）环节相比利润微薄。因此，通过粮食的产业化经营，延长粮食产业链条，加强粮食产业链各环节的紧密联结，形成"风险共担、利益共享"的利益联贯机制，拓展利润空间，实现粮食产业链上各主体共赢的局面。

（1）加大对基础性、公益性技术研究的支持力度，加快种业发展。作为最基本的生产资料，种业的发展为粮食生产的稳定发展起到了非常重要的支撑作用。但与建设现代农业的要求相比，与适应日益严峻的国际市场竞争的需要相比，还有很大差距。要积极支持科研院所和高等院校重点开展种质资源搜集、保护、鉴定、育种材料的改良和创新。改革"重科研轻推广"的科研评价制度，加快推进科技成果向解决生产实际问题的转变，充分激发科研人员从事基础性、公益性研究的积极性和创造力。切实推进科研教学单位退出商业化育种，支持科研成果、育种资源、研发人才向企业流动。加强高等院校农作物种业相关学科、重点实验、工程研究中心以及实习基础建设，充分利用高等院校教学资源，加强种业人才培养。

（2）按照"扶优、扶大、扶强"的原则，继续实施农业产业化提升行动。采取多种措施培育壮大一批成长性好、带动能力强并有社会责任感的粮食深加工龙头企业，提高粮食加工产品的附加值。完善龙头企业带动农户的组织机制和利益联结机制，形成龙头企业与农户间相对稳定的购销关系。积极发展订单农业，规范合同内容，完善订单兑付制度，龙头企业将部分加工、销售环节的利润返还给农户，真正起到带动种粮农户致富的作用。

六、加大粮食支持政策，充分调动农民种粮积极性

（1）继续执行国家和四川省制定的粮食最低收购价政策，对收入来源主要依靠种粮的农民，坚持价格支持政策，防止谷贱伤农，切实保护好种粮农民的利益，提高农民种粮积极性。

（2）将按耕地面积向农民发放粮食补贴的办法改为按粮食种植面积或按农民向粮食行政主管部门认定的粮食产业化龙头企业提供的商品粮数量发放粮食补贴，确保国家的各种粮食补贴能及时足额兑现给种粮农民，在补贴总量不变的情况下提高种粮农民的补贴标准，以增强粮食补贴对粮食生产的激励作用。

（3）鼓励专业合作组织、家庭农场、种粮大户和集体经济组织进行规模化粮食生产。在土地流转中获得种粮耕地使用权的龙头企业、专业合作组织、家庭农场、种粮大户和集体经济组织，凡成片集中连续三年种粮面积在1000亩以上的，可享受有关优惠政策。龙头企业、专业合作组织、家庭农场、种粮大户和集体经济组织通过订单生产等方式，建立规模在1000亩以上的集中连片的水稻、小麦粮食生产基地的，给予一定的良种补贴。

参考文献

［1］ITO, J., and NI, J. Capital Deepening, Land Use Policy, and Self – sufficiency in China's Grain Sector ［J］. China Economic Review, 2013（24）: 95 – 107.

［2］Heerink, N., Kuiper, M., and Shi, X. P. China's New Rural Income Support Policy: Impacts on Grain Production and Rural Income Inequality ［J］. China and World Economy, 2006, 14（6）: 58 – 69.

［3］Lesrer R. Brown. Who Will Feed China? Wake – up Call for a Small Planet ［N］. New York: World Watch Norton and Company, 1995（9）.

［4］Yu, X. H., and Abler, D. The Demand for Food Quality in Rural China ［J］. American Journal of Agricultural Economics, 2009, 91（1）: 57 – 69.

［5］马晓河, 蓝海涛. 中国粮食综合生产能力与粮食安全［M］. 北京: 经济科学出版社, 2008.

［6］程国强. 重塑边界: 中国粮食安全新战略［M］. 北京: 经济科学出版社, 2013.

［7］叶兴庆. 国家粮食安全战略的新变化及其实现路径［N］. 中国经济时报, 2014 – 08 – 06.

［8］高昕, 张冬平. 新常态下中国粮食安全的特征与对策探析［J］. 河南农业大学学报, 2015（6）: 403 – 410.

［9］孙梅君. 新的粮食安全观与新的宏观调控目标［J］. 调研世界, 2004（8）: 3 – 6.

［10］张毅. 发挥比较优势与国家粮食安全的统一［J］. 调研世界, 2003（3）: 19 – 23.

［11］李仰斌. 我国有效灌溉面积超9亿亩［N］. 科技日报, 2011 – 11 – 21.

［12］农业部发展规划司等. 保护和提高粮食综合生产能力专题研究报告

[R] //恢复发展粮食生产专题调研报告汇编［G］. 2004.

［13］孙兰英. 中国耕地质量之忧：污染土壤占比达 1/5 ［J］. 瞭望新闻周刊, 2010 -09 -19.

［14］刘俊文, 贾秀春. 耕地：确保粮食安全的基础［J］. 调研世界, 2004 (6)：46.

［15］农业部发展规划司等. 粮食生产技术示范推广专题调研报告［R］. 恢复发展粮食生产专题调研报告汇编［G］. 2004.

［16］国务院发展研究中心课题组. 我国粮食生产能力与供求平衡的整体性战略框架［J］. 改革, 2009 (6)：5 -35.

［17］程国强, 陈良彪. 中国粮食需求的长期趋势［J］. 中国农村观察, 1998 (3)：1 -11.

［18］贾伟, 秦富. 我国粮食需求预测［J］. 中国食物与营养, 2013, 19 (11)：40 -44.

［19］马永欢, 牛文元. 基于粮食安全的中国粮食需求预测与耕地资源配置研究［J］. 战略与决策, 2009 (3)：11 -16.

［20］吕捷, 余中华, 赵阳. 中国粮食需求总量与需求结构演变［J］. 农业经济问题, 2013 (5)：15 -19.

［21］李波, 张俊彪, 李海鹏. 我国中长期粮食需求分析及预测［J］. 中国稻米, 2008 (3)：23 -25.

［22］姚成胜, 黄琳, 吕晞. 河南省粮食消费结构变化及其对我国粮食安全的贡献率分析［J］. 农业现代化研究, 2014 (3)：163 -167.

［23］李志强, 吴建寨, 王东杰. 我国粮食消费变化特征及未来需求预测［J］. 中国食物与营养, 2012, 18 (3)：38 -42.

［24］刘静义, 温天舜, 王明俊. 中国粮食需求预测研究［J］. 西北农业大学学报, 1996 (6)：59 -63.

［25］唐华俊, 李哲敏. 基于中国居民平衡膳食模式的人均粮食需求量研究［J］. 中国农业科学, 2012, 45 (11)：2315 -2327.

［26］肖国安. 未来十年中国粮食供求预测［J］. 中国农村经济, 2002 (7)：9 -14.

［27］胡小平, 郭晓慧. 2020 年中国粮食需求结构分析及预测——基于营养标准的视角［J］. 中国农村经济, 2010 (6)：4 -15.

［28］张玉梅, 李志强, 李哲敏等. 基于 CEMM 模型的中国粮食及其主要品种的需求预测［J］. 中国食物与营养, 2012, 18 (2)：40 -45.

［29］罗其友, 米健, 高明杰. 中国粮食中长期消费需求预测研究［J］. 中

国农业资源与区划, 2014 (10): 1-7.

[30] 廖永松, 黄季焜. 21 世纪全国及九大流域片粮食需求预测分析 [J]. 南水北调与水利科技, 2004 (2): 29-32.

[31] 向晶, 钟甫宁. 人口结构变动对未来粮食需求的影响 [J]. 中国人口·资源与环境, 2013 (6): 117-121.

[32] 高启杰. 城乡居民粮食消费情况分析与预测 [J]. 中国农村经济, 2004 (10): 20-32.

[33] 钟甫宁, 向晶. 人口结构、职业结构与粮食消费 [J]. 农业经济问题, 2012 (9): 12-16.

[34] 贾晋, 周迪. 中国城乡居民粮食消费预测与结构优化——基于均衡营养目标的视角 [J]. 农业经济与管理, 2013 (1): 55-64.

[35] 骆建忠. 基于营养目标的粮食消费需求研究 [D]. 中国农业科学院博士学位论文, 2008.

[36] 钟甫宁, 向晶. 城镇化对粮食需求的影响——基于热量消费视角的分析 [J]. 农业技术经济, 2012 (1): 4-10.

[37] 许世卫, 李哲敏. 以营养健康为重点目标的农业生产结构调整战略 [J]. 农业经济问题, 2006 (12): 30-33.

[38] 徐志刚. 比较优势与中国农业生产结构调整 [D]. 南京农业大学博士学位论文, 2001 (5).

[39] 李小军. 中国农业生产结构变动的实证分析 [J]. 农业经济问题, 2004 (8): 45-49.

[40] 亢霞. 中国农业生产结构调整的动力机制研究 [D]. 中国农业大学博士学位论文, 2005 (6).

[41] 钟甫宁, 邢鹂. 我国种植业生产结构调整与比较优势变动的实证分析 [J]. 农业现代化研究, 2003 (7): 260-263.

[42] 卫荣, 刘小娟, 王秀东. 新时期中国种植业结构调整再思考 [J]. 广东农业科学, 2016, 43 (5): 175-179.

[43] 叶春辉. 比较优势与中国种植业生产结构调整 [D]. 南京农业大学博士学位论文, 2004 (6).

[44] 王兆华, 褚庆全, 王宏广. 粮食安全视域下的我国粮食生产结构再认识 [J]. 农业现代化研究, 2011 (5): 257-260.

[45] 郑晶, 李艳. 改革开放以来广东粮食生产结构变化分析 [J]. 广东农业科学, 2006 (7): 99-101.

[46] 薛选登, 陈佼珺. 河南省粮食生产结构变化及影响因素分析 [J]. 河

南科技大学学报（社会科学版），2016（4）：81-85.

[47] 马晓河．我国中长期粮食供求状况分析及对策思路［J］．管理世界，1997（3）．

[48] 梅方权．21世纪前期中国粮食的发展目标和战略选择［J］．粮食科技与经济，1999（4）：4-8.

[49] 吕新业，胡非凡．2020年我国粮食供需预测分析［J］．农业经济问题，2012（10）：11-18.

[50] 樊胜根，Mercedita Sombilla．中国未来粮食供求预测的差别［J］．中国农村经济，1997（3）：17-23.

[51] 陆文聪，黄祖辉．中国粮食供求变化趋势预测：基于区域化市场均衡模型［J］．经济研究，2004（8）：94-104.

[52] 陆文聪，祁慧博，李元龙．全球化背景下的中国粮食供求变化趋势［J］．浙江大学学报（人文社会科学版），2011（1）：5-17.

[53] 毛学峰，刘靖，朱信凯．中国粮食结构与粮食安全：基于粮食流通贸易的视角［J］．管理世界，2015（3）：76-85.

[54] 魏后凯，王业强．中央支持粮食主产区发展的理论基础与政策导向［J］．经济学动态，2012（11）：49-55.

[55] 马永欢，牛文元，汪云林等．我国粮食生产的空间差异与安全战略［J］．中国软科学，2008（9）：1-9.

[56] 徐建玲，丁毅，刘洪辞．基于系统动力学的江苏粮食安全情景分析［J］．中央财经大学学报，2014（5）：95-104.

[57] 周介铭，彭文甫．影响四川省粮食生产因素的灰色分析与粮食产量预测［D］．四川师范大学学报（自然科学版），2005（5）：350-353.

[58] 王学义，曾祥旭．四川生育水平估计与未来人口总量预测研究［J］．理论与改革，2009（5）：50-54.

[59] 翟振武．"单独二孩"符合现阶段国情［N］．经济日报，2013-12-03.

[60] 汪希成，吴昊．我国粮食供求结构新变化与改革方向［J］．社会科学研究，2016（4）：130-135.

[61] 王海燕，刘鲁，杨方延等．基于SD的粮食预测和政策仿真模型研究［J］．系统仿真学报，2009（5）：3079-3083.

[62] 韩立达，牟雪淞，闫俊娟．省域城镇化水平实证研究——以四川省为例［J］．经济问题探索，2015（9）：88-95.

[63] 何安华，刘同山，张云华．我国粮食产后损耗及其对粮食安全的影响

[J]. 中国物价, 2013 (6): 79-82.

[64] 罗万纯, 刘锐. 中国粮食价格波动分析: 基于 ARCH 类模型 [J]. 中国农村经济, 2010 (4).

[65] 邓宏亮, 黄太洋. 我国粮食价格波动的实证分析 [J]. 统计观察, 2013 (24).

[66] 王宁. 1978~2007 年中国小麦进出口对国内小麦供求市场的影响 [J]. 世界农业, 2008 (8).

[67] 曹慧. 中国小麦价格的周期变化特征及其原因分析 [J]. 世界农业, 2007 (4).

[68] 车巧怡. 中国粮食进出口情况与国内粮食价格的相关性分析 [J]. 吉林金融研究, 2012 (5).

[69] 刘俊杰. 我国粮食价格波动研究——以小麦为例 [D]. 南京农业大学博士学位论文, 2011.

[70] 曹慧. 中国小麦价格的周期变化特征及其原因分析 [J]. 世界农业, 2007 (4).

[71] 祁丹丹. 我国小麦市场价格波动因素及控制研究 [D]. 西北农林科技大学硕士学位论文, 2012.

[72] 刘园. 两次金融危机对中国 CPI 影响探讨 [J]. 商业经济, 2012 (23).

[73] 李干琼. AV 因子分析框架下的农产品市场短期预测 [M]. 北京: 中国经济出版社, 2013.

[74] 李子奈. 计量经济学 (第三版) [M]. 北京: 高等教育出版社, 2010.

[75] 高铁梅. 计量经济分析方法与建模 (第二版) [M]. 北京: 清华大学出版社, 2009.

[76] 于俊年. 计量经济学软件——EViews 的使用 (第二版) [M]. 北京: 对外经济贸易大学出版社, 2012.

[77] 杨艳涛, 吴敬学. 基于市场均衡模型的中国玉米供需变化与趋势预测 [J]. 经济问题, 2014 (12): 98-103.

[78] 王春晖, 曾伟. 基于系统动力学的玉米供需预测研究 [A]. Advances in Artificial Intelligence (Volume 3)—Proceedings of 2011 International Conference on Management Science and Engineering (MSE 2011) [C]. 2011.

[79] 毛学峰, 杨军. 价格联系、市场边界与政府干预——以小麦、玉米和食糖价格联系为例 [J]. 中国农村经济, 2015 (8): 33-43.

[80] 卢锋, 谢亚. 我国粮食供求与价格走势 (1980~2007 年) ——粮价波

动、宏观稳定及粮食安全问题探讨［J］．管理世界，2008（3）：70-80+187．

［81］农业部农业贸易促进中心课题组．我国玉米产业面临的挑战与政策选择［J］．农业经济问题，2014（1）：30-37．

［82］习银生，杨丽．我国玉米宏观调控政策的成效、问题与建议［J］．中国食物与营养，2015（2）：5-9．

［83］张智先．我国玉米消费的空间分布分析与展望［J］．农业展望，2009（9）：22-25．

［84］仇焕广．中国玉米产业的发展趋势、面临的挑战与政策建议［J］．中国农业科技导报，2013（1）：20-24．

［85］于左，高建凯．中国玉米价格竞争力缺失的形成机制与政策［J］．农业经济问题，2013（8）：10-19+110．

［86］杨国庆，刘天军．加入WTO以来中国玉米生产效率评价——来自全国15个省的面板数据分析［J］．广东农业科学，2013（3）：217-221．

［87］刘永红，刘基敏，何文铸．四川玉米供需形势与主产区发展对策［J］．中国农业资源与区划，2006，27（6）：19-21．

［88］张落成．我国粮食生产布局变化特点及其成因分析［J］．长江流域资源与环境，2000（2）：221-228．

［89］郭志超．我国玉米生产函数及技术效率分析［J］．经济问题，2009（11）：74-78．

［90］杨国庆．我国玉米生产效率差异性研究［D］．西北农林科技大学博士学位论文，2013．

［91］李晶晶，刘文明，姜天龙等．玉米主产省玉米生产效率及收敛性分析［J］．吉林农业大学学报，2017：1-7．

［92］于爱芝，裴少峰，李崇光．中国粮食生产的地区比较优势分析［J］．农业技术经济，2001（6）：4-9．

［93］李雪，宗义湘，刘瑞涵．基于DEA模型的我国主产省份玉米生产效率研究［J］．黑龙江畜牧兽医，2016（12）：33-35．

［94］方燕，杨茂青．我国不同区域玉米供给对价格的反应研究［J］．价格理论与实践，2016（5）：119-122．

［95］汪希成，徐芳．我国粮食生产的区域变化特征与政策建议［J］．财经科学，2012（4）：80-88．

［96］韩长赋．玉米论略［J］．农业经济问题，2012（6）：4-9．

［97］舒坤良，王洪丽，刘文明等．吉林省玉米供给侧结构性改革路径与对策研究［J］．玉米科学，2016（6）：165-169．

[98] 吉星星，毛世平，刘瀛弢等. 我国水稻主产区生产效率及影响因素研究 [J]. 中国食物与营养，2016 (6)：21-25.

[99] 吴振华. 不同地形区稻谷生产经济效益比较及影响因素分析——基于湖北、湖南、重庆500户稻农调查数据 [J]. 农业技术经济，2011 (9)：93-99.

[100] 方鸿. 我国稻谷生产波动研究——基于H-P滤波法的实证分析 [J]. 河北经贸大学学报，2010，31 (5)：48-54.

[101] 赵玉，邱彩红，张玉等. 中美稻谷业投入产出现状比较分析 [J]. 中国稻米，2006 (2)：11-14.

[102] 李首涵，杨萍，周林等. 中国粮食生产降本增效潜力——基于中美日的比较分析 [J]. 世界农业，2016 (10)：49-58+259.